큰 스승 김상협

남재 선생의 순결한 생애

큰 스승 김상협

남재 선생의 순결한 생애 —— 엄상익 지음

프롤로그

♟ 영혼의 이사

2009년 7월 4일 오전 10시. 변호사인 나는 서초동 법률사무실에서 김한 은행장 부부를 기다리고 있었다. 김한 은행장은 대학 시절 우리의 우상이 던 김상협 총장의 외아들이었다. 1970년대 초 음울하던 시절 김상협 총장 은 우리가 존경하는 우상이었고 그 입에서 나오는 민주화의 한마디는 복 음이었다. 속칭 로마군단이라고 불리는 전투경찰들과 우리가 투석전을 벌 이고 화염병을 교환하다가도 김상협 총장의 '이제 그만해라'라는 한마디면 갑자기 전쟁터가 숙연해졌다. 김상협 총장은 동서 냉전의 상황에서 『모택 동 사상』이란 책으로 외눈박이 우리의 두 눈을 뜨게 해주기도 했다. 자신 을 역사신의 제사장이라고 하면서 순교의 각오를 외친 김상협 총장은 아 버지 같고 교주 같던 분이었다. 핸드폰의 벨이 요란하게 울렸다. 김한 은 행장이었다.

"엄 변호사, 사무실 아래 서초 네거리 귀퉁이에 있는 종로학원 앞에 차를 세워두고 있는데 빨리 내려와."

김한 은행장의 톤이 높은 칼칼한 목소리가 들려왔다.

오늘은 김상협 총장의 아버지와 할아버지를 이장하는 날이었다. 함께 가기로 했다. 언젠가 관광버스를 타고 전라도 쪽을 여행한 적이 있다. 버스에 탄 여자가 부르는 민요 같은 가락 속에서 고창 김갑부의 땅을 밟지 않고는 서울로 오지 못한다는 내용이 들어 있었다. 고창 김씨가의 실체가 조선 말 고창 갑부 지산 김경중 선생과 최초의 재벌이 된 그 아들 김연수 회장이었다. 그리고 그 아들이 김상협 총장이다. 그 부자의 영혼이 집을 옮기는 날이었다.

하버드 대학교 대학원에서 역사를 전공한 학자 에거트는 한국의 갑부 고창 김씨가를 연구한 논문으로 박사학위를 받았다. 그는 한국의 역대 대통령보다 고창 김씨가에 대해 더 학문적 흥미를 느꼈다. 그는 개항에서 해방에 이르는 동안 한국 사회에 자본주의가 유입됐고 그에 적응한 고창의 김씨가가 한국 최초의 재벌이 되었다고 논문에서 주장했다. 김씨가에 대한 또 다른 희귀한 기록이 있다. 1946년 6월 13일 미국 배상위원회의 경제학자 에드윈 마틴은 만주에 있는 옛 일본인의 산업재산을 조사하고 있었다. 그는 봉천 근처에서 까맣게 탄 녹슨 방적공장의 잔해 속을 천천히 걷고 있었다. 그 공장은 불과 열 달 전만 해도 3000명의 직공을 거느린 대규모 방적공장이었다. 소련군은 이 공장에서 약 4500만 달러의 물자를 빼내고는 불을 질렀다. 마틴은 아직 거기에 남아 있는 한국인 수위에게서 이 공장이 김연수라는 한국인에 의해 한국인 자본으로 건설됐다는 말을 듣고 놀랐다. 일본 식민주의의 희생자라는 조선인이 만주에서 수천만 달러의 방적공장을 어떻게 세웠는지 이해할 수 없었다는 것이다. 그런 김씨가는 조선 말부터 격동기의 100년 동안을 부와 명예를 유지한 채 명문가로 존립

해오고 있었다. 김씨가에 대한 국내 학자들의 논문도 여러 편 있었다. 김씨가 사람들은 삼양사 그룹과 경성방직 그리고 동아일보와 고려대학교를 통해 오늘도 이 사회에서 굳건한 위치를 지키고 있다. 나는 우연히 김씨가의 소송을 맡아 일을 처리하는 과정에서 강한 흥미를 느끼게 되었다. 그래서 김씨가의 시조 같은 두 사람의 이장 광경을 보겠다고 부탁을 했던 것이다.

김한 은행장 부부가 탄 에쿠스가 빌딩 앞에 주차해 있었다. 나는 앞문을 열고 들어갔다. 차는 바로 출발해 테헤란로 쪽으로 미끄러지듯 달리기 시작했다.

"어제 묘를 개장할 때 어땠어요?"

내가 차 안에서 뒤쪽의 김한 은행장에게 물었다. 그는 경기중고등학교 1년 선배이기도 했다.

"말도 마, 묘를 쓸 때 회하고 콘크리트로 어떻게 단단하게 만들었는지 포클레인으로 부수는 데만 해도 하루 종일 걸렸어. 묘를 너무 그렇게 튼튼하게 만들 게 아니야. 관도 어떻게 두껍게 만들었는지 몰라. 하여튼 저녁 해 질 무렵에야 작업이 끝났어."

"조상님들 상태가 어땠는데?"

궁금했다. 김씨가는 풍수를 중요시하는 집안이었다. 예전부터 스님이나 최고의 지관이 김씨가의 명당을 잡아주었다고 했다. 나는 오랜 세월이 지난 명당의 내부에 호기심이 일었다.

"물이 차거나 그렇지는 않았어. 그런데 관의 안쪽과 유골을 담은 도자기 안에 습기가 있었어. 원인을 살펴보니까 어디서 물이 들어온 게 아니라 결로 현상 때문이야. 구멍을 좀 뚫어둬야 공기가 소통되는데 회와 옻칠로 꽉 막아놨으니 이슬이 맺힌 거지. 지산 할아버지를 썼던 수의는 아직 그대로

였는데 습기 때문인지 붉게 황토색이 됐더라고. 지산 할아버지 부부의 유골을 꺼내 깨끗이 닦아 다른 관에 모셨어. 유골만 모시니까 이번에는 아주 작은 관이지. 그리고 수당 할아버지 부부는 화장을 했으니까 재만 상자에 담아 모셨지."

김씨가는 부와 명예뿐 아니라 권력의 자리에도 있었다. 이장하는 지산 김경중 선생의 큰아들이 해방 후 한민당 총재이자 국무총리를 지낸 김성수 선생이고, 그 조카인 김상협도 문교부 장관과 국무총리를 지냈다. 나는 10년 가까운 세월 김씨가에 대한 자료들을 읽고 집안사람들을 취재했다. 김상협 총리도 생전에 봤고 그 동생인 김상돈 회장의 생존 시 많은 생생한 증언을 직접 들었다. 집안 금고에 보관되어 있던 자료도 검토했었다. 통계 자료만 얻어 이론의 틀에 매인 논문을 쓴 학자들보다 훨씬 많은 사실을 알고 있는 셈이었다. 김일성대학에서 자본주의사회의 재벌을 연구하는 북한 학자를 만나 6·25 전쟁 당시 압수해서 평양으로 가져간 김씨가의 자료를 탐문하기도 했다.

♟ 김 씨 가 의 축 제

차가 어느새 도심을 벗어나 녹음이 우거진 고속도로를 달리고 있었다. 김한 은행장 부부가 스피커에서 은은히 울려 퍼지는 찬송가를 듣고 있었다. 서울대 공대에 다니던 김한과 연세대 정외과에 다니던 김영란은 1970년대 초 강서구의 한 야학에서 선생으로 서로 만났다. 사회의식에 일찍 눈을 뜬 대학생들이 빈민촌에 텐트를 치고 아이들을 가르친 게 당시의 야학이었다. 당시 개인적인 출세욕에 고시 공부에만 전념하던 나는 그들 부부를 보면 부끄러운 느낌이 들었다. 그들은 세상에 알려진 부잣집 외아들과 경기여고를 나온 미모의 재원이었다. 그런 외형뿐 아니라 헌신하는 내면까지 꽉 차 있는 부부였다.

"어떻게 야학에 참여하게 됐죠?"

내가 뒤에 앉은 그들 부부에게 물었다.

"별거 아니야, 선배 형이 같이 하자고 해서 따라갔어."

김한 은행장이 대답했다. 그렇지 않았다. 생각 없이 자기의 시간과 에너지와 아르바이트를 해서 번 돈을 내놓을 사람은 없다. 옆에 앉은 영란 씨가 말했다.

"저도 철학이라든가 어떤 좌경화된 의식 때문에 야학에 참여한 건 아니에요. 그냥 가보니까 못 배우고 고생하는 가난한 아이들이 너무 불쌍했어요. 그래서 하게 된 거죠."

"소설 『상록수』같이 야학을 하면서 두 분 사이에 연애감정이 생긴 건가요?"

내가 물었다. 그 말에 영란 씨가 대답했다.

"서울대생인 이 양반이 어느 날부터 내가 다니는 연대를 매일 찾아오는 거예요. 와서도 그냥 옆에 가만히 서 있는 거예요. 어느 때는 내가 클래스메이트들과 연고전을 가는데도 따라와서 같이 어울리기도 하구요. 무던한 성격이더라고요. 같이 야학에 참여하게 됐죠. 그때 이 양반이 헌신하는 모습을 보고 좋아지더라고요."

"그때 야학에서 남편이 어떤 일을 했어요?" 내가 영란 씨에게 물었다.

"공대생이라 그런지 군용텐트를 친 임시막사 같은 야학인데 안에 전깃불도 달고 아이들도 가르치고 했죠. 아르바이트를 해서 받은 돈으로 영등포로 나가서 아이들 먹을 것도 사주는 걸 봤어요. 그런 걸 보니까 마음이 끌렸어요. 서울대 법대를 졸업한 저희 친정오빠도 야학의 교장이 되어 같이 했어요. 저는 정외과에 다니니까 아이들에게 사회를 가르치고요."

"참 내가 아내를 얻기 위해 공을 많이 들였지."

김한 은행장이 웃으며 덕담을 했다. 그는 아내의 신발끈까지 매주는 자상한 남편이었다. 미국으로 유학을 가서 예일대 경영대학원을 마친 김한은 전북은행장을 하다가 광주은행을 인수하기도 했다. 부부는 나이 든 지금도 야학을 함께 하던 선배와 함께 시골을 돌아다니면서 힘든 아이들을 만나 직접 장학금을 주기도 하고 소외된 예술인들을 돕고 있었다.

"오늘 모이는 집안 분들 얘기 좀 해주시죠."

미리 알아둘 필요가 있었다. 영란 씨가 설명했다.

"선대의 맏아들 되시는 큰아버님과 종손이 되는 김병휘 교수님을 특히 자랑하고 싶어요. 우리 아버님은 둘째아들이시죠. 큰아버님은 성함이 김 자 상 자 준 자 되시는 분인데 정말 세상에 그런 인품이 없으세요. 어느 집안이든지 맏아들의 성품에 의해 집안의 분위기나 형제간의 화합이 결정되는 경우가 많아요. 그런데 우리 집안의 큰아버님은 맏아들로 모든 걸 물려받으실 수 있는 위치인데도 동생들에게 양보하고 앞에 나서지 않는 깨끗한 일생을 보내셨죠. 가진 재산을 거의 체육계를 위해 쓰신 분이고요. 그리고 우리 집안이 이만큼 화목하게 된 건 큰아버님의 맏아들이자 종손인 김병휘 교수님의 헌신 때문이라고 생각해요. 종손이 되시는 김병휘 교수님은 할아버지가 설립한 고려대에 있으면 안 된다고 일부러 다른 대학에 가실 정도의 개결한 성품이시죠. 집안에서 세운 대학이나 신문사는 어느 개인 집안의 것이 되어서는 안 된다는 생각이세요."

어느새 차창을 통해 여주의 외곽을 부드럽게 굽이도는 남한강이 보였다. 오후의 햇빛을 받고 강물이 반짝였다. 차는 조용한 국도로 빠져나와 천 년 고찰인 흥왕사 쪽으로 향했다. 잠시 후 우리가 탄 차는 음음한 그늘을 드리운 숲속으로 들어가 섰다. 임시주차장이 보였다. 검은 양복을 입은 남자들이 무전기를 들고 긴장한 얼굴로 경비와 안내를 겸하고 있었다. 외부인의 참관을 거절하는 김씨가의 은밀한 행사장이었다. 나는 김씨가를 이룩한 전설 같은 두 인물의 묘가 열리는 모습을 직접 보고 싶었다. 그러나 김씨가는 외부인의 참여를 허락하지 않았다. 나는 꼭 참여해서 보고 싶다고 간청했다. 내가 보는 자체도 그들은 문중회의를 열어 신중히 결정했다. 그러나 묘가 열리는 순간을 보는 건 거절당했다.

5분쯤 걸어서 완만한 산비탈 쪽으로 갔다. 야트막한 축대가 세 단으로 조성되어 있었다. 단마다 흰 차일이 보이고 머리에 건을 쓰고 검은 양복을 입은 남자들이 보였다. 집안의 항렬대로 모여 있는 것 같았다. 제일 아랫단 쪽은 증손자나 고손자 들 그리고 사위들이 서 있었다. 그 사람들 중에 김준기 동부그룹 회장이 보였다. 김재호 동아일보 사장 겸 고려대 재단이사장의 얼굴도 눈에 띄었다. 그 위쪽 단에는 한 항렬이 높은 형제들과 부인들이 모여 있었다. 삼양그룹의 김윤 회장, 김병진 낫소 회장이 보였다. 다시 한 단 위의 축대에는 원로들이 앉아 있었다. 대한상의회장을 맡았던 김상홍, 김상하 회장 그리고 김상돈 회장 3형제가 나란히 하얀 플라스틱 의자에 앉아 있었다. 그 앞에는 이장되는 분들을 모시기 위한 구덩이가 파여 있었다. 집안의 딸들과 며느리들은 각 단마다 뒤쪽에 모여 있었다. 시어머니 격인 노인들은 앞쪽에 있는 의자에 앉고 며느리들은 그 뒤쪽에 서 있었다. 김한 은행장 부인이나 내 나이 또래의 부인들은 이미 사위나 며느리를 본 할머니급 회장부인이었는데도 앉지 못한 채 뒤에서 서 있는 모습이었다. 묘한 침묵이 흐르는 분위기였다. 김씨가의 며느리들이 각자 준비해온 제물을 제사상 위에 바치고 있었다. 옆에 있던 친구 김병진 회장이 아주 작은 소리로 내게 속삭였다.

"우리 집사람은 밤을 고아 올리는 게 임무인데 말야, 지난밤 꼬박 새웠어."

김씨가에서는 제물을 사다가 쓰지 않고 집안 여인들이 직접 정성을 들여 만든다고 했다. 수박, 참외, 전, 적, 밥, 국 등이 옻칠을 한 제기 위에 올라 있었다. 그 앞에는 작은 나무관과 파란 보자기에 싸인 유골상자가 보였다. 이윽고 의식이 거행됐다. 제일 윗대 원로들이 제사상 앞쪽으로 갔다. 몸이 불편한 김상홍 회장은 옆에서 아들이 부축했다. 제사를 주도하는 것은 삼양그룹의 김윤 회장이었다. 김윤 회장이 제문을 들고 소리 높여 외치기 시작했다.

"증조부, 증조모님, 그리고 할아버님, 할머님. 방학동의 묘지가 도심이 되고 번잡해져서 이제 옮기기로 했습니다. 오늘 자손들이 모여 여주의 홍왕사 옆 아름다운 곳에 음택을 잡아 조상님들을 모십니다. 이 아름다운 곳에서 부디 편히 쉬시기를 기원합니다."

이어서 80대 말의 원로 김상돈 회장이 술을 올렸다. 입은 옷이 특이했다. 빛바랜 감색 양복 상의를 걸치고 쭈글쭈글한 면바지에 운동화 차림이었다. 지나칠 만큼 검소한 것 같았다. 차일 쪽 의자에서 절할 순서를 기다리던 김상하 회장이 형의 모습을 보면서 혼잣말처럼 중얼거렸다.

"저기 지금 따르는 술이 막걸리야 청주야? 형님은 아직도 건강해서 저렇게 딱 꿇어앉아 술을 바치는데 나는 못 하겠어."

이어서 문중의 항렬대로 술을 올리고 있었다. 의식이 거의 끝날 무렵이었다. 김상하 회장이 옆에 있던 눈이 부리부리한 남자를 보고 말했다.

"재호, 너도 술 올려라."

"아니에요, 작은아버지, 저는 항렬이 달라요."

아직 술을 올릴 순번이 되려면 한참 후라는 의미였다. 마지막 서열이 사위들이었다. 동부그룹 김준기 회장과 경성방직 회장이 제일 마지막으로 참여했다. 이제 관을 들고 가 파놓은 묘에 안치시킬 차례가 됐다. 제주가 사람들 쪽을 향해 소리쳤다.

"병 자 항렬의 맏아들만 이 위로 올라오십쇼."

문중 각 지파의 대표들만 모이라는 뜻이었다. 종손인 김병휘 교수, 삼양그룹의 김윤 회장, 김상협 전 총리의 아들인 김한 은행장, 낫소 그룹의 김병진 회장, 삼양그룹의 김원 부회장이 올라가 관 옆에 공손히 다가섰다. 그들은 작은 관을 양쪽에서 받쳐 들고 축대 계단을 올라가 파놓은 묘에 조심스럽게 내려놓았다. 생각과는 달리 소박한 작은 묘였다. 봉분의 뒤에 비석을 겸한 육각의 돌판이 있었다. 돌판에는 이렇게 짧은 글이 새겨져 있었다.

지산 김경중 선생은 1908년 줄포고등학교를 설립했으며 그 후 중앙고등학교와 고려대학교를 인수하여 아들 성수에게 관장케 하는 등 성수, 연수 형제가 큰 뜻을 펼칠 수 있도록 뒷받침했다.

조선 갑부의 가장 큰 보람은 학교 설립인 것 같았다. 이어서 파란 보자기에 싸인 김연수 회장 부부의 유골이 새로 만든 자리에 들어앉았다. 김씨가의 사람들이 항렬에 따라 흙을 한 삽씩 유골상자 위에 바치는 의식이 거행됐다. 행사가 끝날 무렵 친구 김병진 회장이 내게 다가와 말했다.

"엄 변호사가 우리 집안을 위해 일을 해주는 사람인데, 우리 할아버지들한테 한 삽 떠 올리는 게 어때?"

그곳에 묻힌 사람들은 내가 지난 3년 동안 국립중앙도서관의 서고에서 그리고 고창과 해리의 바닷가에서 그 흔적을 찾아 헤매던 역사 속의 인물들이었다. 그들을 직접 만난 날이었다. 나는 묘에 한 삽 흙을 올리면서 마음속으로 기원했다.

'조선 말과 일제시대를 살던 당신들의 삶을 탐구해왔습니다. 마지막까지 진실을 증거할 수 있도록 해주십시오.'

이장이 끝난 후 친구 김병진 회장이 내 손을 잡고 다니며 문중 사람들을 소개했다. 키가 작달막하고 뚱뚱한 동부그룹의 김준기 회장을 먼저 만났다. 사각의 선글라스를 쓰고 있었다.

"우리 집안의 큰집 사위 되는 김준기 회장."

김병진 회장이 소개했다.

"동부그룹의 김준기 회장입니다."

소개받은 이가 명함을 꺼내 내게 건네주었다. 그 옆에 있는 남자를 보고 친구가 말했다.

"여기는 경성방직의 김담 회장."

"저 사람은 동생뻘인 동아일보 김재호 사장."

그렇게 나는 김씨가 문중 사람들과 한 사람 한 사람 인사했다. 행사가 끝이 나고 차일 아래 그늘에서 점심식사를 했다. 도시락이 나왔다. 도시락과 함께 반주로 소주가 돌고 있었다.

"어, 내 도시락에는 회가 없네?"

앞에 앉아 있던 김준기 동부그룹 회장이 말했다. 도시락마다 생선조각이 두 점씩 들어 있었다.

"없어요? 그럼 내 거 드세요."

내 옆에 앉아 있던 김병진 회장이 말했다.

"이거 마지막에 봉지커피가 없어서 아쉽네."

도시락을 먹고 나서 삼양그룹 김윤 회장이 말했다. 미처 커피는 준비하지 못한 것 같았다. 서글서글한 인상의 미남인 김윤 회장을 보니까 떠오르는 게 있었다. 얼마 전 사업에 성공한 친구를 만났다. 자수성가한 그는 거의 재벌 반열에 접근했다고 내게 자랑했다. 그는 삼양사 그룹의 김윤 회장한테서 사료회사를 인수했는데 김윤 회장이 팔려가는 회사의 직원들에게 특별상여금을 주더라는 것이다. 기업인수를 여러 번 해봤지만 가는 직원에게 보너스를 주는 오너는 처음 봤다는 것이다. 그걸 보면서 인수하는 자신도 상여금을 지불하지 않을 수 없었다고 했다. 기업가의 넉넉한 마음이었다. 식사가 대충 끝나자 원로인 김상돈 회장의 짧은 덕담이 있었다.

"이 자리가 명당이래. 용이 올라가는 모습의 지형이라고 하지. 그렇지만 말이야, 아무리 명당자리라고 해도 후손들이 노력을 하지 않으면 절대 안 되는 거야."

♟ 김상돈 회장의 죽음

2014년 9월 14일 오후, 황혼이 세상을 황금색으로 물들여갈 때 땅엔 가을이 내리고 있었다. 김상돈 회장이 돌아가셨다는 연락이 왔다. 살아 계실 때 여러 시간을 함께했던 분이다. 명상적이라고 해도 좋을 만큼 조용하고 차분한 분이었다. 1년 전부터 병원 중환자실에서 투병생활을 하신다는 얘기를 들었었다. 그동안 김상홍 회장이 돌아가시고 김상돈 회장이 돌아가셨다. 고창 김씨가의 선대들이 낙엽이 지듯 세상을 떠나갔다. 서울대 병원 영안실로 갔다. 김상돈 회장 생전의 성격대로 영안실은 차분한 분위기였다. 김씨가의 사람들이 다시 모였다. 조카인 김한 은행장 부부가 와 있었다. 접객실에서 김한 은행장 부부와 마주 앉았다.

"작은아버님은 이미 오래전에 서울대 의대에 시신 기증까지 하기로 약정을 해놓으셨대." 김한 은행장의 말이었다.

"장기나 각막 기증이 아니라 시신이라고요?"

내가 놀라서 물었다. 의대생들을 위한 시신 기증은 쉽지 않은 일이었다. 시신이 하나의 물체고 도구가 되기 때문이었다. 조상이 이장되는 날 부정 탈까 봐 타인의 참관도 사양하던 집안이었다. 김상협 총리나 그 동생인 김상돈 회장이나 특이한 사람들이었다. 그들을 보면 부자가 천국 가기가 낙타가 바늘귀로 들어가기만큼 힘들다는 예수의 말이 틀린 것 같았다. 김상돈 회장의 시신 기증에 나의 마음속에 감동의 물결이 흘렀다. 잠시 우리에게 다가와 앉은 김상돈 회장의 며느리 한혜승 씨가 이렇게 말했다.

"아버님이 입원해 계실 때 의사가 침대에 누워서라도 건강을 위해서 하루에 100번씩 박수를 치라고 권했어요. 그 말을 듣고 아버님은 매일같이 박수 100번을 치셨죠. 그러다 마지막에는 힘이 빠지셔서 100번을 못 하시더라고요. 그런 날도 오후가 돼서 다시 힘이 생기시면 나머지 못한 부분을 채우시더라고요."

어떤 일에나 마지막까지 최선을 다하는 성품이었다. 그 형제들에게 흐르는 공통된 분위기였다. 김한 은행장이 내게 말했다.

"금년이 아버님이 돌아가신 지 20주기가 되는 해인데 엄 변호사가 아버님에 대한 글 좀 써줘. 엄 변호사가 우리 집안의 역사에 대해 우리 자손들보다도 더 많이 알잖아? 아버님 제자인 교수가 몇 년 동안 열심히 아버님에 대해 써줬는데 너무 책이 두꺼워서 사람들이 다 읽지를 못해요. 그러니 엄 변호사가 소설같이 쉽게 써서 우리 자손들이 집안과 아버님의 생애를 알 수 있도록 하는 게 어떨까? 책도 얇고 소박하게 만들고 싶어."

이미 교수들이 쓴 평전이 출판되어 있었다. 김상협 총리에 대한 철저한 연구서였다.

"작가를 고용할 수도 있는데 나보고 써달라는 취지는 무언가요?"

내가 되물었다.

2004년 『남재 김상협: 그 생애/학문/사상』 출판기념회.

"엄 변호사는 그동안 우리 집안의 소송을 맡아오면서 더러 우리 집을 비난하는 사람들의 얘기까지 다 잘 알고 있잖아? 변호사의 입장에서 우리 집안과 아버님을 보니까 어떻더라고 객관적으로 정리를 해달라는 말이지. 동시에 우리 김씨가의 자손들이 아버님에 대해 이해할 수 있도록 써줘."

"법률가인 내가 선배 집안과 아버님에 대해 공증을 해달라는 소리네?"

"그렇지."

김한 은행장이 고개를 끄덕였다. 직무상의 자존심을 가지고 바르게 써달라는 얘기였다.

그날 밤 혼자 책상 앞에 앉아 생각했다. 인간의 삶이란 무엇일까. 그리고 무엇을 남기는 것일까. 30년 동안 변호사를 하면서 죽음을 앞둔 여러 사람들을 만났다. 죽기 직전의 시인은 자기가 평생 만든 시가 자신이라고 했다. 화가는 그림이었다. 시인의 시집을 만들어주려고 한 적도 있고 화가가 남긴 그림을 기증하러 다니기도 했었다. 암에 걸린 의사와 그가 죽기 전 인생을 화두로 놓고 대화를 한 적이 있었다. 그는 평생 2만 6000장의 환자를 진찰한 차트가 자신이었다고 말했다. 평생 범죄를 한 사람이 있었다. 가족에게까지 버림을 받고 마지막에 외롭게 죽으면서 엄청난 후회의 눈물을 뿌리는 걸 봤다. 내가 본 인생의 흔적이란 결국 그가 남긴 말과 글 그리고 행동이라는 생각이다. 그건 파동이 되어 이 우주에 영원히 남을 것 같았다. 나는 어떤 사건을 사회문제화해서 법정에 심판의 주제로 올려놓는 일을 해왔다. 내 나름대로 인간의 권리를 다루었기 때문에 인권변호사라는 명칭을 얻기도 했다. 변론을 하면서 알게 된 진실을 글로 써왔다. 변호사와 문학을 겸해왔다고 할까. 나의 문학은 허구적 예술성보다 진실에 더 중점을 두었다. 나는 이제 김상협이란 한 시대를 살다 간 인물에 대해 진지하고 성실하게 기록하는 일을 맡았다. 그에 대한 평가는 다양했다. 그는 한 시대의 정신적 지주로서 존경받는 거인이었다. 내가 과연 그가 이룬 높은 차원의 경지를 이해할 수 있는 것일까. 청록색 안개가 낀 듯한 기억 저편에서 실루엣같이 떠오르는 영상이 두 개 있었다.

1973년 쌀쌀한 바람이 부는 3월 초였다. 고려대 법학과에 합격한 나는 신입생 오리엔테이션장에 앉아 있었다. 우연히 옆에는 중고등학교를 같이 나온 친구인 김병진이 함께 앉아 있었다. 상급생들한테서 대학생활에 대한 얘기를 듣고 있는데 옆에 있던 김병진이 내게 작은 소리로 속삭였다.

"이 학교, 우리 할아버지가 세웠다."

창문으로 유럽의 성같이 우람한 석조 본관 건물이 보였다.

"저런 건물을 지으려면 돈이 엄청나게 많을 텐데."

가난한 회사원의 아들인 나에게 그런 재력의 존재는 상상의 한계 밖이었다.

"저기 본관 건물 앞에 동상이 하나 있지? 저 동상이 우리 큰할아버지야."

인촌 김성수 선생의 동상이었다. 친구가 덧붙였다.

"이 대학 김상협 총장님은 우리 큰아버지야. 천재야. 대단하신 분이지."

"너희 집안은 부자고 또 머리도 좋구나."

내가 감탄하는 걸 보고 친구의 얼굴에서는 자랑스럽고 뿌듯한 표정이 피어올랐다.

세월이 흘러 1981년 초쯤 나는 철원의 비무장지대에 있는 보병 6사단사령부에서 육군 대위로 근무하고 있었다. 하루는 김상협 고려대 총장이 부대를 방문했다. 부사단장인 장군과 함께 내가 안내를 맡았다. 내가 고려대학교 출신이기 때문이었다. 장군이 타는 별판을 단 지프차에 오를 때였다. 당시 장군들의 기세는 대단했다. 전두환 육군소장 등 현역 장성들 몇몇이 권총을 찬 채 최규하 대통령의 방에 들어가서 결재를 하게 하고 정권을 잡은 상황이었다. 김상협 총장의 안내를 맡은 나는 순간 고민했다. 지프차에 상석과 하석이 분명했다. 사회적 서열을 따지면 김상협 총장이 장군보다 위였다. 대학 시절 민주화를 부르짖던 우리의 우상이 지프차의 뒷자리에서 나와 나란히 앉아 간다는 것은 불경스러운 느낌이 들었다. 동시에 군사지역 안에서 장군의 권위도 중요했다. 내가 서 있는 장군에게 말했다.

"대학 총장이면 장관급입니다. 장군보다 높습니다. 상석을 양보하시는게 어떻겠습니까?"

순간 장군의 표정이 찡그려졌다. 잠시 생각하던 장군이 내게 이렇게 되물었다.

"군의 장수가 아무리 윗분이 오셨다고 해도 자기가 타는 말을 양보하고 뒤에서 가는 걸 봤나?"

내가 당황하는 모습을 보면서 김상협 총장이 중간에 나서서 말했다.

"나는 어떤 자리든 전혀 상관없습니다. 편한 대로 하시죠."

듣고 있던 장군이 잠시 생각하더니 이렇게 결론을 지었다.

"원칙은 그렇습니다만 제가 뒷자리에 앉아 모시도록 하겠습니다."

그날 김상협 총장을 모시면서 여러 시간 많은 얘기를 나누었다. 김상협 총장은 아버지같이 푸근했다. 돌아간 그가 교수회의에서 나를 칭찬하더라는 얘기가 전해왔다. 남에 대한 험담은 평생 하지 않는 분이었다. 이제 나는 그분의 삶과 사상을 쓰는 귀한 일을 맡았다. 능력도 안목도 부족하지만 욕심은 크다. 의사였던 누가가 예수의 삶을 조사해서 소설같이 쓴 작품이 누가복음이다. 나도 김상협 총장을 대상으로 그런 역할을 해보고 싶었다. 지난 7년 동안 김상협 총장의 집안에 관한 논문과 자료들을 수집해서 읽었다. 그리고 김씨가의 조상 하서 선생에 대한 자료도 읽었다. 김상협 총장이 살았던 일제시대 경성과 도쿄의 모습을 떠올리기 위해 그 시절의 신문과 시사 잡지 그리고 한국과 일본의 작가들이 쓴 문학작품들을 섭렵했다. 김씨가의 많은 사람들을 만나 인터뷰했다. 지주와 자본가의 대표인 김씨가에 대한 좌익의 공격에 대한 변호사가 되어 직접 비난도 받아보고 수모를 당해보기도 했다. 필력은 부족하지만 그래도 내가 본 진실과 경험을 남이 대신할 수는 없다는 생각이다. 김상협 교수에 대한 자료들을 녹이고 분해했다. 거기에 내가 읽은 자료와 경험 그리고 더러는 추론을 부가해 인간 김상협을 만들어보기로 했다.

I

고창
갑붓집 아들

♟ 신흥 지주의 손자

김상협은 1920년 4월 20일 전북 부안군 줄포면 줄포리에서 경도대 학생이던 아버지 김연수와 어머니 박하진의 둘째아들로 태어났다. 동시에 그는 고창 갑부 김경중의 손자이기도 했다. 고창 갑부 김경중은 어떤 인물일까. 전 서울대 교수 안병직은 조선 후기의 상황을 이렇게 분석하고 있다.

조선의 무역은 일본에 쌀을 수출하고 일본으로부터 면제품을 수입하는 구조였다. 수출품과 수입품의 가격을 비교한 연구결과에 따르면 조선이 수출하는 쌀값은 상대적으로 계속 오르고 조선이 수입하는 면제품의 가격은 상대적으로 계속 내려갔다. 그만큼 쌀 중심의 교역조건이 점점 좋아지는 가운데 쌀 생산이 늘고 수출도 급격히 늘었다는 것이다. 개항기의 경제적 변화를 이끌어간 것은 무역이었다. 청일 전쟁 이후 조선은 외국에서 면포를 수입하고 쌀을 수출함으로써 자급자족사회였던 조선경제가 상품경제로 변하기 시작했다. 신흥 지주가 탄생하고 농촌의 구조가 변했다. 변화의 기본원인은 시장이다. 쌀을 수출하는 대규모 시장이 열리니까 거기서 성공한 자들이 대지주로 변신했다. 그들 신흥 지주야말로 한국의 근대화를 주도한 계층이라는 것이다. 개항에 민감하게 대응하면서 상업적인 축적에 성공하는 계층이 나타났다. 이영훈 교수는 신흥 지주 김경중에게서 한국자본주의의 직접적인 원류를 찾고 있다. 개항 이전에는 전통적인 양반가문이라고 해도 토지규모가 15정보에서 20정보 정도를 넘는 경우가 드물었으나, 개항기와 식민 시기를 거쳐 성장한 신흥 지주의 토지규모는 1000정보를 넘었다고 했다. 구한말 정치적 혼란 속에서 김경중은 예리한 사업 감각을 가진 기업가적 지주였다.

1889년 일본 각지에는 기근이 들었다. 나라 현을 비롯한 각 현에서는 미증유의 수해가 발생했고 구마모토에서는 지진이 일어났다. 식량부족에 고심하던 일본은 조선으로부터 미곡을 대량으로 사들였다. 동양척식회사와 일본인들은 집중적으로 조선의 김제, 옥구, 익산, 태인 등 전북의 북부 평야지대를 사들였다. 고창의 신흥 지주 김경중은 시대변화의 방향을 감지하고 곡식과 땅의 매매를 결정하는 치밀한 능력의 소지자였다. 김경중은 전라도 서부지역의 거대한 땅을 사들였고 장성군, 영광군, 고창군 일대의 땅에 이어 부안, 함평, 정읍, 담양 등으로도 농지 구매의 손을 뻗쳤다. 김경중은 일본인 농장지주들의 관심이 상대적으로 적었던 전북의 남부 및 전남의 북부 평야지대의 논을 사들였다. 그는 토지구입의 적절한 시점을 파악하는 감각을 가지고 있었다. 당시 땅값은 쌀의 가격변동에 따라 요동쳤다. 쌀값이 급등하고 덩달아 논값이 급등하는 시기에는 현금을 가지고 인내심 있게 기다리다가, 쌀값이 하락하고 그에 따라 논값이 떨어지는 시기에는 과감히 논을 사들였다.

1907년 봄 무렵 44세의 김경중은 줄포에 사업 거점을 잡았다. 배후에 곡창지대가 있는 줄포항은 해로로는 군산, 목포, 인천과 정기선으로 연결되고 육로로는 부안, 고부, 정읍, 고창을 잇는 요충지였다. 이미 그의 연간 미곡생산규모는 2만 석이 넘었다. 35만 평의 그의 전답이 있는 지역에 줄포항구가 있었다. 그는 벼의 품종도 개량하고 저수지도 만들었다. 추수한 벼를 줄포항에서 도정을 해서 군산항으로 보내 일본으로 수출했다. 종래의 일반적인 지주와는 다른 새로운 상업적 형태의 농업 경영이었다. 국제 미곡시장을 통해 김경중은 거대한 수익을 얻었다. 오늘날 소수의 성공적인 주식투자자가 있는 것처럼 당시 김경중은 극소수의 성공한 토지투자자였다. 김경중은 그 후 농업회사인 삼양사를 설립하고 시대변화에 부응해 면직물을 생산하는 경성방직을 인수하게 된다. 김경중은 동아일보와 지금

고려대학교의 전신인 보성전문을 인수해서 맏아들 김성수에게 운영하게 하고, 경성방직과 삼양사를 둘째아들 김연수에게 경영하게 한다.

♟ 경주 최부자와 고창 김부자

조선조 존경받는 부자를 꼽자면 경주의 최부자와, 후기에 부를 이룬 고창 갑부 김경중이 있다.

경주 최부잣집은 조선시대 12대를 거쳐 만석을 한 집이다. 조선조 500년 역사 중 거의 300년, 가장 오랫동안 부를 누린 집안이다. 조선시대 이래 진짜 부자의 기준은 상당히 까다로웠다. 재물만 있다고 단순히 부자라는 명예가 오는 게 아니었다. 당시 사회에서도 부자가 부자다워야 부자로 인정받았다. 자산규모로 따지자면 최씨 가문이 당시 조선의 제일의 부자는 아니었다. 그런데도 최씨 가문이 부자로 존경받는 이유는 한 가지, 그것은 부를 잇게 한 진짜 부잣집의 부자다움이었다. 경주 최부자의 유서 깊은 고택에는 많은 사람들이 다녀갔다. 최부잣집은 과객을 후하게 대접했다. 요즘같이 여관이나 호텔이 많지 않았던 사회에서는 여행을 하는 나그네가 전혀 알지도 못하는 양반집이나 부잣집의 사랑채에서 며칠씩 몇 달씩 머물다 가는 일이 흔했다.

과객들의 성분은 다양했다. 몰락한 잔반으로 이 고을 저 고을의 사랑채를 전전하면서 무위도식하는 고급 룸펜이 있는가 하면, 학덕이 높은 선비나 시를 잘 짓는 김삿갓 같은 풍류객이 있고 무술에 뛰어난 협객도 있었다. 그런가 하면 풍수와 역학에 밝은 술객도 있어서 주인집 사람들의 사주와 관상을 봐주기도 하고 『정감록』이란 참서로 세상의 변화를 예측하기도 했다. 주인은 온갖 종류의 과객을 접촉하면서 새로운 정보를 수집하고 다른 지역의 민심을 파악했다. 교통이 발달하지 못해 여행이 어려웠던 조선시대에 이들 과객집단은 다른 지역의 정보를 전해주는 메신저 노릇을 했으며 여론을 조성하기도 했다. 경주 최부잣집이 과객 대접에 후하다는 소문은 시간이 지나면서 입소문을 타고 조선 팔도로 퍼졌다. 강원도, 전라도는 물론 이북 지역까지 최부잣집의 명성이 퍼졌다. 영덕 출신의 의병장 신돌석이 이 집에 피신해서 보호를 받은 바 있다. 최익현도 의병을 일으킬 때 수행원 수백 명을 데리고 이 집을 방문하여 며칠을 묵었다. 일제시대에 구스타프 스웨덴 왕세자가 경주를 방문했을 때도 최부잣집에 묵었다.

그러면 고창 갑부 김경중의 집안은 어땠을까. 김경중 집안은 항상 가마솥 세 개에 밥을 지었다. 하나는 부모를 모시는 밥이었다. 또 하나는 가족을 먹이는 것이고, 나머지는 세상의 배고픈 사람들에게 줄 밥이었다. 김경중은 조선 말부터 일제시대까지 수많은 조선인들의 든든한 후원자였다. 임꺽정을 쓴 홍명희를 과객으로 대접했으며, 갑신정변의 박영효를 그가 죽을 때까지 경성방직의 사장으로 임명해 도왔다. 정치인 송진우와 하와이에 있던 이승만을 지원했다. 중앙학교를 설립해서 한국의 인재들이 모이게 했다. 조선과 만주에 거대한 농장을 개척해서 수많은 유랑농민을 불러들였다.

경주 최부자는 대구대학을 설립하고 고창 김씨가는 고려대학을 세우게 된다. 경주 최부잣집은 백산상회라는 무역회사를 대구에 설립해서 운영했다. 3·1운동 직후 고창 김갑부와 경주 최부자는 동아일보 설립에 함께 발기인이 된다. 경주 최부자는 일제 말 무역회사의 실패로 그 부가 없어지고 세상에서 사라졌다. 그 후손이 판사로 마지막에 방배동에 살았다는 얘기만 전해지고 있다. 고창 김갑부는 오늘날도 삼양사 그룹과 동아일보 그리고 고려대학교로 명맥이 이어지고 있다.

미국 학자 에거트는 그의 논문을 통해 조선 말 김경중가의 재력을 보여주는 상징이 인촌리의 김씨가 저택이라고 했다. 오늘날도 주변의 농가를 압도하는 그 저택을 순차적으로 건립했다는 것은 19세기 말과 20세기 초 동안 김씨가가 갈수록 번영했다는 구체적인 증거라는 것이다. 김씨가는 집도 단번에 짓지 않았다. 최초의 건축은 1861년에 1대 김요협이 터를 잡은 것이다. 1881년 작은 안방이 2대인 김경중 대에 와서 큰 사랑방의 행랑채를 증축했다. 그런 성격의 집안이라는 것이다. 그러면 김씨가의 구체적 사업 확장 과정과 손자인 김상협의 성장을 순차적으로 살펴본다.

♣ 조 선 주 식 회 사 운 동

1919년 3·1 운동 이후 조선인들 사이에서 주식회사를 만들자는 운동이 일어났고 그 중심에 김경중이 있었다. 김경중은 방직회사를 세울 발기인들을 모았다. 경주 최부자인 최준, 그리고 최부자와 함께 백산무역회사를 동업하는 안희제, 파주 교하의 대지주인 박용일, 동래 구포 출신의 윤상은, 영광 출신의 조계현, 대구 출신의 이일우 등과 합쳐 주식회사를 설립했다. 와세다 대학을 졸업한 큰아들 김성수의 의견을 들어 시작한 일이었다. 김경중은 꼼꼼한 성격을 가진 이희승에게 사업계획서를 작성하도록 했다. 큰아들 김성수가 앞에서 주식회사 운동을 했다. 자본금을 100만 원으로 하고 한 주를 50원으로 해서 2만 주를 발행하기로 했다. 조선인들 사이에서 1인 1주 운동이 전개됐다. 당시 주식을 모르는 사람들은 독립운동자금을 회사한다는 기분으로 주식을 샀다. 2만 주 발행에서 일반 공모주가 1만 6210주였다. 500주 미만의 주식을 가진 주주가 주주총수 188명의 95.7퍼센트인 180명이고 그들이 가진 주식 수는 총주식의 63.5퍼센트였다. 조선

민족의 회사였다. 일반에서 공모되지 않은 것을 김경중과 발기인들이 나누어 인수했다. 김경중이 2000주였다. 태화관에서 창립총회가 열렸다. 임시사무소는 김경중이 사두었던 계동 130번지의 한옥이었다. 이름을 경성방직으로 했다. 영등포에 공장 부지를 마련하고 일본에서 직기 100대를 구입했다. 당시 작성한 경성방직의 창립취지서 내용을 보면 이렇다.

조선에서의 면포의 수용은 통계가 제시하는 바에 의하면 연액 약 4200만 원이며 그중 2700만 원은 수입품에 의존하는 현상에 있으니 이의 자급을 기도함은 조선경제독립상 급무라고 할 것이다. 아래에 기명한 우리들은 이에 경성방직회사를 설립하여 조선공업의 발달을 도모함과 함께 다수의 조선인에게 직업을 주고 공업적 훈련을 하려고 본사창립의 허가신청서를 제출하는 바입니다.

회사의 창립취지서가 아니라 조선경제독립선언서 같은 내용이었다. 일본인들은 과연 조선인의 손에 의해 공장이 가동될 것인지 고개를 갸웃하면서 노골적으로 비웃기도 했다.

1920년 봄, 공장장 이강현은 면사를 구입하기 위해 일본으로 갔다. 그무렵 일본은 선물 시장이 뜨거웠다. 특히 삼품거래가 인기였다. 삼품거래란 증권거래처럼 실물이 없어도 일정한 기일을 미리 정해놓고 일정량의 계약을 맺어 사기도 하고 팔기도 해서 시세차익을 얻는 투기였다. 면 제품의 가격이 폭등하여 면직물이면 무엇을 사든지 이익을 본다는 관념이 있었다. 이강현은 가지고 온 돈을 잠시 밀어 넣으면 상당한 수익을 얻을 것 같았다. 그는 삼품거래소로 가서 회사자금을 밀어 넣었다. 단기차익이라도 얻자는 마음이었다. 그러나 그는 시세가 하락일로에 있는 것을 간파하지 못했다. 막차를 탄 것이다. 본전은 고사하고 그 자리에서 이강현은 거액의 손해를 보았다. 초창기의 경성방직으로서는 감당하기 어려운 금액이었다. 사옥 신축도 공장 건설도 중지됐다. 환경은 더욱 나빴다. 1차 대전의 전시호황이 끝나가면서 상품가격이 폭락하고 기업들이 도산하기 시작했다. 일본 기업들조차 조업을 단축하는 상황에서 신생기업인 경성방직이 생존하기란 불가능했다. 기존 주주들은 가망 없어 보이는 사업에 자금을 계속 투입할 생각이 없었다. 파산신청을 내기 위한 중역회의가 열렸다. 손해가 확대되기 전에 문을 닫는 게 좋겠다는 의견이었다. 그때 김경중은 경성방직의 주식 60%를 인수했다. 김씨가의 경성방직이 된 것이다. 이미 김경중은 경성방직 이전에 20대 초의 아들을 앞에 내세워 동아일보와 중앙학원을 인수한 바 있다. 김경중은 이미 경성의 쌍림동에 있던 경성직뉴라는 작은 회사를 인수했다. 전통 한복의 재료를 만들던 회사였다.

♟ 별표 고무신

김경중은 큰아들 김성수에게는 동아일보와 그가 인수한 중앙학교의 운영을 맡겼다. 작은아들 김연수에게는 농장과 그가 인수한 회사들의 경영을 맡겼다. 대학을 졸업하고 돌아온 김연수는 먼저 경성직뉴라는 작은 회사를 맡아 사업가로서 첫발을 내디뎠다. 김연수는 경성직뉴 쌍림동 공장 숙직실에서 아내와 함께 묵으면서 일했다. 아들 상협은 줄포에 있는 할머니에게 맡겼다. 유순한 성격을 타고 태어난 상협은 울어대거나 보채는 일이 거의 없었다. 할머니는 김상협을 안아주면서 '우리 순둥이'라며 예뻐했다. 아이는 무럭무럭 자라났다.

젊은 김연수 사장은 고무신 제조로 승부를 걸어보기로 결심했다. 짚신이나 나막신이 고작이던 그 시절, 고무신은 질기며 발도 편안한 경이로운 신문물이었다. 착용감이 좋고 오래 신을 수 있는 데다 겉모양도 지체 높은 사대부가 신던 비단신과 다를 바 없어 사람들의 눈길을 붙잡았다. 백성들의 신발은 아직도 상당수가 짚신이었다. 짚신은 볏짚으로 만들어진 탓에 기껏해야 사나흘 신을 수 있을 정도였다. 새끼를 비벼 꼬아 만든 바닥은 울퉁불퉁해서 불편했고 비만 오면 물기가 스며들어 축축해졌다. 진흙마저 엉겨 붙는 바람에 돌덩이처럼 무겁기도 했다. 그에 반해 개화 상품인 고무신은 비가 내려도 나막신으로 갈아 신을 필요가 없고 1년이나 신을 수 있을 만큼 튼튼해 선풍적인 인기를 끌었다. 고무신 업계는 이미 일본인 업체들이 석권하고 있었고 조선에서는 이하영 대감의 대륙고무공업사가 시장을 독점하는 상황이었다. 뒤늦게 조선 영세업자들까지 뛰어들어 200여 공장이 난립하는 최대의 경쟁업종이었다. 한국에서 고무신의 수요가 폭발적으로 늘어나자 일본 고무공업계도 자극을 받았다. 조선에 고무신을 수출하기 위해 일본의 고베 항에 110개의 고무신공장이 설립됐다. 인천과 부산 원산항의 부두에는 고베에서 온 고무신이 산더미같이 쌓여 있었다. 김연수는 요코하마 고무공업주식회사를 찾아갔다. 그는 공장에 묵으면서 고무신 생산 공정을 공책에 하나하나 적어나갔다. 생산량이나 공원들의 대우, 경영의 애로점 들을 하나하나 묻고 메모했다. 얼마 후 그가 일본에서 들여온 고무신 제작 기계가 돌기 시작했고 '별'이라는 상표가 찍힌 고무신이 만들어졌다. 업체 간 치열한 광고전도 벌어지고 있었다. 구한말 외무대신이었던 이하영 대감은 일본 작위를 받은 귀족들을 주주로 참여시켜 귀족 마케팅에 나섰다. 당시 대륙고무의 《동아일보》 광고는 이랬다.

　　본인 이하영이 경영하는 대륙고무가 제조한 고무화를 출시하니 전하께서 어용하심을 얻어 황감함을 금치 못하며, 왕자 공주님들께서도 널리 애용하시고, 또 나인들, 일반고객들이 각별히 애용하셔서 날로 달로 발전해 이번에 주식회사 조직으로 출범하게 됐습니다. 조선 고무업계의 원조로서 더욱더 매진하여 조선은 물론 일본과 만주까지 진출하겠사오니, 더욱 애용해주시기 바라옵니다. 다른 회사가 조악한 제품을 저의 회사제품이라고 사칭하여 판매하는 경우가 많사오니 본사의 상표 '대륙'에 주의하시옵소서.

대륙고무주식회사 사장 이하영

수십 개의 브랜드가 난립한 고무신업계에서 대륙고무의 제품은 최고의 명품브랜드로 시장을 석권했다. 대륙고무의 국왕을 동원한 선제공격에 또 다른 회사인 만월표 고무신이 광고전쟁에 가세하며 뛰어들었다. 만월표 고무신은 광고문에서 '이강 전하가 손수 고르셔서 신고 계시는 만월표 고무신'이라고 했다. 이강 전하라고 하면 고종의 둘째 왕자인 의친왕을 말했다. 의친왕은 일제에 대한 반발의식이 강했다. 만월표 고무신은 의친왕의 그런 이미지를 광고에 활용했다. 김연수 사장은 소비자에게 직접 내구성을 호소하기로 했다. 광고문구는 이랬다.

강철은 부서질지언정 별표 고무는 찢어지지 않는다. 고무신이 질기다 함은 별표 고무를 말함이요 고무신의 모양 좋은 것도 별표 고무가 표준이다.

그러자 거북선표 고무신회사는 한술 더 자극적인 광고를 냈다.

경고!! 일 년간 사용, 확실 보증품. 가짜 거북선표가 많사오니 속지 마시고 거북선표를 사실 때에는 아래 그림과 같이 거북선 상표에 물결바닥을 사십시오.

　거북선표 고무신은 이순신 장군을 떠올리게 하여 민족혼에 호소함과 동시에 오돌토돌한 물결바닥으로 미끄럼까지 방지했다는 특징을 부각시켜 차별성을 강조했다. 김연수가 처음 뛰어든 사업의 위기가 닥쳐왔다. 판매를 위탁했던 고무신들이 반품되어 왔고 판매대금으로 받은 약속어음과 개인수표의 부도로 회사는 결손이 누적되어갔다. 정신 차릴 수 없을 정도로 어음이 반환돼 들어오면서 김연수는 눈만 뜨면 돈을 구하러 다니기 바빴다. 주문은 없고 간신히 팔려나간 상품조차도 반품이 되는 상황이었다. 김연수는 직접 동대문 근처의 고무신 가게들을 돌아다녔다. 공장에서 나간 고무신이 진열되어 있지 않았다. 그가 고무신 가게 주인에게 물어보았다.

　"별표 고무신은 없습니까?"

　"별표는 빛깔이 형편없어요. 일본제들 보세요, 얼마나 색깔들이 깔끔하고 예뻐요? 제품은 사람들이 와서 스스로 찾게 만들어야 하는데 별표는 영 아니에요."

　그는 남대문의 다른 고무신 상점으로 가서 같은 걸 물었다.

　"이하영 대감의 대륙고무에서 나오는 제품은 모양이 날렵한데 별표 고무신은 아무래도 너무 투박해요. 그렇다고 신발이 질기지도 못하고 역시 고무신은 이 대감 회사 제품이 명품이오. 임금님도 그걸 신는다잖소."

　그런 말을 들으면서 김연수는 일선의 상점 주인들이나 소비자들의 의식을 발견했다. 선발 기업인 대륙고무에서 나오는 고무신은 명품이라는 인상이 강하게 박혀 있었다. 아무리 더 좋은 제품을 만들어내도 그 인식을 꺾기는 불가능했다. 그는 판매방법을 바꿨다. 직원들에게 별표 고무신을 신고 전국 각지의 장을 돌아다니게 했다. 전국의 거래처는 물론이고 만주까지 돌아다니면서 듣고 보고 느낀 점들을 꼼꼼하게 적어오게 했다. 그런 정보를 모아 색깔, 모양 등 품질개선을 시도했다. 소비자의 눈으로 직접 확인하게 하는 판매 전략을 구사하기로 했다. 얼마 후 그는 직원들에게 단점이 보완된 별표 고무신을 신고 다니면서 고무신 가게 주인을 만나면 고무신을 벗어서 번쩍 들어 보이면서 이렇게 외치게 했다.

"이거 보시오, 이게 신제품인데 여섯 달 신었소. 전혀 닳지 않고 아직도 새 것 아니요?"

"정말 그러네?"

가게 주인들은 신기한 듯 별표 고무신을 받아 이리저리 살펴봤다. 200여 명의 별표 고무신 공장 직원들이 부지런히 움직였다. 한 사람 한 사람이 선전원이고 판매원이었다. 그런 장돌뱅이 판매방식이 먹혀들어가기 시작했다. 사람들이 모인 곳에서 입에서 입으로 소문이 났다. 한 가지 아이디어를 추가했다. '고무신 품질 6개월 보증제'였다. 새로 산 고무신이 6개월 안에 닳으면 새 신으로 교환해준다는 것이었다. 말도 안 되는 조건이었다. 신으면 밑바닥이 금세 닳고 여기저기 돌에 부딪치면 부드러운 고무가 찢어지는 게 고무신이었다. 고무신을 거저 준다는 소리나 다름없었다. 그런 파격적인 판매 조건이 발표되자 전국의 주문이 몰렸다. 신던 고무신을 돌에다 마구 비벼 일부러 구멍을 내어 새 신으로 바꾸어달라고 하는 소비자들도 있었다. 회사 내에서 그런 보증판매제를 철폐하자는 의견이 팽배했다. 김연수 사장이 판매담당에게 물었다.

"새 신으로 교환해주는 비율이 몇 퍼센트나 됩니까?"

"1퍼센트 정도 됩니다."

"그렇다면 광고비라고 치고 계속 밀고 나갑시다."

보증판매제 실시 1년 만에 판매실적이 세 배 이상 올랐다. 드디어 판매실적 1위를 고수하던 이하영 대감의 대륙표 고무신을 신진 청년사업가 김연수의 별표가 눌렀다. 그는 사람들의 기호에 맞게 제품을 더 다양화했다. 중국을 겨냥하고 중국인의 기호에 맞는 고무신도 생산했다. 첫 사업의 성공이었다.

♟ 김 씨 가 의 교 육

김연수는 봉익동에 있는 내관이 소유하던 조선기와집을 사서 줄포에 있는 가족을 올라오게 했다. 그는 다섯 살이 된 아들 상협을 집 근처에 있는 삼광유치원에 보냈다. 순하고 말이 없는 아들이었다. 너무 말이 없어 걱정이 될 때도 있었다. 착하기만 한 아이가 한편으로는 미련스럽게 느껴질 정도였기 때문이다. 아이에게 곰이라는 별명이 붙어 다녔다. 그러나 유치원 선생의 평가는 달랐다. 아들 상협은 선생님이 하는 말을 단 한마디도 놓치지 않고 전부 기억하고 있는 데다가 그 뜻을 알려고 노력하는 태도라는 것이다. 집안에서의 교육은 할아버지가 맡았다. 할아버지 김경중은 손자 앞에서 떨어진 밥풀 한 알이라도 손수 주워 보이며 근검절약을 몸으로 가르쳤다. 김경중은 『오도입문』이라는 수신서를 만들어 손자들이 항상 옆에 놓고 보게 했다. 할아버지는 김씨가의 유래에 대해 손자들에게 옛날이야기를 하듯 자상하게 가르쳤다.

"우리 울산 김씨가는 다른 집안과는 달리 시조로 민씨 할머니를 모시고 있단다. 민씨 할머니의 남편인 김자 은자를 쓰는 할아버지는 조선 초 왕자의 난에 말려드셨지. 이방원의 편에 서서 공을 세운 걸로 집안에서는 알려져 있단다. 그 근거는 여천군에 봉해진 걸로 짐작하는 거지. 그런데 궁중의 권력다툼은 항상 부침이 있어 사정이 변하지. 민씨 할머니가 태종비이던 원경왕후와 이종사촌 관계였는데 자식들을 데리고 빨리 피난을 가라는 은밀한 귀띔을 받았다는구나. 그 시절은 자칫하면 죽는 거니까 말이야. 민씨 할머니는 밤중에 아들 셋을 데리고 무조건 남쪽으로 도망을 쳤지. 남편이 되시는 분은 태종 때 죽임을 당하셨지. 우리 집안의 원래 고향은 울산인데 거기 가면 바로 잡힐 것 같으니까 전라도로 방향을 잡으셨지. 마지막에 도착한 곳이 전라도 장성 땅 어느 산마루였어. 거기서 지친 다리를 쉬면서 그 아래 펼쳐진 벌판을 보셨대. 거기에 자리 잡으신 거야. 전해오는 얘기로는 민씨 할머니가 산마루에 앉아 나무로 깎은 매를 공중으로 띄워 날리고 그 매가 떨어진 장소에 집터를 잡았대. 전설로는 그 매가 푸른 하늘을 한참을 날다가 맥동이라는 곳에 내려앉았다는 거야. 그곳이 김씨가가 만대를 누릴 땅이라고 하면서 할머니는 세 아들을 데리고 거기 정착하셨지. 당시는 벌이 질펀하게 펼쳐져 있고 아늑한 곳이었대. 민씨 할머니가 자리 잡은 맥동에서 우리 가문의 영광인 하서 김인후 할아버지가 탄생하신 거지."

얘기가 하서 김인후로 바뀌어 계속됐다.

"하서 할아버지는 한양에서 벼슬살이 4년 만에 낙향해서 대나무 숲에 앉아 천지만물의 이치를 탐구하셨단다. 이황이나 화담 선생과도 절친한 사이였지. '사단칠정론(四端七情論)'으로 유명한 기대승은 하서 할아버지를 자기의 정신적 스승이라고 글에서 극찬했단다."

손자 김상협은 미동도 하지 않고 할아버지의 얘기를 듣고 있었다.

"하서 할아버지 문하에서 송강 정철 등 많은 학자가 배출됐단다. 정조대왕께서는 '조선조 이후 성리학을 밝히고 그 학문을 제대로 이해한 사람은 김인후 한 사람'이라는 제문을 내리고 하서 할아버지의 덕망을 칭송하셨지. 하서 할아버지를 기리는 필암서원이 장성에 세워지고 임금은 편액

하서 김인후 선생의 생가.

을 하사하셨단다. 하서 할아버지는 젊어서부터 20년 동안 빠짐없이 일지
를 써서 남기셨지. 그 후 조선 말에 후손인 김 자 요 자 협 자를 쓰는 할아
버지와 정씨 할머니는 인촌리에 사셨단다. 정씨 할머니는 참 검소하셨지.
추운 겨울이 되면 윗목에 둔 요강이 얼어붙었단다. 장작 한 개비라도 아끼
기 위해 군불을 때지 않으셨기 때문이지. 물레질을 해서 실을 만들고 밤마
다 베틀 위에 올라 길쌈을 하셨지. 1년 내내 정씨 할머니가 베틀에서 내려
와 쉬는 날이 거의 없으셨단다. 정씨 할머니는 말이 없는 대신 속은 놀라
운 분이셨지. 한 푼 두 푼 생기는 엽전을 차곡차곡 줄에 꿰어서 한 묶음이
되는 것을 낙으로 삼으셨고 그렇게 모은 돈은 여간한 일이 아니면 절대 허
무는 법이 없었지. 할머니는 그렇게 모은 종자돈으로 논과 밭을 사들이셨
단다. 시집올 때 가지고 온 누비바지를 기우고 또 기우면서 평생 그 바지

를 입으셨지. 할머니, 할아버지가 살던 고부군은 태인과 고부, 정읍 세 곳으로부터 흘러든 물줄기가 합류해서 큰 내를 이루고 있었단다. 그 상류에다 보를 막으면 어떤 심한 가뭄에도 물 걱정을 하지 않고 농사를 지을 수 있는 곳이었지. 풍작이 들었을 때 정씨 할머니는 수확물을 팔아 많은 돈을 수중에 넣으셨어. 집안에 독을 묻어두고 거기에 엽전꾸러미들을 소중하게 보관해두곤 했단다.

할머니, 할아버지는 다른 선비 집안과 달랐어. 다른 선비들은 머리가 희끗희끗해지도록 오직 과거 급제에만 연연하는 시절이었지. 선비의 목표는 오직 벼슬이었어. 음직이라고 해서 한양 대감들의 추천을 받아 벼슬을 받는 전통도 있었지. 대감들의 추천을 받거나 벼슬자리를 사기 위해 땅을 헐값에 파는 양반들이 많았단다. 그러나 할아버지, 할머니는 돈이 있어도 벼슬에 관심이 없으셨어. 기름진 전답을 기억해두고 있다가 돈이 되면 그것들을 사들였지. 그렇다고 결코 주변에 인심을 잃은 적이 없으셨어. 다른 지주들은 춘궁기에 몇 말의 곡식을 빌려줬다가 아예 땅을 뺏는 경우가 흔할 때였지. 그러나 할아버지, 할머니는 원망을 받는 짓을 하지 않으셨단다. 시세에 맞는 적절한 땅값을 쳐주곤 했지. 그런 소문이 나자 땅을 팔려는 사람들은 거의 다 할머니를 찾아갔지. 소작료도 다른 지주들보다 대폭 낮춰 잡았어. 할아버지, 할머니는 다른 양반집들이 젖어 있는 허례허식에서 과감히 벗어났단다. 할아버지, 할머니 부부는 그렇게 해서 말년에 천석의 지주가 되셨지."

집안에 흘러내려 오는 가치관과 철학이 손자들에게 입력되는 순간이기도 했다. 아버지 김연수 역시 자식들에게 엄하면서도 자상한 아버지였다. 김연수는 부잣집이라고 자식들을 특별히 보호하지 않았다. 아들을 동네에 나가서 이웃 아이들과 자연스럽게 어울려 놀게 했다. 아이들이 공터에서 연날리기, 자치기를 하면서 놀던 시절이었다. 상협은 독특한 성격이었다. 구경만 하며 따라다닐 뿐 아이들과의 놀이에 흥미를 느끼지 않았다. 다른 아이들이 시비를 걸어도 상협은 무덤덤하게 받아들이고 대들지 않았다. 아버지 김연수는 과묵한 아버지였다. 웬만해서는 말은 고사하고 내색조차 하지 않았다. 사랑의 감정을 드러내는 일도 거의 없었다. 쉽사리 누구를 칭찬하는 일도 없었다. 희로애락을 거의 드러내지 않는 성격이었다. 아들에게 수시로 말을 하지 않았다. 이래라저래라 간섭하고 명령하고 끌고 가지 않았다. 아들은 그런 아버지가 어려울 수밖에 없었다. 아버지 김연수는 평소 아들의 행동을 보면서 수첩에 그 장단점을 메모해두었다. 아들을 불러 훈계할 때면 조용히 그 메모장을 꺼내서 하나하나 지적해주었다. 이희승 박사는 중앙학교 학생 시절 김연수가 조직한 야구단에서 함께 운동을 한 친한 사이였다. 그는 글에서 이렇게 쓰고 있다.

김연수 사장은 아이들을 부잣집 아이처럼 곱게 키우면 장래를 망친다고 생각했어요. 옷도 가난한 집들처럼 남루하게 입혔고 먹는 것도 역시 마찬가지였어요. 집안 생활비도 아내에게 월급제로 얼마를 주곤 그만이었어요. 그 습관은 늙어서까지 변함이 없었을 겁니다. 검소한 생활이 몸에 배어 김연수는 가정경제의 모범을 보여주었어요. 회사 직원들이나 남에게는 마음씀씀이가 자상하고 후했어요. 그러나 가족과 자신은 엄격하고 평생 근검절약하는 생활을 했죠.

김연수 회장은 지나치게 엄한 자신의 성격을 솔직하게 시인하며 이렇게 심정을 털어놓은 글도 있다.

내가 자식들을 그렇게 길렀어, 내 잘못일 거야. 하지만 자식에게도 허튼 소리를 하거나 예의를 갖추지 않으면 곤란해. 예의가 인간생활의 질서를 유지시키는 근본이거든.

♟ 장 돌 뱅 이 판 매

김경중이 경성방직의 경영권을 주식 65퍼센트까지 올려서 인수하자 초기의 불안정하고 비효율적인 기업지배구조는 김씨가 중심으로 바뀌었다. 1923년 4월 28일 대주주 김경중은 차남 김연수에게 경성방직의 전무직을 맡겼다. 김연수는 영등포 역 앞에 있는 2000평의 땅을 공장부지로 사들였다. 영등포 일대는 그 무렵 일본인들의 피혁, 간장, 벽돌공장이 몇 개 서 있는 황량한 벌판이었다. 김연수는 공업학교 출신들을 모아 기술자집단을 구축했다. 그들을 일본의 도요타 직기에 파견해서 첨단기술을 배우게 했다. 직기 도입의 다변화를 위해 스위스에서 기계를 수입할 것을 검토했다. 조업체제를 현대식으로 분업화했다. 아버지 김경중은 사업에 필요한 자금을 정확히 납입해주었다. 얼마 후 덜커덕거리는 직기에서 광목이 나오고 있었다. 14번수로 만든 염색가공 전의 생지면포였다. 제품개발에 박차를 가했다. 신제품이 나왔다. 이름을 태극성으로 정했다. 3·1 운동 때 독립의 상징으로 사람들이 모두 태극기를 들고 나온 데서 아이디어를 얻었다. 경찰의 시비를 피하기 위해 일본 본토의 상무성에 가서 상표등록을 했다. 그곳은 검열이 없었다. 태극성 판매 작전이 시작됐다. 그는 보부상 부대를 조직했다. 새벽 네 시면 김연수의 등짐부대가 회사에 모였다. 김연수 전무가 훈시했다.

"여러분에게 회사의 운명이 걸려 있고 조선 민족의 경제독립이 달려 있습니다. 우리 회사가 망해 일본 사람 밑으로 가면 그들에게 삶은 물론이고 영혼까지 빼앗기는 셈이 됩니다. 우리 조선인끼리 똘똘 뭉쳐 우리의 땀으로 돈을 벌어 식구들과 먹고 마시고 즐길 수 있도록 합시다."

경성방직의 사원들은 회사의 일을 '민족의 사업'이며 '독립운동의 일환'으로 자부했다.

그 무렵 종로 일대의 상가가 변하고 있었다. 서구식 건물들이 들어섰다. YMCA, 성서공회, 동일은행, 해동은행 빌딩이 들어섰다. 도로에 아스팔트가 깔리고 그 위로 자동차가 달렸다. 레일 위로는 전차가 다니고 있었다. 신작로를 따라 난 양품점 쇼윈도에는 수입된 외국 상품이 진열되기 시작했다. 종로는 조선 포목상들이 모여 있었다. 종로 1정목의 김희준상점, 수남상회, 이덕유상점, 덕화상회, 이진우상점, 종로 2정목의 손종수상점, 태창상회, 덕창상회가 있었다. 상점들은 두 칸 크기의 점포가 거리 쪽으로 향해 있었다. 앞 칸은 물건을 진열하고 뒤 칸 방은 상인 가족의 살림방이었다. 겨울철에는 뒤 칸 방에 앉아 벽에 만들어놓은 구멍을 통해 자기 상점을 보게 되어 있었다. 더러 2층 건물도 있었다. 아래층이 점포로 쓰이고 위층은 창고로 사용되곤 했다. 매장 안은 진열장과 벽에 유리장을 갖춘 온돌구조였다. 온돌 한쪽에는 금고와 목문갑을 중심으로 장부, 탁상전화, 괘종시계, 면포를 재는 자, 저울, 포장용 종이, 빗자루, 접대용 담배가 놓여 있었다. 석유등잔을 쓰던 게 전등불로 바뀌고 화재위험도 줄어들게 되자 종로에 야간 장시가 서게 됐다. 어느 날 경성방직의 직원 이강현이 수남상회를 찾아와 공손하게 인사하면서 말했다.

"어르신, 경성방직주식회사의 이강현이라고 합니다."

"그렇습니까?"

상회 주인 김태희가 호기심 어린 표정으로 바라봤다.

"요즈음 장사하시기가 어떻습니까?"

"요즈음 진고개 쪽에 일본 상회가 많이 생기고는 사람들이 전부 그리로 몰려가고 있어요. 아무래도 그쪽이 터가 더 좋은가 보오."

종로의 포목상들은 장사가 잘되길 기원하며 부처님께든 신령님께든 수시로 고사를 드렸다.

"고사도 좋지만 우리 조선 상점들도 경영을 일본 사람들같이 혁신해보는 게 좋을 텐데요. 일본 상인들이 서양식 장사방법을 많이 배운 것 같았습니다."

"그 말이 맞는 말이요. 나도 전신, 전화, 소포와 신문광고 같은 기법을 적극 도입하고 있소. 외상거래나 금전대부를 할 때마다 어음용지를 다발로 사다가 쓰고 있지요. 상품을 운반하기 위해 자전거와 인력거도 갖추었다오."

경성방직에서 나온 이강현이 본론으로 들어갔다.

"저희는 처음 시작하는 방직회사입니다. 공장의 소유주는 고창 갑부인 김씨가입니다."

"그 집안이 경성으로 올라와 중앙학교를 하고 경성방직과 동아일보를 한다는 소리는 들은 바 있소. 그렇지만 아무리 좋은 일들을 한다고 해도 우리 장사꾼들은 물건이 좋고 사람들에게 널리 알려져 있어야 거래를 할 수 있는 법이오."

"여기 진열장에 우리 경성방직에서 나온 광목 몇 두루마리라도 놔주실 수 없을까요?"

"그 일은 좀 더 두고 봅시다."

수남상회에서는 경성방직의 제품을 받아들이지는 않았다. 상인의 세계는 민족정신이나 명분과는 달랐다. 품질이 좋고 이윤이 많아야 하는 것이다. 경성방직 2층 회의실에서는 수시로 회의가 열리고 있었다. 모두들 밤낮없이 포목점들을 돌아다니며 사정하고 있었다. 거래처를 뚫기가 어려웠다. 안 팔아도 좋으니까 진열대에 경성방직의 제품을 놔주기만 해달라고 해도 일본인 포목상은 물론이고 조선인 상점들도 거절했다.

종로 4정목에는 박승직상점이 있었다. 박승직은 오늘날 두산그룹의 창업자다. 박승직상점은 가운데 출입문을 두고 거리를 향한 쇼윈도에는 화려하고 산뜻한 주단, 모시 등속의 옷감을 걸어놓고 한복을 입은 마네킹을 세워놓았다. 한복을 곱게 차려입은 소매부 점원들은 공손하고 상점 안은 항상 청결했다. 상점 안이 너무 깨끗한 나머지 시골 고객 중에서는 종종 신발을 벗는 이도 있었다. 2층의 도매부에서는 전화나 우편에 의한 주문방식으로 거간이라는 중간상인을 통해 거래했다. 서울의 경우 주문은 주로 전화가 이용됐고 우편은 지방에서 사용하는 주문방식이었다. 당시 박승직상점의 전화번호는 광화문 5번이었는데 외우기가 쉬워서 고객들은 이 전화번호를 상호보다 더 즐겨서 사용했다. 하루 수십 장씩 경기, 강원, 충청 지방에서 주문이 왔다. 주문 분량에 따라 포장부에서 포장을 하면 배달부에서 서울에는 직접 배달하고 지방에는 화물트럭으로 탁송했다.

배오개는 동대문이 가까워서 지방 물산의 거래가 활발할 수 있는 지점이었다. 박승직은 객주업을 겸했다. 물품의 위탁을 받아 거래하고 어음의 인수 대금 및 화폐의 교환을 했다.

오늘날 두산그룹의 시조인 박승직은 어떤 인물이었을까. 김경중보다 한 살 어린 박승직은 1864년 경기도 광주군의 숯가맛골 가난한 집 셋째아들로 태어났다. 부모는 토지 한 평 엽전 한 냥 없는 가난한 집안이었다. 소나무와 잡목이 울창하고 멀리 큰 시냇물 건너 시흥과 용인이 아스라이 보이는 오늘날 분당의 이매동 근처였다. 박승직이 16살 무렵의 어느 날이었다. 산비탈의 나무들을 태운 후 화전을 일구고 있다가 괭이에 튀긴 돌이 정강이를 때렸다. 살이 찢어지고 피가 배어 나왔다. 희망 없는 농사보다 한번 장사를 해보면 어떨까 하는 생각이 들었다. 얼마 후 그는 등잔용 석유와 깔때기 그리고 됫박을 지게에 지고 기름장사로 나섰다. 그다음은 포목장사가 됐다. 조랑말에 길마를 지워 말허리 양쪽에 포목을 싣고 장터를 돌았다. 서대문 - 종로 - 동대문 - 청량리를 잇는 전차로가 부설되자 박승직은 종로 4정목 15번지에 '박승직상점'을 개설했다. 박승직상점은 일제 옥양목을 수입해서 전국 각지의 포목상을 대상으로 도매했다. 박승직은 동대문의 포목상들을 규합해서 예지동에 광장주식회사를 창립했다. 김연수 전무가 막 직물을 생산하기 시작했을 때 박승직은 조선 직물판매업계의 거물이었다. 김연수 전무가 어느 날 박승직상점을 찾아갔다.

"어떻게 오셨습니까?"

입구의 점원이 물었다.

"경성방직의 전무 김연수라고 합니다."

김연수가 명함을 건네면서 말했다.

"아, 그 새로 세운 조선인이 하는 방직회사를 말하는군요."

점원이 픽 웃으며 안다는 듯한 표정을 지었다.

"그렇습니다. 우리 조선의 자본으로, 조선인 소녀들의 손길로 만드는 광목입니다. 이 상점 매대에 몇 필이라도 뇌주셨으면 해서 이렇게 왔습니다."

"상품은 품질로 경쟁하는 거지 조선자본이니 조선인의 손으로 만들었다느니 하는 건 어리광 아닌가요? 그런 걸 말하기 전에 품질을 높여야 할 겁니다."

점원이 냉랭하게 말했다. 일본 제품들은 이미 삼남지방을 석권하고 있었다. 일본의 동양방적 제품인 3A표 광목은 품질도 우수했고 또 소비자에게 널리 선전되어 있었다. 김연수는 쑥스러웠다. 직원이 다시 물었다.

"경성방직 제품을 판매해주는 일본의 전문상사들과 대리점 계약을 하지 않으셨습니까? 그래야 물건을 각 매장에 올려놓을 수 있을 건데요."

일본 계열의 방직회사들은 전문상사가 판매망을 장악하고 있었다. 일본, 조선, 만주, 중국 등에 유통망을 가지고 있는 전문상사가 상품의 판로 개척이나 판매대금 회수를 하고 있었다. 잠시 후 박승직이 가게에 나타났다. 젊은 김연수가 그를 보며 사정하듯 말했다.

"경성방직에서 제품을 생산하기 시작했습니다. 저희 회사 상품을 한번 취급해주시면 감사하겠습니다."

"고창의 지산 선생 자제분이라고 하셨나?"

"그렇습니다."

"지금 사업을 몇 년째 하고 있소?"

"처음입니다. 열심히 하고 있습니다."

"회사에서 전문 대리점을 사용하지 않고 이렇게 직접 판매를 하러 다니시나?"

"그렇습니다."

"우리가 수입하는 영국이나 일본의 제품들보다 품질이 좋다고 생각하오?"

"아직은 미숙합니다."

"그러면 가격은?"

"일본의 제품들보다 오히려 면사구입 비용이 더 드는 편입니다. 관세도 물고 단가가 더 높습니다."

"사람들은 줄을 서서 빗장표 일본 광목을 사려고 몰려들고 있고 또 조선

제보다는 일제를 다들 선호해요. 그런데 우리가 어떻게 경성방직의 제품을 취급할 수 있겠소? 상업은 돈을 주고 물건을 살 수 있는 그런 소비자들의 수요가 중요하고 그런 게 있을 때에만 거기에 맞는 제품이 만들어지는 것 아니겠소?"

박승직은 경성방직의 제품을 거절했다. 김연수는 물러서지 않았다. 상무 이강현과 함께 장안의 포목상들을 불러 최고급 요릿집인 식도원에서 접대하면서 이렇게 호소했다.

"사실 일본 회사 제품들은 자기네가 뽑은 실을 사용해서 광목을 짜고 또 경험도 많아 우리 경성방직 제품보다 우수한 것은 확실합니다. 그러나 경성방직의 제품은 우리 자본, 우리 기술로 짠 것이고 우리나라 어린 소녀들의 손으로 짠 것입니다. 그러니 제발 외면하지 마시고 점두에 놓아주시기만이라도 해주십시오. 외관미나 실용 면에서 다 바다 건너온 상품과 비교해봐도 손색이 없는 조선 제품인데 거들떠보지도 않아요. 조선 사람의 손으로 된 것이라고 거들떠보지도 않는 거죠. 조선 사람 자체가 거의 모두 그런 관념을 가지고 있어요. 빈약한 우리 힘이지만 피땀 흘려 만든 제품인데 조선 사람 본위로 만든 물건이 조선 사람에게 멸시를 당하다니 정말 억울합니다."

이강현은 포목상들 앞에서 눈물까지 흘렸다. 김연수도 울컥 치미는 게 있었다.

얼마 후 김연수 전무가 다시 배오개의 박승직을 찾아갔다.

"저희 회사 제품을 모두 조선인 포목상 조합에 맡기기로 하는 일수판매 계약을 체결하겠습니다. 그리고 판매하는 만큼 별도의 수수료를 드리겠습니다."

박승직이 움직이는 조합이 독점판매를 하라는 것이다. 이윤을 거의 다 주겠다는 제의였다.

"그런 조건이라면 내 거절할 이유가 없겠소."

박승직이 상인다운 태도로 승낙했다. 일단 거래가 성립된 것이다.

"그 대신 조합장님께서 1년에 1500자 이상은 책임지고 팔아주셔야 합니다."

"알겠소."

상인을 움직이는 요소는 이윤이었다. 김연수 전무는 얼마 후부터 장돌뱅이 판매기법을 활용하기로 했다. 중간 대리점을 통하지 않고 사원들이 직접 등짐을 지고 다니면서 지방 상인들과 거래를 하는 방법이다. 보부상같이 지방으로 다니면서 자기 고객을 조직화하라고 명령했다. 김연수는 매일 새벽 사원들의 지방 출장을 총지휘했다. 김연수는 하루도 빠짐없이 전날의 영업상황을 분석하고 판매직원들의 매출을 독려했다. 경성방직의 판매원들을 두메산골까지 침투시켰다. 상사나 대리상은 그런 곳까지 갈 수 없었다. 가부장적 의식이 아직 강한 조선에서 인간끼리 연결고리를 통한 판매망은 더 무서웠다. 시골 장터마다 5일장이 서면 오색 깃발을 휘날리며 경성방직의 직원들이 북을 치고 장구를 치면서 소리쳤다.

"값싸고 질긴 조선의 광목을 사시오."

직원들 판매조직의 일원이 된 사람들은 자기 마을에 가서 선전과 판매를 담당해주었다.

♟ 삼양사 집 모범생 아들

1924년 봄 어느 날이었다. 김연수는 사무실에서 부지런히 여러 신문을 읽고 있었다. 도쿄에서 오는 것도 있었고 《동아일보》, 《조선일보》도 있었다. 해마다 일본은 한국에서 쌀을 1000만 석 이상 수입해 갔다. 쌀 한 석의 값은 30원이었다. 일본 정부는 조선의 쌀을 1000만 석, 즉 가격으로 3억 원가량을 수입해 갔다. 일본의 중화학공업 증진정책은 앞으로도 조선에서 식량을 더 수입해 갈 수밖에 없었다. 일본의 쌀값이 계속 상승할 것으로 예측했다. 김연수는 아버지 김경중에게 의견을 얘기했다.

"우리 집안의 땅을 농장화해서 쌀을 수출하면 승산이 있겠습니다. 일본 쌀보다 훨씬 품질도 좋고 가격경쟁력도 있습니다. 집안의 땅을 모두 합쳐 농장회사로 만들면 어떨까요?"

"그렇지 않아도 집안의 전답이나 임야, 산 들을 정리할 때가 됐다. 그런데 쌀을 수출해서 이익을 남길 전망이 어떠냐?"

아버지 김경중 역시 곡물값 상승에 대해서는 예민한 촉각을 가지고 있었다.

"공업은 일본에 뒤지지만 농업 부문은 우리가 상대적으로 여건이 좋습니다. 우리 집안에 아직 논으로 만들 땅이 많습니다. 그리고 농사지을 사람도 넘쳐납니다. 땅이 없어 만주로 유랑 길을 떠나는 사람들을 모아 우리 농장에 정착시킨다면 일거양득일 겁니다. 경성방직의 거래처인 종합상사들과 곡물거래를 틀 수도 있습니다. 군산이나 인천의 기선회사들과도 이미 면사 운송계약들이 체결되어 있어 그 운송통로로 곡물을 수출하면 됩니다."

"이치가 닿는 얘기로구나."

아버지 김경중이 고개를 끄덕였다. 다음 날부터 김연수는 할아버지 김요협 대부터 소유하고 있던 논문서, 밭문서, 장부, 치부책 들을 모조리 모았다. 문서가 산더미같이 쌓였다. 그는 측량 기사를 고용하여 실제의 경작

면적과 원래의 토지경계를 농지별로 빠짐없이 측량하도록 했다. 장성, 부안, 고창, 정읍, 영광 등지에 방치되어온 광대한 면적의 땅도 있었다. 김씨가의 땅 안에는 11개의 면과 80개의 부락이 산재해 있었다. 김연수는 김씨가의 재산목록을 작성하고, 그 목록을 토대로 새로 시행된 조선민사령에 따라 등기를 했다. 그 후 농업학교 출신의 인재들을 모아 '삼수사'라는 농장회사를 설립했다. 서로 인접해 있는 땅을 한 덩어리씩 묶어 농장화했다. 그렇게 해서 장성농장, 줄포농장, 신태인농장, 명고농장, 고창농장, 법성농장이 순차적으로 만들어졌다.

　그는 거기에 만족하지 않고 간척을 해서 땅을 늘리기로 했다. 줄포에 다른 사람이 공사하던 간척지가 있었는데 그것을 인수했다. 간척을 한다면서 보조금만 받고 사장이 없어져 버린 곳이었다. 그곳에 방조제를 쌓아 논 7만여 평, 유지 5개소, 선착장 등을 마련했다. 80톤짜리 쌀의 수송선박도 두 척 마련했다. 실험 삼아 한 간척이 성공하자 확장할 마음이 들었다. 함평군 앞의 황해바다에 방조제를 설치하고 그 뒤의 갯벌을 메꾸면 400정보 이상의 논을 만들 수 있을 것 같았다. 곧 공유수면매립신청 면허를 받았다. 4000명의 인부를 투입하여 토석을 부어 갯벌을 메꾸기 시작했다. 그렇게 부은 토석들이 겨울의 사나운 파도에 단숨에 휩쓸려 가기도 했다. 공사자재를 운반하기 위해 임시로 만든 부두는 큰 파도 한 번에 허무하게 침몰했다. 지반이 약한 탓에 간만의 차가 높은 조수의 힘을 당해내지 못해 방조제를 쌓아올려도 바로 허물어져 버리기 일쑤였다. 그는 고집스럽게 밀어붙였다. 마침내 넓은 바다가 드넓은 논밭으로 변했고, 그곳으로 농민을 이주시켰다. 거대한 간척지의 이름을 손불 농장이라고 붙였다. 또한 해리면 앞바다에 일본인 농업회사가 허가를 맡아 간척사업을 하던 곳이 있었는데 김연수는 그 간척사업도 인수했다. 그렇게 이루어진 것이 해리 농장이었다. 농업학교에서 농업기술을 전공한 엘리트 직원들을 각 농장에 배치시켰다. 아버지 김경중이 회사의 이름을 삼양사로 바꾸라고 지시했다. 당대 유명하던 작명가 문관산에게 받아온 이름이었다. 삼양이란 소동파가 유배지에서 스스로 세웠던 생활철학이었다. 제 분수에 만족하여 복을 기르고, 욕망을 절제하여 기를 기르고, 낭비를 삼가 재를 기르라는 뜻이 담겨 있었다. 삼양사라는 그 이름이 오늘날 삼양사 그룹으로 이어오고 있다.

이 무렵 집안의 아들인 김상협은 어떻게 지냈을까.

김상협은 1927년 4월 1일 일곱 살이 되면서 지금의 초등학교인 교동학교에 입학했다. 공식 명칭은 경성교동공립보통학교였다. 당시 교동학교는 귀족 가문 자식들이 많았다. 대원군의 손자들을 비롯해서 유길준, 민영휘, 박영효 등 왕족과 귀족 가문 아이들이 인력거를 타고 학교로 오곤 했다. 키가 1미터 11센티에 몸무게가 19.3킬로그램인 상고머리 꼬마 김상협은 검정색 교복에 두루마기를 입고 모자를 쓴 채 운현궁 담길을 따라 타박타박 걸어서 학교에 가기 시작했다.

어느 날 새벽 꼬마 상협은 시간이 되지 않았는데도 학교에 갈 준비를 서두르고 있었다. 아직 밖이 컴컴했다. 아들의 행동에 놀란 엄마가 왜 그렇게 일찍 가야 하는지 이유를 물었다. 아들 상협은 선생님보다 먼저 가서 기다렸다가 인사를 드려야 한다는 것이었다. 학교에서 배운 예절이라고 했다. 선생님의 말씀을 마음에 새기고 배운 대로 행동하는 착한 학생이었다. 김상협은 진지하고 과묵한 편이었다. 말없이 공부를 하는 모습이었다. 학년이 올라가면서 김상협은 점차 공부에 두각을 나타냈다. 6학년 때 학교 성적은 각 과목 거의 만점에 육박했다. 그는 같은 반 아이들의 신뢰와 존경을 받았다. 내색을 하지 않을 뿐 그는 주변의 아이들에 대해 애정과 관심을 가지고 진지하게 대하는 타입이었다. 산수 문제를 어려워하는 아이에게 쉬는 시간이면 차근차근 가르쳐 주었다.

그 시절도 여러 형태의 아이들이 있었다. 박영효 대감의 손자 박찬익은 김상협과 동기동창이었다. 월사금이 1원이던 시절 박찬익은 수십 원의 용돈을 가지고 주위에 뿌리며 호기를 부려 아이들을 부렸다. 반에서 주먹의 힘으로 폭군 노릇을 하는 아이도 있었다. 6학년 1반인 김상협 반의 이재복이 그런 인물이었다. 이재복의 주변에는 항상 책가방까지 대신 메고 시중을 들며 따라다니는 아이들이 줄을 섰다. 이 시절 그에게 시달림을 받지 않은 아이가 거의 없을 정도로 이재복은 전교에서 알아주는 소년어깨였다. 이재복은 김상협에게서는 어떤 무게를 느낀 듯 건드리지 않았다. 김상협은 종종 형제들이나 친구들과 인사동에 있는 조선극장에 가서 〈잠바라〉라는 일본 무협영화를 보기도 하고 종로 거리를 구경하기도 했다. 종로는 조선인 상가 지역이었다. 종로 1정목과 3정목에는 조선인이 경영하는 지물포, 어물전, 필방, 신발가게 들이 있었다. 야시장이 빈번히 열렸다. 청백색의 카바이드 등 불빛 아래서 땜질을 하는 사람이나 달고나, 솜사탕, 팽이, 딱지를 파는 장사꾼 들이 있었다. 가위로 장단을 맞춰가며 호박엿을 파는 엿장수도 있었다. 종로 네거리와 광화문에 빌딩이 생기기 시작했다. 광화문에는 할아버지와 큰아버지가 지은 동아일보 사옥이 있었다. 효자동 근처에는 조선 최초의 데파트가 준비 중에 있었다.

1933년 3월 25일, 김상협은 최고 성적으로 교동학교를 졸업하고 경성제2공립고등보통학교에 입학했다. 오늘의 경복고등학교다.

아버지가 성북동에 집을 지어 이사했다. 성북동의 집에서 삼선교까지 걸어 나와 전차로 종로 4가까지 가서 효자동 종점까지 갈아타고 학교까지 다시 걸어가는 통학 길이었다. 당시 제2고보는 규율이 엄격해서 극장에 갔다가 걸리면 낙제의 위험도 있었다. 일인 교사들의 스파르타식 교육훈련이 강행되기도 했다. 구식 소총을 메고 군장 혁대에 각반 찬 모습으로 집체 행군, 설중 행군등 강도 높은 군사훈련을 시행했다. 그런 속에서 그는 묵묵히 공부에 열중하며 남들 앞에 자기를 드러내는 일이 없었다. 누구와 다투는 일도 없었고 성내는 일 실없는 농담을 하는 적도 없었다. 누구를 비방하는 일도 없고 특별히 누구와 더 잘 어울리는 성격도 아니었다. 친구들과 잘 어울리지 않았지만 그렇다고 따돌림을 받거나 미움을 사는 일도 없었다. 삼화페인트 회장이었던 윤희중 씨가 3학년 시절 같은 학급이었다. 돈암동에 살았던 윤희중은 김상협과 통학길이 같아 등하굣길에 자주 만나다 보니 친한 사이가 되었다. 그들은 삼선교 근처 하천부지 백사장에서 '찐뿌'라는 운동시합을 하곤 했다. 바쁜 사업 속에서도 아버지 김연수는 아들에 대한 관심을 놓지 않았다. 아들의 학교 밴드부 창설기금을 쾌척하기도 했다. 김상협의 지적 욕구는 대단했다. 밤에 그냥 자는 일이 없었다. 항상 책을 뒤적이며 뭔가 열심히 찾고 노트를 했다.

♟ 영 혼 대 화

중학 3학년쯤의 봄 어느 날이었다. 김상협은 장성 들판의 길을 걸어 조상인 하서의 신위가 모셔져 있는 필암서원으로 갔다. 퇴색한 낡은 사당은 둥그런 무쇠 자물쇠가 녹이 슨 채 조용히 달려 있었다. 관리인에게서 받은 기다란 꺽쇠를 집어넣어 비틀었다. 잠시 후 삐익 하고 마찰음을 내며 사당문이 열렸다. 오랫동안 닫혀 있었던 사당 안의 공기는 무겁게 가라앉아 있었다. 옻칠한 검은 나무의자 위에 위패가 있었다. 뒤에 그려진 벽화가 눈에 들어왔다. 깊은 산중의 봄, 여름, 가을, 겨울을 묘사한 그림이었다. 냇가의 초당 아래 한 노인이 무심히 흐르는 시냇물 쪽으로 시선을 던지고 있었다. 그는 위패 앞에 놓여 있는 놋쇠 향로에 향을 사르고 절을 하면서 마음속으로 조상인 하서에게 인사했다.

'하서 할아버님께 인사드립니다. 저는 후손 김상협이라고 합니다. 사가들은 하서 할아버님을 이퇴계와 쌍벽을 이루는 사표로서 존경하고 있습니다. 후손으로서 자랑스럽습니다.'

'후손이 되는 손자님이 오셨구먼. 반갑고 또 반갑네.'

하서 할아버지의 영이 위패 뒤에서 그렇게 말하는 것 같았다. 벽화 속의 노인이 강물에서 시선을 돌려 지긋이 그를 바라보는 것 같았다.

'정조 대왕께서는 하서 할아버님을 동방의 주자라고 하면서 극찬을 하시고 성균관에 모셨다는데 한 말씀 해주셨으면 합니다.'

상협이 마음속으로 뜻을 전달했다. 하서의 서책 속에서 본 글들이 영혼의 메시지가 되어 그에게 다가왔다.

'손자님, 나는 우주만물의 형성에 대해 흥미를 가졌었네. 태극은 음양이 되고 음양은 다시 오행을 낳지. 이 오행이 활발히 움직여서 결국 만물을 길러내는 거지. 정조 대왕께서 칭찬하신 건 아마 태극도설에 대한 나의 그런 조예가 남보다 다른 걸 가지고 그렇게 해주신 모양이네. 지나치지도 부족하지도 말아야 된다는 것이 내 철학의 한 기둥이었다네. 나는 그것을 중화(中和)라고 불렀지. 성리 공부는 마음공부라는 점에서 볼 때 참선과 비슷한 점도 있었네. 나에게 하늘은 인격신으로 다가온 적이 있다네, 항상 나를 굽어보신다는 개념이었지, 항상 나를 살피시는 이가 있는데 인간의 행동이 어떻게 해야겠는가? 그분을 기쁘게 하고 즐겁게 하기 위한 정성을 보여야 할 게 아니겠는가? 막힌 걸 뚫으면 착한 본성이 회복된다는 게 〈천명도(天命圖)〉에 담은 나의 생각이었네. 한시도 쉬지 않고 정진해가면 나는 누구나 깨달을 수 있다고 보네. 이 할아비는 정진하는 방법으로 경(敬)을 중요시했지. 부모님을 섬기고 형제간에 우애하는 건 별거 아닌 것 같지만 그런 사랑이야말로 본성을 회복하는 가장 참된 길이라네. 진리란 알고 보면 간단한 게야. 복잡한 이론이고 특별한 사람만이 이해할 수 있는 것이라면 이미 그건 진리가 아니지.'

'도를 깨치려면 어떻게 해야 합니까? 할아버님.'

'계속 정진해나가는 거지. 나는 평소『태극도설』,『근사록』,『대학』,『소학』에 대해서도 열심히 공부했지,『주역』을 포함한 그 밖의 경전들도 빠짐없이 다루려고 노력했다네, 경전 공부란 결코 쉬운 일이 아니라네. 그저 조심스럽게 자나 깨나 반복해서 읽고 또 읽으며, 성찰을 거듭해야만 이치를 터득하게 되는 거라네. 이 말의 의미를 다 이해하지는 못하더라도 기억해두면 훗날 깨닫게 되실 거라고 믿네. 중용과 물러날 때 물러남을 알도록 하시게.'

그는 조상인 하서에게서 신탁이라도 받은 느낌이었다. 그것은 압도적인 전류의 교감 같은 것이었다. 사당에서 나온 그는 잠시 후 옆에 있는 퇴락한 조그마한 전각으로 갔다. 그곳에는 〈천명도〉와『백련초해(百聯抄解)』가 보관되어 있었다. 〈천명도〉는 세상의 이치를 도표로 설명한 것이고, 『백련초해』는 조상인 하서 할아버지가 초학자들에게 한시를 가르치기 위해 고금의 칠언고시 중에서 100여 수를 뽑아 한글로 엮은 서책이었다. 김씨가의 조상 하서의 말씀들이 목판본이 되어 가득 쌓여 있었다. 그 옆으로 대나무 그림에 글이 담긴 문인화도 보였다. 인종이 그림을 그리고 하서가 글을 쓴 〈묵죽도(墨竹圖)〉였다. 임금인 인종과 하서의 합작품이었다. 그는 〈천명도〉를 한참 동안 들여다보았다. 기하학적인 문양이었다. 세 개의 동심원 안에 사각이 있었다. 다시 그 안에 아치형의 검은 공간이 있고 그 안에 다시 두 개의 동심원과 여러 개의 미로가 보였다. 진리의 세계로 들어가는 안내도 같은 느낌이 들었다.

집으로 돌아온 중학생 김상협은 조상 하서의 일록을 펼쳐놓고 읽기 시작했다. 하서는 열여섯 살부터 마흔한 살까지 25년 동안 일록을 작성했다. 일종의 일기였다. 일록 속에서 조상 하서는 아직도 살아서 움직이고 후손인 김상협에게 말을 걸고 있는 것 같았다. 가시적이고 현실적인 사실만이 진실이라고 믿는 자는 결코 남의 마음을 읽을 수 없다. 조상의 마음을 읽으려면 스스로를 비현실적 상상의 공간에 두어야 했다. 상협의 마음속에서 심리드라마가 전개되기 시작했다. 서책들 속에서 글자들이 하서의 음성이 되어 들려오는 것 같았다. 영혼의 대화가 시작됐다.

'할아버님은 어떤 사람이었습니까?'

그가 마음으로 물었다. 잠시 뜸을 들이던 책 속에서 미미한 소리가 흘러나오는 것 같았다.

'이 할아비는 생의 대부분을 초야에 묻혀 살았던 평범한 한 시골 선비에 불과하오. 정승판서 같은 큰 벼슬은 한 번도 쳐다본 적이 없었다네. 기껏해야 한 3~4년 동안 한양에서 국록만 축내다가 어느 날 시골로 내려왔지. 뒤로는 향리에 묻혀서 음풍농월을 했다고나 할까.'

'하서 할아버님의 어린 시절은 어땠나요?'

'나는 1510년에 장성현 서쪽 대맥동에서 태어났다네. 내가 살던 곳은 마을에서 조금 높은 언덕에 떨어져 있는 초가집이었지. 앞에는 냇물이 흐르고 뒷마당에는 대숲이 있었지. 남쪽으로는 우리 집 논밭이 조금 있었네. 아버지는 일찌감치 과거 공부에서 손을 떼시고 겨울이면 매 사냥을 좋아하셨네. 내가 어릴 적 이웃에 가서 사냥도구를 빌려다 드린 적도 숱하지. 어머니는 늘그막까지 밤새 길쌈을 하셨지. 나는 온순한 성격으로 알려졌고 다섯 살 때부터 천자문을 배웠지. 쑥스러운 얘기지만 여섯 살부터 한시를 짓기 시작했네. 시에 재질이 조금은 있었던 것 같아. 여덟 살 때 전라 관찰사가 재주를 시험하겠다고 불러서 멀리 전주 감영까지 다녀온 적이 있었네. 그때 신동(神童)으로 이름이 알려졌지.'

'어려서부터 천재성을 가지셨군요. 시(詩)라는 건 하늘의 영감을 받은 사람만이 쓸 수 있다는 소리를 들었습니다만.'

'꼭 그렇지만은 않네. 내가 열세 살쯤 됐을 때로 기억하네. 서책에서 시를 배우지 않으면 바로 설 수 없다는 글을 읽었네. 나는 그걸 책 속의 성인이 내게 주신 귀한 말씀이라고 생각하고 시공부에 전념했지. 시경(詩經)을 1000번 읽었네, 그랬더니 시가 무엇인지 차츰 눈이 뜨였지. 내가 역시 평생 읽은 주자 선생의 글은 반복적인 독서를 강조하셨지. '다른 사람이 한 번 읽어서 알면 나는 열 번 읽는다, 다른 사람이 열 번 읽어 알면 나는 천 번을 읽는다.' 시든 뭐든 되풀이하여 뜻을 새기는 것처럼 좋은 공부는 없는 거라네. 나는 고금의 서책에서 좋은 시구들을 모아 그걸 계속 공부했네. 내가 열댓 살 무렵이던가? 내장산의 영은사라는 절에 가서 공부를 한 적이 있지. 곽 씨 성을 가진 선비와 함께 한유의 글을 읽었네. 그런데 며칠 동안 열심히 읽다 보니 그 글을 모두 외워버리게 됐지. 나 혼자 멋쩍게 귀가하고 만 적이 있었네.'

'할아버님은 암기력도 대단하셨군요?'

'암기가 시 공부는 아니네, 그건 아주 기초에 지나지 않지. 뼈를 깎는 더 많은 노력을 해야 하네. 아름다움을 볼 수 있는 눈이 뜨이고 마음 문이 열려야 하네. 그런 마음공부가 돼야 하는 게야. 이 할아비는 어린 시절 한번은 양파껍질을 하나씩 차례로 벗기면서 궁극적인 의미가 뭘까 궁금해했던 적도 있네.'

'시라는 그릇에 할아버님은 무엇을 담으셨습니까?'

'시의 본질은 결국 인간과 세상의 본질에 대한 그 나름대로의 관찰과 탐구지. 열아홉 살 때던가, 나는 처음으로 한양으로 올라가 성균관에서 시행하는 백일장에 응시했네. 견우와 직녀의 애달픈 사랑을 노래한 「칠석부(七夕賦)」라는 시를 지었지. 그런데 그 시가 유행하면서 장안의 명기들이 앞 다투어 그걸 노래로 읊었지, 나도 모르는 사이에 유명해졌다네. 나는 시를 지을 때 되도록 평이한 말투를 사용해서 글의 뜻이 분명하게 드러나도록 애를 썼다네. 간결한 문장을 좋아했지. 잘난 척하면서 까다로운 어법을 쓴다든가 괴이한 내용으로 독자를 유혹한다든지 또는 화려한 수사법을 펼치는 것도 나는 싫어했다네.

나는 이백과 두보의 시를 좋아했지, 초나라의 시인 굴원이야말로 나의 시와 인격형성에 대단한 영향을 끼친 분이네, 아름다운 시를 읽고 외우는 것은 그 자체가 내게 무척이나 큰 즐거움을 가져다주었다네. 시를 통하여 나는 모든 것을 익혔지. 인간의 역사까지도 시를 통해서 배울 수 있었네. 이 할아비의 평생에 가장 열중한 일은 시 쓰기가 아니었을까 하네. 밤을 낮 삼아 시를 지었지, 내 가슴 한복판에는 열정의 도가니가 활화산처럼 타올랐지. 시를 내 몸보다 더 사랑했던 나는 길을 가다 문득 시상이 떠오르면 애써 잘 기억해뒀다가 나중에 그것을 작품으로 만드느라 무진 애를 썼네. 손자님, 봄날의 여행길이 묘사된 나의 시들을 한번 읽어보게나. 꿈속에서도 시를 지었지. 언젠가는 꿈속에서 못다 지은 시를 잠에서 깬 다음 완성한 적도 있네. 일상의 체험을 시라는 그릇에 담아내고자 노력했다네.

선비의 문학은 기예의 협소한 차원에서만 보아서는 아니 되네. 내가 살던 때만 해도 곳곳의 선비들이 시인이었지. 정철이나 기대승, 고경명 등 많은 선비들과 시회를 가졌었네. 어디 그뿐인가, 산사의 스님들 가운데도 뛰어난 시인이 아주 많았다네. 절간을 찾아가서 기나긴 밤을 꼬박 새우며 그들과 함께 시를 짓던 아름다운 추억이 많이 있다네. 보는 대로 시를 지었지. 가을걷이가 끝난 텅 빈 들판의 고즈넉함이나 강기슭 갈대숲에서 졸고 있는 해오리, 수면에 비친 산 구름, 아낙네들의 연 캐는 소리 같은 것을 마주할 때마다 명상적이고 낭만성이 깃든 시가 태어나오곤 했지. 회화성이 있으면서도 음악적이고 외부와 내면, 자아와 타자를 교묘하게 대비시키고 싶었지. 겨울날, 밤새 내린 눈을 아침에 바라보는 상쾌한 맛은 사실 무엇과도 비길 수 없었지, 늦잠에서 깬 선비가 방문을 열자 마당이며 뒷산에 쌓인 백설의 순결한 정경을 보는 순간을 상상해보시게. 그 순백의 광경을 보면서 텅 비고 새하얀 어떤 철학적 진원이 어찌 궁금하지 않겠나.'

'철학적이셨네요. 그건 그렇고 과거 준비는 어떻게 하셨습니까? 그 시절은 과거가 선비들의 현실이자 전부가 아니었나요?'

'맞는 말이네, 손자님. 내가 살던 시절 선비 집안 아이들은 열댓 살쯤 되면 산사로 책 봇짐을 메고 들어가 과거 공부를 했지. 나 역시 열여덟 살 때부터 책을 지고 산방을 찾아다니며 과거 공부를 했네. 스물두 살 때 1차인 진사 시험에 합격했지. 전국적으로 초시에 250명쯤 뽑게 되어 있었네, 그래도 나는 운이 좋은 편이었지. 나이 50이 넘어서 겨우 진사가 된 선비도 적지 않았던 시절이고, 과거시험장만 드나들다가 헛되이 늙어버리는 경우도 많았으니까. 우스운 얘기지만 그때 나의 장인어른도 백발에 진사가 되셨지. 나와 진사 시험 동기시지. 그때 화담 서경덕도 진사 시험에 같이 합격했었지. 화담 그 사람도 명산대천을 찾아다니며 즐기던 그런 풍요한 성격이었네. 진사가 된 다음 나는 봇짐을 꾸려가지고 한양으로 올라가서 성균관에 들어갔다네. 그곳은 과거의 2차 준비를 하는 곳이지.'

'그래서 성균관에서는 어떻게 세월을 낚으셨나요?'

'거기서도 과거 공부보다는 시에 더 관심이 있었지. 성균관에서 실시한 백일장에 참가하여 여러 편 시부를 제출해서 극찬을 받았다네. 손자님 앞에서 쑥스럽지만 장안에 시인인 나의 이름 석 자가 제법 널리 알려졌다네. 성균관에 있을 때 내가 벗들에게 써준 작별의 시가 아마 100수는 족히 될 것이네. 더러는 떠나가는 친구의 특별한 청을 이기지 못해 벗의 부채 위에 시를 적어주기도 했지. 그러다 보니 과거에 급제하지 못하고 그때부터 타향살이가 9년이나 지속됐다네. 그 기간에 성균관에서 사귄 벗이 각양각색 부지기수였지. 서경덕과 이퇴계 두 선비와 특히 친하게 사귀었지. 서경덕은 나에게 박연폭포에 가서 지은 시의 운을 맞추어달라고 부탁했었지. 나는 화담의 주기론에 대해 성리학적인 논쟁을 전개하기도 했다네. 화담은 북송의 성리학을 집대성한 이였다고 해도 과언이 아니지. 짧은 기간이었지만 우리는 꽤 친했지. 그 후 화담은 개경으로 귀향해버렸지. 서운했다네. 다시 성균관에 홀로 남아 세월을 보내고 있었다네.

그러다 1533년 싸락눈이 내리는 어느 겨울날이었지. 성균관의 처마 바로 위까지 회색 구름이 무겁게 내려와 있던 날이었네. 뒤늦게 성균관에 들어온 퇴계는 어디서 내 이름을 들었는지 술병을 들고 찾아와 난간 앞에서 나를 찾았지. 퇴계는 첫인상이 훤칠한 소나무나 학의 느낌이 드는 그런 인물이었지. 그러면서도 동시에 세상의 쾌락은 모두 저버린 듯한 느낌을 주기도 했네. 퇴계는 나보다 나이가 열 살 위라고 자신을 소개했지. 그 시절 우리는 청운의 꿈을 품은 젊은이로서 둘 다 완성과는 거리가 멀었네. 그와 성균관에서 마음껏 노닐었지. 그렇게 성균관 생활이 10년 가까이 되었지. 그런데 말이네, 설날에도 홀로 남아 처량하게 지낸 적이 한두 번이 아니었어. 어찌된 영문인지 자꾸만 과거 시험에 떨어지니 겉으로는 태연해도 속으로는 이를 받아들이기 어려웠다네. 추운 방에 홀로 앉아 머리를 긁적이면서 가슴이 답답할 때가 정말 많았지. 그러면서도 나는 그 모든 외로움과

괴로움을 달게 받아들여야 할 만큼 대단한 가치가 벼슬에 있다고는 생각하지 않았네. 그러니 더욱 회의가 들 수밖에.

1535년의 일이었지. 건강도 좋질 않고 아무리 해도 과거 시험에는 낙방만 하기에 일단 귀향하려고 길을 떠난 적이 있었네. 한강 둑에 서서 나룻배를 기다리다 보니까 고기잡이 나갔다가 막 돌아온 어부는 그물을 거두어 긴 장대에 걸쳐두고 술을 사러 가더군. 도무지 급할 거라고는 없는 한강변의 봄이었지. 그때 본 한강변 광경을 시로 쓴 게 있는데 우리 손자님 앞에서 한번 읊어볼까나?

강물 새로 불었네, 뱃전에 넘실넘실, 성난 물결 솟구칠 땐 산같이 우람하다, 바람에 휩쓸린 물방울, 옷깃에 튀어 오르네, 멀리 뵈는 외로운 돛, 강어귀를 거스르네.

이게 내가 그때 지었던 시네. 마침 비가 내린 후라 한강물이 눈에 띄게 불어나 있었네. 한강을 건너 남쪽의 고향길로 가면서 본 광경을 또 이렇게 노래했다네.

논엔 개구리 울음소리, 씨 뿌리기 시작일세, 들엔 나물 캐는 아가씨 노랫소리, 꿩 울고 나비 난다, 새소리도 어여뻐라, 새로 간 보리 밀도 이랑에 가득하네.

이렇게 여행 중에 아름다운 광경을 보고 시를 읊조리는 그 기분, 그건 선비만의 전유물일 거라네. 또 하나의 낙이 있었지, 여행길에 옛 친구를 우연히 만나 함께 즐기는 일이었지.'

'할아버지는 조선의 로맨티스트시셨군요.'

'로맨티스트는 무슨? 나로서는 솔직히 마땅한 대안을 발견하지 못했지, 고향에서 내가 할 수 있는 일이 전혀 없더란 말이지, 그래서 이듬해 여름 비상한 각오로 다시 성균관에 복귀했지. 그때 한양 밖 양재 부근에서 지은 시가 있지. 우리 손자님 한번 들어보소.

역마 길은 초여름이로다, 보따리라곤 책 한 권뿐일세, 한양의 티끌, 내 흰 옷을 더럽히네.

고향으로 되돌아가고 싶지만 벼슬을 하지 않으면 안 되는 마음을 읊었 네. 그렇게 다시 성균관으로 돌아가 서른한 살 되던 해, 그러니까 1540년 10월에 과거를 치렀지. 시제는 '성리학의 연원을 밝힌 다음 주자와 학문적 경향이 같은 이와 다른 이를 구별해서 논하라'는 것이었지. 논문을 한 편 쓰라는 거였네. 사실 이미 외우고 있던 평이한 문제였지. 그때 비로소 나 는 문과에 급제했다네. 당시 문과에 급제하는 비율은 선비 300명 중 한 명 정도였지. 그때 퇴계도 함께 문과에 급제했고 우연히 같이 홍문관에 뽑혔 다네. 우리 과거 합격자끼리 계를 만들어 친하게 사귀었지. 동기생인 퇴계 가 한양을 떠나 풍기 군수로 간 후에도 서로 안부를 교환했다네. 퇴계와 이 할아비는 성리학 연구에서도 상당히 많은 공통점이 있었네. 세상에서 는 우리 두 사람을 가리켜서 영호남의 쌍벽으로 칭찬해주기 시작했지.'

'할아버님, 벼슬살이는 어떻게 하셨습니까?'

상협의 영혼이 하서에게 물었다.

'시강원에 발령이 났는데 자주 숙직을 했지. 후에 인종이 되실 동궁께서 숙직실로 오셔서 나와 글에 대해 여러 가지 얘기를 나누셨지. 자연히 우리는 친하게 됐지. 한번은 동궁께서 내게 당시는 구하기 힘든『주자대전』을 선물로 주셨지. 얼마나 기쁘던지 펄쩍 뛸 것 같았네. 그 책을 가져다 붓으로 구절구절 점을 찍어가면서 열심히 공부했지. 하루는 동궁께서 나를 은밀히 찾으셨지. 같이 작품을 만들어보자고 제의하셨네. 먼저 동궁은 하얀 비단 위에 손수 대나무를 그리셨지. 나는 그걸 보면서 구상을 하다가 붓끝에 먹물을 듬뿍 찍어서 시를 지어 바쳤네. 그게 손자님께서 필암서원에서 본 인종의 〈묵죽도〉라네. 동궁과 나는 그렇게 예술을 매개로 친해졌지.'

'장래 대권을 잡을 분과 막역한 인연을 맺으셨군요?'

"꼭 그렇게만 볼 게 아니네. 말단 관리로서 겁 없이 목이 날아갈 진언을 임금님께 하기도 했었네.'

'그게 뭡니까?'

'조광조를 처벌한 중종 임금에게 조광조 처벌이 부당함을 주장하면서 복권을 주장한 거지.'

'그 말을 듣고 중종 임금님이 뭐라시던가요?'

'묵묵부답이셨지. 죽음마저 각오해야 할 그런 말을 해버린 거네. 그렇지만 나는 선비에게 중요한 것은 대의라고 생각했었지. 제 한 몸의 부귀와 영화만을 누리는 속된 정치가가 아니라 성리학적 이상을 몸소 실천하는 참 선비의 길을 가고자 한 거네. 더구나 그때 나를 따라 여러 선비들이 조광조의 복권운동에 나섰네. 나 혼자 몸이 아닌 셈이 됐지.'

'화를 입으시지는 않으셨습니까?'

'다행히 큰 화가 없이 지나갔네. 천운이 따른 거지. 그 후 중종이 승하하시고 동궁이시던 인종이 보위에 오르셨지. 그런데 얼마 안 되어 인종의 건강에 이상이 생기셨네. 나는 계모인 문정왕후를 의심했네. 정권에 탐이 난 그 여자를 따르는 도배들이 무슨 짓을 저지를지 모를 때였으니까. 그래서 나는 임금의 약재의 처방을 의논하는 자리에 참여케 해달라고 했었지. 임금의 생명을 지키기 위해서였네. 그랬더니 내 직책이 그게 아니라면서 거절하는 답변이 왔지. 나는 전하께서 다른 궁궐로 옮겨 몸을 돌보셔야 한다고 주장했지. 그게 대충 1543년 가을부터일 거네. 궁궐은 정치적 음모와 계략이 심한 곳이지. 그런 것들을 보면서 나는 벼슬을 버리자는 마음이 들기 시작했네. 그해 말 벼슬자리를 미련 없이 버리고 한양을 떠났네. 그 후 조정에서는 벼슬을 높여주겠다고 한양으로 올라오라고 재촉하기를 몇 번씩 했지만 일체 사양했네. 조정에 있는 기간이 억압, 부자유, 불안이라면 낙향하는 길은 해방, 자유, 기대 그리고 사랑에 가득 찬 고향 길이었다네. 벼슬을 하지 않으면 가난이 뒤따랐지만 그건 내가 좋아하는 맑고 향기로운 시인으로 사는 데 치러야 할 당연한 대가가 아니겠나? 다만 힘들었던 건 벼슬이 멀어지자 생활이 곤궁해졌지. 일상생활의 어려움을 참고 있던 안사람에게 미안한 심정이었네.'

'잘 알겠습니다. 참, 궁금했던 얘기가 있는데, 관리로 있으실 때 안암골에 평천장이라는 집을 지으셨다는데 그때를 말씀해주시지요.'

'한양에서 벼슬을 할 때 직접 집을 지은 적이 있다네. 대부분의 벼슬아치들은 성안의 북촌에 기와집을 얻으려고 할 때였지. 어느 날 나는 몇 달 치 녹봉으로 받은 엽전꾸러미를 들고 동대문을 빠져나가 몇 시간을 돌아다녔지. 우연히 아름다운 땅을 발견했네. 땅이 그윽하면서도 트이고 산은 빼어나면서도 고왔지. 물이 큰 골짜기로부터 흘러와서 폭포가 되기도 하고 연못이 되기도 했지. 그리고는 물이 평평히 퍼져 아름다운 모습을 만들어냈네. 나는 그 터에 내 집을 짓기로 했지. 서울에서 벼슬을 하자면 집이 있어야 했지. 나 자신을 위해서도 그렇지만 특히 자손의 앞날을 위해서 더욱이나 필요하다고 봤던 거지. 덤불을 베어내고 나뭇가지를 잘라냈지. 높은 데는 그대로 살려서 대를 세우고 파인 데는 더욱 넓혀 연못을 만들었지. 휘어지고 기운 땅은 평평히 골랐다네. 좁고 막힌 곳은 넓혀서 탁 트이게 했지. 집을 지을 때 되도록 지형적인 특성을 그대로 살리려고 애를 써야 하네. 그 집을 '평천장'이라고 이름을 짓고 벽에다 소원을 이렇게 기록했네.

　내 자손이 진실로 착해서 이 조상의 뜻을 이으려고 노력한다면 내가 영영 죽은 다음에도 수백 년 동안 이 집을 지키며 서로 전하리니, 너희들은 부디 힘쓸진저. 이런 바람으로 이 집의 벽에 글을 써서 자손 대대로 전해 읽게 하노라.

　손자님, 내가 바란 것은 세상의 부귀영화와 칭찬이 아니네. 자손들이 그저 선비의 바른 길을 지켜나가기만을 나는 소망했을 뿐이네. 바른 길이 특별한 건 아니네. 항상 말조심하고 술 조심하고 성적 방종에 빠지면 안 된다네. 참된 공부를 하지 않은 인간은 바로 짐승이지. 그 재주와 힘이 뛰어날수록 문제만 더욱 커지고. 그걸 자손들에게 말해주고 싶었던 거네.'
　'할아버님은 향리에서 인생 말년 어떤 삶을 추구하셨습니까?'
　'아담한 초가집을 지어놓고 맑은 물로 정성껏 빚은 한두 잔의 술을 마시며 자연을 노래했지. 맑고 한가한 전원생활을 즐긴 셈이네. 꿈같은 이상을 현실로 만들었지. 단순 소박하게 살아가면서 이웃마을 친구 집을 찾아가서 맑은 샘물도 함께 길어 마셨다네. 더러는 집 텃밭에서 딴 채소도 이웃과 나누어 먹었다네. 나는 작은 정원에 취미를 가졌었지. 야생의 난초를 찾아 산과 들을 종일 헤매기도 하고 기이한 모양의 돌과 이끼를 채집하느라고 분주하였고, 우물물을 길어다가 정원의 여러 화초에 골고루 뿌려주

기도 했지. 나의 즐거움은 봄가을 꽃피고 달빛이 휘황할 때 아름다운 바깥
경치를 감상하는 것이라네. 달밤에 성긴 숲속을 서성대기도 하고 휘파람
소리도 듣고 시를 읊조리는 것, 이 아니 아름다운가? 하늘의 명을 알고 자
연을 즐기는 그 뜻이 아니 좋은가? 더러는 옛날 선현을 본받아 봄날 냇가
에서 목욕하고 바람도 쐬었다네. 그러고는 시를 읊으면서 집으로 돌아올
때의 그 고즈넉함이란 잊을 수 없네. 나는 철학을 하고 싶었던 시인일 뿐
이네. 일생 남긴 1600편 정도의 시가 곧 나라고 해야 할까? 친구인 진사 양
돈이 유독 매화를 사랑했지. 그리고 순창에 살던 친구 신언옥도 수석을 비
롯해서 온갖 화초에 마음을 쏟아 붓고 있었네. 근처에서 가장 화려한 정원
을 소유한 이는 창평의 벗 소쇄옹 양언진이었지. 그 역시 벼슬을 버리고
낙향한 선비였네. 나는 그의 정원을 자주 찾았다네. 거기서 달밤에 냇가를
천천히 산보하곤 했지. 그때마다 자연과 나는 서로 하나가 되었지.'

책 속에 나타나는 하서의 글들은 바위에 새긴 글같이 상협의 영혼 속에
깊이 각인됐다.

♟ 아 버 지 와 고 교 생 아 들

김상협이 중학교 졸업을 아직 1년 앞두었을 때였다. 담임 요시무라 선
생이 아버지인 김연수 사장에게 찾아와 상협을 월반시켜 일본의 고등학교
에 진학시키는 게 어떻겠느냐고 권했다. 당시에는 성적이 뛰어나면 일찍
졸업을 시키는 월반 제도가 시행되고 있었다. 김상협의 영어·수학 성적은
개교 이래 최고였다. 김연수는 우수한 아들을 보면서 기억 저편에 있던 일
본 중학교로 유학 가던 시절이 그림같이 떠올랐다.

1910년 1월 29일 김연수는 일본으로 유학을 가기 위해 형의 친구인 송

진우와 함께 군산으로 갔었다. 군산은 이미 일본인들이 들어와 거리를 이루고 있었다. 잡화상이 있고 포목점이 있었다. 빨갛고 파란 막대기 그림이 사선으로 나 있는 이발소도 보였다.

"머리부터 자르자."

형 친구 송진우가 김연수에게 말했다. 두 사람은 이발소로 들어갔다. 처음 가보는 곳이었다. 벽에 거울이 붙어 있었다. 하얀 가운을 입은 일본인 이발사가 권하는 의자에 앉았다. 이발사는 하얀 보자기를 들고 오더니 김연수의 목에 매고 앞을 가렸다. 이어서 가위로 상투 꼭지를 싹둑 잘라냈다. 이발사는 바리깡이라는 신식 이발기계로 그의 머리를 밀기 시작했다. 머리털이 앞에 두른 흰 보자기 위로 툭툭 떨어져 내렸다. 이발사는 솔로 머리를 털고 후후 입으로 불었다. 부걱부걱 거품을 낸 비누를 목과 귀에 칠했다. 거울 앞 선반 위에 놓여 있던 긴 면도칼을 집어 머리와 목에 썩썩 면도질을 했다. 잠시 후 그는 새파란 빛이 감도는 빡빡머리가 되어 있었다. 그 모습이 너무 어색해서 자신도 모르게 손이 머리로 갔다. 그걸 본 송진우가 놀렸다.

"와, 김연수도 이제 완전히 신식꾼이 됐네."

그들은 이발소를 나와 군산의 선창에서 목포로 가는 똑딱선을 탔다. 아직 호남선이 놓이기 전이었다. 그들이 탄 배는 목포를 지나 다시 숱한 섬들을 이리저리 맴돌아 부산항으로 향했다. 김연수는 줄포 일대의 전라도 땅 밖으로 나가본 적이 없었다. 한밤을 파도에 흔들리면서 가던 작은 배가 다음 날 아침에야 부산항에 도착했다. 근처의 여인숙에 방을 잡고 관부연락선을 기다렸다. 1000톤의 거대한 화륜선이 검은 연기를 뿜어 올리며 부산 앞바다에 정박해 있었다. 관부연락선 '시라가와마루'호였다. 그는 그 배를 타고 시모노세키로 가서 도쿄행 기차표를 끊었다. 기차만 서른두 시간

타야 하는 긴 여정이었다. 처음 기차를 탔을 때 그는 바깥풍경에 넋을 잃었다. 역에서 떠나 얼마쯤 후엔 짙푸른 바다가 끝없이 펼쳐진 해변이 나타났다. 멀리 가까이 있는 섬들이 아름답게 보였다. 기차는 이어서 내륙으로 들어갔다. 울창한 수목과 잘 정리되어 있는 전답, 규모 있는 도시와 깨끗한 촌락이 이어져 있었다. 지나치는 작은 도시에도 관공서와 학교시설, 고층건물과 번화한 상가들이 질서 있게 꾸며져 있었다. 그는 오사카를 지나면서 충격을 받았다. 굴뚝에서 연기가 뿜어 오르는 공업도시의 광경은 경이로웠다. 하숙을 잡고 일어학교에 들어가 일본어를 배웠다. 그는 아자부 중학을 다녔다. 캐나다에서 파견된 미선계에서 운영하던 학교였다. 중학을 졸업하고 그는 제3고등학교 1부 병과에 합격했었다. 독일법을 전공하는 과였다. 당시 조선인 유학생들은 김연수에게 종종 도움을 요청하곤 했다. 돈이 없을 때면 개성 부자의 아들이었던 공진환 선배에게 더러 돈을 꾸어 도와주기도 했다. 아버지나 형은 그에게 제국대학에 진학해 학자가 되라고 했다. 그러나 김연수는 두고두고 오사카를 지날 무렵 봤던 공장들이 마음에서 지워지지 않았다. 그는 큰 공장을 세우고 운영하는 실업인이 되고 싶었다. 진실로 조선이 자존심을 갖기 위해서는 경제가 먼저라는 생각이었다. 돈이 있어야 무기도 사고 사람도 키우고 권리도 주장할 수 있다. 김연수는 미쓰비시를 능가하는 조선의 기업인이 되고 싶었다.

그랬던 그가 이제 아들을 유학 보내야 할 때가 온 것 같았다. 일본의 학교를 잘 아는 그는 아들 상협을 야마구치 고등학교에 보내고 싶었다. 야마구치 고등학교는 일본인도 천재급들만 합격할 수 있다는 학교였다. 비교적 민족적 편견이 없이 한국과 대만 유학생을 폭넓게 받아들이는 학교이기도 했다.

1937년 4월 김상협은 야마구치 고등학교 입학시험에 합격했다. 그것은 당시로서는 대단한 뉴스였다. 야마구치 현은 일본 열도 혼슈의 서남단 시모노세키 해협을 끼고 있는 군사와 교통의 요충지였다. 관부 연락선의 정기 항로가 열려 있던 곳이자 메이지유신의 고향인 곳이기도 했다. 당시의 고등학교는 오늘날의 고등학교와 달리 오늘날의 대학 교양과정인 셈이었다. 즉 칼리지다. 당시 일본에서 제국대학을 들어가기 위해서는 고등학교를 나와야 한다. 따라서 고등학교는 극소수의 선택된 사람들만이 갈 수 있는 선망의 대상이었다. 김상협이 고등학교에 들어갈 무렵 일본인의 고교 진학 비율은 중학생 졸업인구의 11퍼센트 정도에 지나지 않았다. 고등학교에 가기 위해 재수를 하다가 자살한 낙방생의 비극을 사회문제화한 일본 작가 구메 마사오의 소설 『수험생의 일기』가 당시 고등학교의 모습을 잘 묘사하고 있다. 노벨문학상의 작가 가와바타 야스나리의 소설 『이즈의 춤추는 소녀』는 당시 고등학생을 소재로 한 소설이었다.

어느 해 여름 김상협은 이즈 반도를 비롯한 일본을 여행했다. 현해탄의 이쪽과 저쪽은 너무나 달랐다. 일본의 여름은 풍성한 자연의 녹음 속에서 아름다운 인간생활이 존재했다. 그러나 바다 저쪽의 조선은 달랐다. 벗겨진 산과 말라붙은 시내 사이사이에 쓰러질 듯한 초가집이 죽은 벌레껍질처럼 붙어 있었다. 뜨거운 태양 아래 펼쳐지는 메마르고 빈궁한 조선의 풍경과 살림살이였다. 사람과 자연과 생활이 그처럼 누추하고 초라할 수 없었다. 그는 차창을 통해 보이는 일본의 무성한 숲, 정연하게 구획 정리된 푸른 논, 높은 지붕을 가진 하얀 벽의 농가를 망연한 눈길로 바라보고 있었다. 일본 농가의 화단에 진홍색 칸나와 연지색 달리아가 붉게 피어 있었다. 화단 저편으로 깨끗하게 비질이 된 뜰에 거위가 한적하게 산보를 하고 있었다. 그는 일본 산지의 발전소 댐을 확장하는 공사장을 지나갔다. 아득

한 절벽의 이쪽과 저쪽 산꼭대기에 거미줄같이 매달린 게 보였다. 레일이었다. 그 레일 위로 조선인 노동자가 짐차를 몰고 지나갔다. 마치 아슬아슬한 곡예를 보는 것 같았다. 그처럼 위험한 일에 종사하는 사람은 대부분 조선인 노동자였다. 매일 몇 사람씩 죽어나가는 위험한 노동을 하기 위해 조선인들이 어려운 도항증을 얻어 관부연락선을 타고 있었다. 김상협은 고등학교 시절 기숙사 생활을 했다. 고등학교의 수업시간은 주당 33시간이었다. 그 절반이 외국어 시간이었다. 김상협은 전쟁 중인데도 외국어를 극성으로 가르치는 일본이 이상했다. 일본 학생들은 영국을 따라가고 영국을 넘어서자, 독일을 따라가고 독일을 넘어서자는 슬로건 아래 외국 문물을 무섭게 습득하고 있었다. 입학 후 첫 영어시간에 테스트가 있었다. 채점결과가 즉시 공개됐다. 김상협이 1등이었다. 독일어 시험의 톱도 김상협이었다.

물고기가 물을 만난 듯 그는 독서에 몰입했다. 그는 희랍의 고전으로부터 근세에 이르는 자유주의를 비롯한 서구의 사상의 흐름과 갈래들을 읽었다. 공산주의, 민족주의, 나치즘, 파시즘, 일본주의적 국가주의에 이르는 사상 관련 서적들을 독파했다. 문학과 철학책 들을 섭렵했다. 마르크스의 『자본론』도 읽었다. 일간신문과 월간잡지를 탐독하고 분석했다. 그의 자유로운 영혼은 동서와 시대를 관통하고 있었다. 그는 이따금씩 평상복 차림으로 5원짜리 지폐 한 장을 소매에 찔러 넣고 야마구치 현의 중심가를 걸었다. 찻집과 영화관, 레스토랑을 들르기도 했다. 오뎅집에 가서 도쿠리 한 병에 8전 하는 술을 마시고 새벽 먼동이 푸르스름하게 트는 다이쇼 거리를 사색을 하면서 걷곤 했다. 그때 겪었던 사상적 모색과 지적 모험의 과정을 김상협은 '사상의 요람'이라고 스스로 규정했다. 그때 형성한 독서와 사색의 습관은 일평생을 통해 그와 함께하게 된다.

1937년 7월 10일, 호외가 돌았다. 북경 교외에서 일본군과 중국군이 충돌했다는 내용이었다. 이어서 신문은 그 내용을 상세히 보도했다. 7월 7일 밤, 중국 화북 지방에 주둔하고 있던 일본군은 노구교 근처에서 야간 전투 훈련을 벌였다. 연습이 끝나자 일본군은 전부 대원을 점호했는데 그중에 사병 하나가 안 보였다. 무다구치 연대 제3대대 8중대가 즉각 이 실종 사병의 수색에 나섰다. 그들은 중국군의 가벼운 사격을 받았다. 불과 몇 발의 총소리였지만 일본군은 중국군이 도전해 온 것으로 판단했다. 일본군의 이치키 대대장은 대대병력을 노구교로 향해 진격시키는 한편 무다구치 연대장에게 보고했다. 세계의 이목은 극동으로 총집중되었다. 계속되는 속보는 중일 전쟁으로 사태가 확대됨을 알리고 있었다. 조선에 주둔한 20사단 병력이 용산역에서 중국으로 이동하고 있었다. 7월 17일, 북경의 광안문에서 본격적인 전투가 벌어졌다. 중국 국민당 정부의 장개석 총통은 중국 민족에게 항일 구국전에 나서라고 성명을 발표했다. 일본의 본토에서 다시 제5, 제6, 제10 사단이 화북 지구로 투입했다. 전쟁은 중국 전토로 확대되어 상해로까지 번져나가고 있었다.

　　1937년 12월 초의 일이다. 동경대 교수인 야나이하라가 잡지 《중앙공론》에 군부의 광신적 전쟁 드라이브를 전면 비판하는 논문을 발표했다. 기독교인인 야나이 하라 교수는 일본의 전쟁과 비인도적 식민지 탄압정책을 철저히 비판했다. 야나이 하라 교수의 용기 있는 글은 김상협의 정신세계에 일대 충격이었다.

　　막연히 그런 선각자 같은 사람이 되고 싶었다. 아버지 김연수 사장이 이따금 야마구치의 아들 상협을 보러 왔다. 김연수 사장은 조선 학생들을 인근 유다 온천의 깨끗한 음식점에 초대해서 저녁을 먹이기도 하며 자신의 대학 시절 얘기를 해주기도 했다. 그중에 민관식도 끼어 있었다.

II

조선 청년
김상협의 삶과 꿈

♟ 1930년대 경성

야마구치 고등학교 시절 어느 봄날의 오전 9시, 김상협은 경성역에 도착했다. 백선이 두 줄 들어간 둥근 모자를 쓴 홍안의 소년 모습이었다. 시모노세키에서 부관연락선을 타고 부산에 도착한 후 거기서 다시 기차를 타고 9시간을 걸려 경성까지 온 것이다. 기차가 한 시간이나 늦었는데도 철도원은 당연하다는 듯 늦은 이유에 대해 한마디 변명도 없다. 역에서 내려 조금 걸으니까 고색창연한 남대문의 모습이 보였다. 도쿄와는 달리 경성의 거리에는 차분한 정취가 스며 있었다. 지붕을 이은 은은한 색의 기와에서 그런 감정이 나오는 것 같았다. 일본 거리의 함석지붕이나 두꺼운 노송껍질을 얹은 신사(神社)만 본 탓인지 고풍스러운 기와가 주는 맛은 각별했다. 경성의 모습이 많이 바뀌었다. 청계천을 경계로 남쪽은 본정이, 북쪽으로는 종로의 번화가가 있었다. 본정은 일본인 거리이고 종로는 조선인 거리였다.

그는 종로 쪽을 향해 걸어갔다. 젊은 여성들이 한복이나 서양풍의 짧은 치마를 입고 있었다. 종로 교차로에 접어들었다. 오른편에는 보신각 지붕이 하늘을 떠받치고 있고 왼쪽에는 근대적 건물인 화신백화점이 종로통의 가게들을 압도하며 서 있었다. 보신각 옆의 '아시아'라는 간판이 붙은 다방으로 들어갔다. 소다수를 시켜 갈증을 풀었다. 유행하는 가요가 한적한 다방의 허공에 잔잔한 너울을 일으키고 있었다. '비 오는 거리에서 외로운 부두에서'라는 가사의 애잔한 감상이 피어오르는 곡이었다. 잠시 후 종로 거리로 나왔다. 어릴 적 조선극장에서 즐겨보던 사무라이 영화가 떠올랐다. 종로에는 우미관, 단성사, 조선극장이 조선인 관객을 놓고 3파전을 벌이고 있었고 일본인이 많이 거주하는 남촌에는 황금관, 대정관 같은 극장이 일본인 관객을 끌고 있었다. 영화를 설명하는 변사들이 조선인과 일본인으로 나뉘면서 자연스레 관객도 갈라졌다. 유럽의 영화가 도쿄를 거쳐 수입되어 인기를 끌었다. 불란서 영화 〈몽파리〉는 조선의 문화를 바꿀 정도로 사람들이 열광했다. 영화 〈몽파리〉에 대해 《조선일보》의 기사내용은 이랬다.

불란서 영화 몽파리의 세례를 받은 청춘남녀는 모든 것에서 최첨단이어야 한다는 생각이다. 이 땅 경성의 청춘남녀의 옷차림이나 걸음걸이는 확실히 영화 몽파리에 나오는 그것이다. 거미줄보다도 더 설핏한 옷 사이로 움직이는 모던걸의 몸뚱아리, 그 여자들은 큰 길거리를 그런 벌거벗은 몸으로 쏘다닌다. 수십 수백의 벌거벗은 여자들의 관능충동의 변태적인 딴스. 그것은 잔인 음탕한 현대인의 신경을 자극시키기에 족하다.

김상협은 단성사에 들어가 〈은하에 흐르는 정열〉이란 영화 한 편을 보았다. 〈춘향전〉에 이어 흥행에 성공한 작품이었다.

영화를 보고 나오니 해가 설핏했다. 오랜만에 여유를 가지고 종로 거리를 걸었다. 노점상이 즐비했다. 턱수염을 기른 아저씨가 유유히 곰방대를 물고 바나나를 앞에 놓고 팔고 있었다. 사려면 사고 말려면 말라는 식으로 위세가 당당했다. 콩 가게에는 남경콩이 잔뜩 쌓여 있었다. 사과와 귤을 무더기무더기 놓고 파는 가게가 보였다. 그 옆으로 셔츠 가게가 있었다. 파고다 공원으로 들어갔다. 화단에는 빨갛고 노란 튤립이 향기를 내며 아름답게 피어 있었다. 공원의 기분 좋은 모래바닥을 밟으면서 팔각정과 원각사 다층석탑을 돌아 나왔다. 공원을 나와 종로 2정목 안쪽 골목으로 들어갔다. 네온 빛이 반짝이기 시작했다.

골목 안에는 고마쓰 오뎅, 동아 바, 미도리, 하쿠스이 오뎅, 텐이치, 호비 등의 가게가 있었다. 그 골목의 포장마차에 들어가 막걸리를 마셨다. 앞에 전을 담은 광주리들이 몇 개 놓여 있었다. 막걸리 한 잔을 먹으면 안주 한 점을 먹을 권리가 있다고 했다. 골목에서 다시 나왔다. 유행가수의 사진, 언문이 섞인 포스터, 화려한 악기 등을 번쩍번쩍하게 늘어놓은 악기점의 진열장, 유행하는 부인 모자를 쓴 도쿄제 마네킹 인형이 진열된 양품점을 지나쳤다. 그런 가게들 사이로 조선시대의 흔적인 듯 처마가 낮은 어두운 철물점과 약초가게가 끼어 있다. 보도 한쪽에는 바나나, 그림, 고무신을 파는 야간 포장마차가 늘어서 있었다. 점원들은 이상한 억양의 일본어로 '나리, 어떻습니까? 싸게 드릴 테니 사세요' 하고 손님을 끌고 있었다.

청계천다리를 건너 본정 쪽으로 방향을 바꾸었다. 우체국 옆에서부터 본정 1정목이 시작됐다. 입구에 하얀 전등으로 만든 아치를 통과하니까 미나카이 백화점의 쇼윈도, 메이지야, 에도가와의 장엇집, 가네보의 제과점 간판이 보였다. 금강산이라는 과자점은 신주쿠의 나카무라야처럼 고급스러운 다방도 겸하고 있었다. 조선인 문학지망자가 본정의 찻집에 범람하고 있다고 했다. 본정에 있는 대형 서점으로 들어갔다. 조선인들이 많이 보였다. 고급 책은 일본인이 아니라 조선인에게 팔려나가는 것 같았다. 조선인이 경영하는 화신백화점에 일본인 손님은 적지만 일본인이 경영하는 미나카이, 미스코시, 조지야 백화점에는 조선인 손님이 들끓는다고 했다. 백화점 거리의 처마 밑에서 채플린 복장을 한 조선인이 모자를 쓰지 않은 채 무표정하게 스텝을 밟고 있다. 퍼머넌트를 한 모던걸이 하이힐로 아스팔트 위를 타박타박 메마른 소리를 내면서 걸어가고 있었다.

메이지제과에서 2정목이 시작됐다. 오른쪽 모퉁이에 미야타 조선물산관이 있고 조금 앞쪽에 조선풍의 4층 건물이 있다. 조선 기념품 전문관이

다. 그 사이에 철격자가 끼어진 이상한 돌문이 있고 돌문에는 '만세문'이라는 글씨가 새겨져 있었다. 고조시게루라는 의사의 저택이다. 일본의사가 조선의 이왕이 쓴 글씨를 그리로 옮겨 세운 것이라고 했다. 본정의 뒷골목에는 카페와 바가 많았다. 그중 '다이어먼드바'라는 곳으로 들어갔다. 자욱한 보랏빛 담배 연기 속에 조선 각도 사투리의 우리말이 들끓고 있었다. 양장과 한복을 입은 조선인 여급이 접대를 했다. 바에서는 조선어로 된 블루스곡 「오래된 화원」, 「비의 블루스」가 흘러나왔다. 전쟁 전 경기호황이 있었던 탓인지 거리의 모습은 확연히 변했다. 뉴욕이나 파리에서 유행하는 것이 도쿄를 거쳐 경성에도 퍼졌다. 거리는 모던보이와 모던걸로 넘쳐났다. 서양의 음악이 들어와 대중화되면서 댄스가 유행했다. 생활이 넉넉한 사람이나 가난한 사람이나 저마다 재즈나 블루스 혹은 왈츠의 춤바람에 빠져들기도 했다. 한해 팔리는 레코드가 120만 장이라고 했다. 그중 40만 장은 조선의 소리판이었다. 경성의 레코드업계는 전성기를 구가하고 있었다.

조선 아베크족들은 모두 본정 거리로 몰려든다고 했다. 조선 학생들이 일본인 거리에 와서 카레라이스를 먹으면서 데이트를 한다는 것이다. 조선인들이 많이 다니는 종로 거리에서는 데이트를 하면 아는 사람의 눈에 띄기 쉬워 '이런 고얀 놈을 봤나' 하고 어른들한테 시비가 종종 걸리기 때문이다. 조선은행 앞 광장에 남녀 세 명이 나타나 두 명은 바이올린에 맞추어 노래를 부르고 한 사람은 노래책을 팔았다. 거지 아이들이 많이 모여 장난치며 놀고 있었다. 조선은행과 미스코시 사이의 광장을 가로지르는 쇼와 거리의 후미진 곳에 삼덕떡집이 있고 그 옆에는 남산목욕탕이 있었다. 그 목욕탕 2층은 고급 다방인 남령(南嶺)이었다. 일본 게이샤와 유한마담들을 볼 수 있는 곳이라고 친구들이 알려주었다. 반대편에는 영화관 메이지좌가 있었고 그 부근에 '겨울집'이란 다방이 있었다. 그곳은 명곡을 자주 듣는 음악애호가와 문학청년들이 모인다고 했다. 조지야로 향하는 오른편에 있는 제일다방은 극영화, 미술가, 기생 등 호화로운 이들이 모이는 아지트였다. 메이지좌 건너편 토스카니의 그림을 건 미마쓰(美松)도 문화인들이 좋아하는 고급 다방이라고 했다. 본정의 뒷골목에는 카페가 많고 사람들이 북적거렸다. 조화에 종이 등을 달아 조명을 약간씩 비추는 특이한 장식들을 하고 있었다. 일본인 거리인 본정은 이국적인 맛에 구경할 만했다. 종로 거리에는 기와지붕을 한 신식 조선 가옥의 증가가 눈에 띄었다. 교외에 새롭게 지어진 주택은 대개 조선 가옥이었다. 아버지가 경영하는 경성방직이 있는 영등포 주변 일대는 을씨년스러운 공장지대였다. 한강을 가봤다. 강변의 경사지에 세워진 조그만 집 뒤뜰에 빨래가 널려 있었다. 강가를 따라 모래사장이 펼쳐져 있고 포플러나무가 줄지어 바람에 가지가 흔들리고 있었다. 멀리 산능선이 보였다. 조선 특유의 벗겨진 민둥산들이 알몸을 그대로 나타내고 있다. 한강 주변은 새로운 주택지가 개발되고 있었다. 서빙고 주변은 아직 판잣집이 많았다. 그곳에 많이 모이는 지게꾼들이 쉬기 위해 판잣집이 지어졌다고 했다. 근대적 도시로 바뀌어가는 경성의 모습이었다.

♟ 조 선 인 재 벌 탄 생

1930년대 말 조선의 경제는 크게 변했다. 일본 자본은 한국의 지정학적 위치, 값싸고 우수한 노동력, 풍부한 수력발전과 지하자원, 통제와 규제가 없는 사업 환경 등의 이점을 노리고 맹렬하게 조선에 투자했다. 이에 자극받아 조선인의 기업활동도 활기를 띠었다. 조선에서 식품, 시멘트, 비료,

섬유 등의 대규모 기업이 성장하고 전기, 화학 등의 중화학공업도 모습을 드러내기 시작했다. 1938년에는 전 산업생산액에서 공업생산액이 차지하는 비중이 40퍼센트로 높아져 공업이 농업을 제치고 제일 큰 산업이 되었다. 이때 조선의 수준은 일본이 러일 전쟁과 1차 대전 사이에 자본주의가 발전한 단계와 비슷했다.

경성방직의 김연수 사장은 신제품 불로초를 개발했다. 신제품은 기존의 태극성보다 올이 굵고 값은 약간 저렴하게 했다. 국경도시인 신의주와 의주, 그리고 만포진에서 주문이 대량 들어왔다. 그곳 상인들이 불로초 광목을 등짐으로 지고 만주로 중국으로 보따리 장사로 가져다 팔기 때문이었다. 상표가 중국인들의 기호에 맞았다. 중국인들은 진시황 시절부터 불로초를 구하려고 동남동녀를 조선에 보냈다는 전설을 가지고 있었다. 중국인들에게 불로초는 자기 나라 제품 같은 친근감이 있었다. 그리고 올이 두껍게 짜여져 그들의 취향에도 맞았다. 가격경쟁력도 충분했다. 만주에 판로를 확장시킬 수 있다는 전망이 섰다. 일본은 고급품으로 미국과 영국을 공략하느라고 중저가 시장에 눈을 돌릴 틈이 없었다. 김연수 사장은 영등포 공장 서쪽에 새 건물을 증축하고 그곳에 첨단 장비인 노가미식 자동직기 224대를 수입해 설치했다. 적극적인 판매전략에 돌입했다. 대련과 봉천에서 산업견본시장에 참여하여 신제품 불로초가 어떻게 생산되는지 직접 보여주는 전시회를 열었다. 관람객을 끌기 위해 당시에는 신기했던 애드벌룬을 전시관 위 하늘 높이 띄웠다. 봉천에 경성방직의 대표사무소를 개설하자 주문이 폭주하기 시작했다. 미처 공급하지 못한 물량은 간도에 있는 일본 방적회사의 분공장에 하청을 주어 생산할 정도였다. 만주 지역 총수요의 절반 이상을 김연수의 경성방직이 담당하게 되었다. 중일 전쟁이 발발하자 전시하의 물자부족으로 아예 판매가 문제가 되지 않는 상황이 됐다. 전쟁으로 중국인 경영의 방직공장들이 문을 닫자 중국의 직포란이 심해졌기 때문이다. 불로초 광목이 화북 일대로 세력을 뻗쳤다. 중국인들은 적대국가인 일본의 제품을 기피하여 조선의 불로초를 사들였다. 드디어 불로초가 전 중국을 석권했다. 경성방직 창립 후 최고의 호황이었다.

김연수 사장은 만주에도 삼양사 농장을 설립하기로 했다. 봉천의 심양구 소서가에 삼양사 지사를 설치했다. 만주에는 부엽토층이 두꺼운 곳이 많았다. 퇴비나 비료를 주지 않더라도 농사가 가능했다. 이주 동포들이 논을 만드는 데 이미 성공했다. 수송 문제를 고려할 때 철도 지선을 따라 농장을 개척하는 것이 좋을 것 같았다. 요하의 하구인 잉커우 지방, 그리고 봉천, 길림 두 성의 경계에 있는 반석 일대를 사업지로 정했다. 만주에는 동포 150만 명가량이 흩어져 중국 농민들 틈에 끼어 살아가고 있었다. 개간을 담당시킬 200호를 1차로 모집해 가구당 황지를 3정보씩 제공했다. 황지란 아직 정식의 논이나 밭이 되기 전 상태의 땅을 의미했다. 영구(營口, 잉커우) 지방에 천일농장이란 깃발을 꽂고 개척을 시작했다. 김연수 사장이 지은 이름이었다. 만주에는 두 개의 일본인 농장회사가 진출해 있었다. 동양척식회사와 불이흥업이었다. 조선인 김연수의 삼양사가 그들에게 도전장을 내 민 것이다. 소식을 듣고 만주의 조선인들이 몰려들었다. 김연수 사장이 이끄는 조선 농민들은 심해철도를 따라 봉천성 깊숙한 내륙지인 해룡으로 진출해 반석농장이라는 깃발을 박았다. 두 달 동안 황무지를 700여 정보나 개간했다. 반석 지방의 토지는 저습지였으므로 일단 논에 물을 끌어들이기만 하면 그 물이 빠지지 않게 둑을 쌓는 것으로 쉽게 논을 만들 수 있었다.

전쟁과 혼란 속에서 경쟁력이 떨어지자 중국의 방적공장들이 문을 닫기 시작했다. 김연수 사장은 중국 현지에 공장을 가지고 있는 게 좋을 것 같다고 생각했다. 전쟁 중이라 수송이 어려웠기 때문이다. 천진에 있는 중국인 회사인 항원방적에서 합작경영을 제안해왔다. 항원방적은 방기 4만 추를 지닌 공장으로 이미 제품까지도 생산하고 있었다. 그러나 일본 특무기관인 홍아원의 방해로 인수는 무산되었다. 특정 일본 기업인에게 특혜를 주기 위한 일본 정보부대의 방해공작이 있었기 때문이다. 결국 김연수 사장은 만주에 방적회사를 직접 설립하기로 했다. 그는 봉천에 17만 평의 공장부지를 사들이고 회사 이름은 남만방적으로 정했다.

그렇게 공장을 건설할 무렵 김연수는 기업가로서 능력의 전성기를 구가했다. 재력이나 수완이며 신용 면에서 조선은 물론 만주에서도 그를 따라갈 사람이 없었다. 17만 평의 부지에 공장 본체 건물 7800평과 창고, 남녀 기숙사, 강당, 식당, 사택 등 부속건물 만 평을 건설하는 공사를 진행했다. 도요타직기에 직기 1000대를 주문했다. 면포 가격은 계속 치솟았다. 경성방직과 남만방적은 밤낮없이 직포를 생산했다. 암시장에서는 가격이 더욱 폭등하고 있었다. 물품을 먼저 배정받으려는 사람들이 줄을 섰다. 배정받는 자체만으로도 엄청난 프리미엄이 붙었다. 김연수 사장은 일본 기업과 경쟁하면서 토착자본을 동원해 기업군을 이룬 최초의 인물이었다.

김연수 사장은 만주의 여러 기업을 인수하기 시작했다. 하얼빈에 있는 오리엔탈 비어를 인수했다. 당시 만주의 맥주시장은 상당 부분 일본의 기린 맥주가 점유하고 있었다. 오리엔탈 맥주는 원래 백계 러시아인이 운영하던 회사였다. 얼마 후 김연수의 오리엔탈 비어는 일본 제품인 기린 맥주를 만주 시장에서 눌렀다. 그의 공장에서 생산되는 월 15만 병의 맥주가 하얼빈 등지에서 기호상품이 됐다.

김연수는 이어서 봉천에 있는 기업들의 주식을 사들였다. 만주 최대의 은행인 봉천상공은행을 사들이고, 만주토지건물주식회사의 지분을 인수했다. 이 회사는 봉천 주거지역의 개발, 주택, 창고, 아파트, 사무빌딩의 건설과 금융, 호텔경영을 주업으로 삼아 당시 만주의 임대주택, 상점, 아파트와 대성호텔을 포함한 호텔들을 경영하고 있었다. 만주제지와 만몽모직, 대련에 있는 대련기계공작소, 남만가스, 신경의 만주베어링회사도 사들였다. 또한 조선과 일본의 기업도 인수하기 시작했다. 원산에 있는 조선석유주식회사를 사들였다. 선박을 건조하는 부산의 조선중공업을 인수했다. 이 회사는 광범위한 철강제품도 생산했다. 강주물, 주형철, 기타 합금들만이 아니라 다리, 수문, 철탑과 빔, 컨테이너 등을 만들어냈다. 김연수 사장은 정유와 조선 같은 중공업에도 투자를 계속했다. 일본 기업인 가네가후치(鐘淵) 공업이나 가와사키 중공업 같은 회사들의 주식도 인수하기 시작했다. 김연수는 조선인 최초로 거대 기업집단, 곧 재벌을 만들었다. 재벌이란 용어는 당시 기자들이 김연수의 급성장하는 사업체에 붙인 이름이었다.

당시 경성의 일본인 기업가들은 진고개 등 남촌에 웅장한 집을 짓고는 수입한 승용차들을 가지고 부를 과시했다. 김연수 사장도 조선인 사업가의 위용을 보이는 집을 짓기로 했다. 경기도 고양군 숭인면 성북리 41번지에 대지 2400평을 사들여 집을 지었다. 산 높고 골 깊고 물 좋고 공기 좋은데다 사철 경치가 아름다워 주거환경으로는 그보다 좋은 곳이 없었다. 본채는 올려다 보이도록 높이 지었고 거기서 계단으로 내려가면 제법 넓은 안마당이 펼쳐지고 거기서 다시 계단으로 내려가면 꽃으로 가득 찬 화단이 보이게 만들었다. 화단 아래로는 채마밭을 만들고 주변에는 철철이 꽃이 피게 했다.

성북리의 산비탈은 봄이면 개나리와 진달래로 화려했다. 본채는 2층 양옥으로, 2층의 면적은 134평에 방이 다섯이었다. 김연수 사장 내외는 본채 옆에 지은 한옥에 기거했다. 그리고 그 옆의 부속건물에는 김연수의 스태 프들이 머물도록 했다. 본채 위쪽 산자락에는 조그만 일식 건물을 운치 있 게 만들었다. 그곳에서 친지들이나 사업상의 주요 내객들과 차를 마시며 담소하도록 했다. 한국인 기업가 김연수의 집은 당시 잡지 《삼천리》의 취 재대상이 되기도 했다. 그는 조선 기업인의 자존심이었다. 김연수는 미국 제 승용차 뷰익을 구입했다.

오늘날 재벌이 된 다른 조선의 기업가들은 이 무렵 어떤 모습이었을까. 현대그룹을 일으킨 정주영 회장은 경성에서 자동차 수리업소를 하고 있었 다. 가출을 해서 경성으로 올라온 정주영은 철도공사장에 가서 노동을 하 기도 하고 할 수 있는 일이면 닥치는 대로 했다. 그는 김연수 사장이 세운 보성전문학교의 공사장에 가서 인부가 되어 돌을 져 나르기도 했다. 쌀가 게 배달원을 하던 그는 그 무렵 북아현동에 있는 자동차 수리업소를 인수 했다. 당시 경성에는 귀족들과 총독부의 국장, 도지사, 경찰부장, 일본군 고위장성, 은행과 일본 회사 사장들이 승용차를 가지고 있었다. 시대의 첨 단을 걷는 사업인 만큼 그는 상호도 '아도 서비스'라는 멋진 이름으로 갖다 붙였다. 정주영은 자신이 직접 뛰어다니며 자동차 수리 주문을 맡았다. 경 남의 또 다른 소지주의 아들로 훗날 럭키금성 그룹의 설립자가 된 구인회 는 그 무렵 직물업을 하고 있었으며 진주상공회의소의 회원이었다. 김연 수 사장보다 네 살 어린 이병철은 운수회사를 인수해 트럭 20대를 굴리며 회사를 경영했다. 식산은행 마산지점으로부터 대출을 받아 김해평야 일대 의 땅을 사들였다. 넓디넓은 김해평야에는 팔려고 내놓은 농장이 즐비했 다. 계산은 간단했다. 은행에서 50원을 빌려 논 200평을 사면 소작료로 연 12원이 들어왔다. 대출이자 3원 65전을 은행에 지불하고도 8원 35전이 고

스란히 남는 장사였다. 게다가 은행에서는 평당 25전밖에 하지 않던 토지 가격을 38전으로 감정해 감정가의 70퍼센트인 27전씩을 무제한 융자해주 겠다고 제안하던 시절이었다. 은행융자로 땅을 사면 돈이 오히려 남았다. 적장한 전답을 찾아 계약하고 싶다는 의향을 통고하면 은행은 바로 감정 하고 융자를 해주었다. 명의변경이나 담보권 설정 등 복잡한 절차까지도 모두 은행이 알아서 처리해주었다. 1년이 지나자 이병철은 200만 평의 대 지주가 되어 있었다.

여기서 잠시 일본의 조선 지배의 성격을 살펴볼 필요가 있다. 무엇 때문 에 일제는 조선에다 철도를 건설하고 시장을 통합하고 대규모 자본을 투 자했을까. 정확히 식민지란 개념은 어떤 것일까. 안병직 교수는 다른 제국 주의의 식민지 지배에서 쉽게 찾아볼 수 없는 일본제국주의의 독특한 특 징이 있다고 했다. 식민지란 그것은 어디까지나 역사적 개념이지 법적이 거나 정치·경제적으로 엄밀히 정의된 개념은 아니라는 것이다. 예컨대 어 느 후진국이 제국주의의 정치적·군사적 지배를 받을 때 그런 나라를 뭉뚱 그려 식민지라고 부르고 있지만 실제 지배의 구체적인 내용을 보면 천차 만별이라는 것이다. 흔히 식민지 지배의 형태를 동화주의와 자치주의의 두 가지 유형으로 분류하고 있다. 일본과 조선은 인종적인 배경이 유사하 며 지리적으로도 매우 가깝고, 지배의 실태를 봐도 법과 제도에서 사실상 동일했다. 물론 정치적으로는 무시할 수 없는 차별이 있었으나 제도 측면 에서 보는 한 일본과 조선은 사실상 하나의 판도였다. 식민지를 동화시키 는 가장 전형적인 것이 일본의 조선 지배였다. 그 외 불란서의 알제리 지 배도 동화주의의 한 형태였다. 이영훈 교수는 일제의 조선 지배는 영구병 합이 그 목적이라고 한다. 안병직 교수는 1937년 중일 전쟁 후 특히 전쟁 수행을 위해 조선인을 일본인화하지 않으면 안 되는 상황에 이르러 내선

일체라는 구호 아래서 조선의 식민지적 지위를 해소했다고 한다. 한편 서울대의 박지향 교수는 제국의 식민지 지배는 일반적으로 생각해왔던 만큼 강력하거나 일방적인 것은 아니라고 한다.

♟ 동경제국대학생

1940년 4월 스무 살이 된 김상협은 동경제국대학 법학부 정치학과에 입학했다. 당시 사회적 분위기는 천황제 이데올로기의 찬양과 전시체제에의 동원이었다. 그런 속에서도 동경제국대학의 분위기는 아직 평온이 남아 있었다. 기숙사도 없고 서클활동도 학생회에 가입할 필요도 없었다. 주요 과목의 강의도 학과·학년의 구분 없이 자유롭게 선택해서 들을 수 있었다. 수백 명이 모이는 강의실은 익명의 보장성이 존재했다. 철저히 개인의 자유를 존중하는 분위기가 남아 있었다. 김상협은 매일 아침 일찍 하숙집을 나와 대학으로 향했다. 캠퍼스의 문으로 들어서면 오른쪽에 법학부 3호관 건물이 보이고 그 옆으로 십자로가 나타났다. 그곳에서 멀리 시계탑이 보이는 중앙대강당을 향해 뻗어간 길 양쪽으로 황갈색 벽돌건물인 법문 1호관과 법문 2호관이 마주 보고 서 있었다. 그는 아치로 된 1층의 현관을 지나 강의실로 들어가곤 했다. 법학부 학생들은 크게 두 부류였다. 고시 이외에는 다른 것은 일체 보지 않는 고시준비파가 있는 반면 이상주의를 따르는 낭만파도 있었다. 많은 학생들이 마르크스주의에 경도되어 공산당을 동경하기도 했다. 그들은 공산주의를 이상주의로 간주했다. 김상협은 그들이 공산주의자가 되는 것이 젊은 마르크스의 휴머니스틱한 측면에 매료되기 때문이라고 생각했다.

김상협은 난바라 시게루 교수의 정치학사 과목을 선택해 들었다. 그는 난바라 교수를 통해 고대 그리스로부터 현대에 이르는 서양의 위대한 철학자들과 그 정치사상에 대한 지적 세례를 받았다. 수업이 없을 때면 대학 내 종합도서관의 열람실에 들어가 책 속으로 빠져들었다. 끊임없이 독서하는 동안 그는 자신만의 속독법과 카드작성의 요령도 발굴했다. 점심때가 되면 김상협은 법문 2호관의 중앙식당이나 도서관식당에서 밥을 사먹었다. 점심 후면 문학부 연구실 건물의 현관 건너편 잔디밭에서 친구들과 이런저런 얘기들을 나누었다. 동경제국대학에 함께 입학한 유기천이나 윤천주 등이 대학에서 사귄 좋은 친구들이었다. 1년 후배인 이만갑도 있었다. 한국 유학생 열 명가량이 고정적으로 만나 토론도 하고 정담을 나누기도 했다. 김상협은 언제나 미소를 지으며 누구에게나 반갑게 대했다.

"일본이 구상하는 대동아공영권이 뭐지?"

토론에서 나온 화두였다. 조선이 왜 식민지가 되어야 했는지가 그들의 고민이었다.

"일본제국은 대륙이 필요하지. 일본 내에 노동과 자본의 충돌, 또는 모순도 대륙에서 해결되는 거야. 그래서 만주로, 중국으로 진출한 거야. 일본의 목표는 대동아공영권이야. 구체적으로 설명하면 동해에 일본국이 있다, 현해탄을 건너면 조선국이 있다, 압록강을 넘으면 만주국이 있다, 산해관을 넘으면 화북국이 있다, 그 남쪽엔 화남국이 있다, 운남·청해·귀주·신강을 합쳐 화서국을 둔다, 안남은 그대로 안남국으로 하고 태국은 그대로 두고 버마는 독립시켜 버마국으로 하고 말레이도 물론 독립시켜 말레이국으로 하고 거기에다 필리핀국까지를 포함시킨다, 이것이 연방체로 된 대동아공영국이지. 이 모든 연방을 이루는 나라들이 일본 천황의 지배 밑에서 공존·공영하자는 거지."

"굶어 죽더라도 우리는 독립국가로 남았어야 해."

한 유학생의 비분강개한 의견이었다.

"우리가 언제 한 번이라도 진정한 독립국가였던 적이 있었어? 송시열은 조선을 중국에 병합시켜달라고 청하지 않았나? 대한제국에서 미국에 공사를 파견할 때도 청나라가 종주국으로 미국에 대해 조선의 외교권을 주장했었지 않아? 임오군란과 갑신정변 때 청군을 몰고 온 원세개가 어떤 일을 했지? 국내 모든 정치에 직접 관여하고 영향력을 행사했잖아? 일본이 청나라와 러시아를 누르고 강국이 되니까 이번에는 이완용이 일본에 병합을 요청했어. 일본이 조선을 경영하는 방법이 청과 다를 뿐이지 근본적으로 우리가 언제 진정한 독자적인 나라를 가졌었지? 일본이 러시아에 졌다면 러시아는 우리를 독립국으로 얌전히 뒀을까?"

"그래도 일본이 조선을 먹은 것은 나쁜 일이지."

토론에 참석한 다른 학생이 말했다.

"영국이 인도를 먹고 미국이 필리핀을 먹고 불란서가 인도차이나를 먹고 네덜란드가 인도네시아를 먹고 그런 열강이 이번에는 중국 대륙을 뜯어먹는데 일본에게만 도의적인 태도를 취하라고 하는 것도 웃기는 일이 아닐까? 일본이 조선을 먹을 때 인도주의 운운하던 미국 대통령은 이승만이 가서 호소하는데도 냉담했잖아? 자기들이 필리핀을 보장받으려는 거였지. 영국도 일본과 동맹을 맺고 우리에게서 등을 돌렸지. 헤이그의 만국평화회의에서 우리가 기대했던 러시아도 이미 우리 편이 아니었어. 국제사회에서는 결국 힘의 논리야. 경제력과 군사력이 있어야 해. 일본의 태도를 고치게 하려면 우리가 힘을 길러 그걸로 해야지 하늘이 무섭지 않느냐는 그런 명분으로는 불가능한 거야. 한일합방은 힘으로 된 거지 조약으로 된 건 아니니 조선인은 일본을 책하기 전에 먼저 스스로를 봐야 해. 앞으로 우리 민족의 권리를 찾는 방향으로 나아가야겠지. 우리는 감상을 버리고 현실을 정직하게 보는 지혜를 길렀으면 해. 일본의 지배를 받는다고 비관적으로 생각하지 말고 일본을 철저히 배워 그걸 극복해야 하지 않을까? 조선인으로서의 굴욕을 인간으로서의 승리로 바꾸는 거야."

"맞아, 우리가 가졌던 모든 병폐를 지금부터라도 우리가 배워서 고쳐야해. 정약용은 과학적으로 조선 사회의 민생을 분석했어. 귀양살이도 하고 천주교에 입교도 했잖아? 우린 그런 위인을 본받아야 해. 우리는 일본의 차별대우에 저항하고 민족주의자가 되어야 할 의무가 있는 거야. 우리가 우리를 존중하고 지키지 않으면 남이 해주는 건 아니거든."

당시 유학생들의 역사의식이었다.

김상협은 동경대 캠퍼스가 있는 홍고 지역의 아카몽에 하숙을 정했다. 홍고 거리의 다르마 요코초에는 스시집과 우동 메밀국수 꼬치안주를 파는 포장마차가 줄지어 있었다. 대학생들을 손님으로 받기 위한 레스토랑이나 찻집들도 많았다. 김상협이 이따금씩 홍고역에서 내려 더러 들르는 조용한 찻집이 있었다. 그곳에서 책을 읽기도 하고 음악도 들었다. 유행하는 「볼레로」의 곡조가 흐르고 있었다. 다방 구석의 서가에는 잡지들이 꽂혀 있었다. 조선의 인물이나 풍습을 취재한 《모던 일본 1939년》이라는 묵은 잡지의 조선판을 통해 조선의 소식들을 살피곤 했다. 이 일본 잡지에는 한복을 곱게 차려 입은 조선 여자가 표지모델로 나오고 있었다. 이어서 빅터 라디오의 선전이 나오고 조선의 유명한 여배우 문예봉이 고궁의 기둥에서 햇빛을 받으며 기대어 있는 사진이 보였다. 그는 이따금씩 시간이 나면 동경제국대학을 졸업한 후 이와나미 문고에 취직을 하고 신접살림을 차린 황수영의 집에 찾아가서 친구 노영목이나 후배 이만갑과 '투텐 자크'라는 트럼프 카드놀이로 머리를 식히면서 놀기도 했다.

89

II · 조선 청년 김상협의 삶과 꿈

♟ 삼양사 신입사원 백갑산

1939년 초경 공업학교에서 측량기술을 배운 25세의 백갑산은 취직할 회사들을 알아보다가 삼양사를 지원했다. 조선인 사장 김연수가 하는 농장회사였다. 거기서는 조선인에 대한 차별이 전혀 없었다. 아니, 아예 조선인들만으로 움직이는 회사였다. 대학이나 전문학교를 졸업한 수많은 조선학생들에게 경성방직과 삼양사는 인기 높은 회사였다. 그는 학교장의 추천서를 받아 황금정에 있는 삼양사의 면접시험장으로 갔다. 허름한 2층 시멘트 건물이었다. 어둠침침한 복도 앞에서 그는 수험표를 받아들고 차례를 기다리고 있었다. 김연수 사장은 사람을 뽑는 데 독특한 철학이 있다고 했다. 그는 돈을 많이 벌어주는 사람을 좋아하지 않는다고 했다. 오히려 자기가 만든 규칙을 끝까지 성실하게 지키는 사람만을 도와준다는 평이었다. 김연수 사장의 요구는 특이했다. 장가를 빨리 들지 말라는 것이었다. 거짓말하지 말고 부지런해야 하고 대충 그런 도덕 윤리 같은 것들이라고 했다. 사무실 문이 열리고 먼저 면접을 본 수험생이 나왔다. 가뜩 긴장한 얼굴이었다. 그의 차례가 되었다. 그가 조심스레 면접장인 회의실 문을 열고 안으로 들어갔다. 코가 유난히 커 보이는 남자가 중앙에 앉아 있었다. 코끝이 발그스름했다. 소문으로만 듣던 김연수 사장이 틀림없는 것 같았다. 김연수 사장을 사람들은 '코보'라고 했다. 그는 자신의 이력서를 보고 있는 것 같았다. 학교 성적이나 그동안의 실습 실적은 좋은 편이었다. 이력서를 보고 난 김연수 사장이 앞에서 그를 보더니 다짜고짜 이렇게 말했다.

"잘못 온 거 같아."

그는 뒤통수라도 얻어맞은 듯 얼떨떨했다. 아무것도 묻지 않고 단번에 잘못 왔다는 뜻은 노골적으로 불합격을 알려주는 말이었다. 김연수 사장이 무뚝뚝하게 다시 한마디 덧붙였다.

"자네는 회사 일을 보는 것보다 학교에서 공부하는 게 좋을 것 같군, 재고해보고 연락하라."

도대체 무슨 말을 하는지 이해할 수 없었다. 취직하러 온 사람에게 더 공부하라니. 놀리는 것 같기도 했다. 다시 생각해보고 연락하라는 건 또 무슨 말인지 이해할 수가 없었다. 학교 성적도 좋고 학교장 추천도 있었는데 너무한다는 생각이 들었다. 그는 침통한 기분으로 집에 돌아왔다. 그날 저녁 학교에서 들렀다 가라는 소식이 왔다. 다음 날 그는 추천을 해준 교장선생을 찾아갔다.

"어제 면접에서 무슨 일이 있었나?"

교장선생이 그를 보고 물었다.

"면접관이 다짜고짜 잘못 온 것 같다고 그러면서 공부나 더 하라고 그러셨습니다. 불합격이란 소리 같습니다."

그가 낙담한 어조로 대답했다.

"삼양사에서 연락이 왔는데, 삼양사 사원으로 일하는데 만일 자네가 학교 공부를 계속하고 싶다면 회사에서 학비를 모두 부담하겠다고 그러네."

"그게 무슨 말씀입니까? 그러면 김연수 사장님이 말한 게 입사시험은 합격이고 내가 공부하기를 원한다면 장학금을 줄 수도 있다 그 뜻이었습니까?"

백갑산이 깜짝 놀라 되물었다.

"글쎄, 내가 알기로는 그런 것 같네."

교장이 대답했다. 그는 뛸 듯이 기뻤다. 그가 교장선생에게 다시 이렇게 부탁했다.

"아닙니다. 사장이 그런 분이라면 공부보다 회사를 위해서 뛰는 게 더 보람이 있을 거라고 생각합니다. 그렇게 회사 측에 전해주십시오."

다음 날 회사의 총무과로부터 오라는 연락이 왔다.

"어디서 일하고 싶나?"

인사담당 직원이 물었다.

"이왕 일하면 만주에서 근무하고 싶습니다."

"거기는 왜? 자네 나이가 아직 어려서 보내기 곤란한데."

총무과 담당 직원의 대답이었다.

"아닙니다. 꼭 만주로 보내주십시오. 거기서 제 인생을 시작하고 싶습니다."

그가 고집스럽게 주장했다.

만주는 야망에 불타는 군인과 관료 엘리트, 만주철도회사조사부와 같은 세계 최대의 두뇌집단, 관동군, 만주군, 마적, 장개석군, 팔로군, 독립군, 첩자, 아편 밀매자, 사기꾼 등 온갖 모습의 인간 군상들이 기회를 찾아 좌충우돌하던 동양의 서부였다. 삼양사 신입사원으로 만주로 파견된 백갑산은 만주에서의 생활이 생각했던 것같이 낭만적이 아니라는 사실을 금세 깨달았다. 만주의 겨울바람은 면도칼로 살을 저미는 것같이 날카로웠다. 광야에서 한번 흙바람이 불면 앞이 보이지 않는 누런 먼지들이 하늘의 태양을 가리곤 했다. 어딜 가도 마실 물이 없었다. 샘물이라는 게 흙탕물보다 더 탁하고 더러웠다. 사방에서 도둑과 마적 떼가 날뛰고 있었다. 측량을 하러 나갈 때는 무장한 삼양사 직원과 청원경찰이 함께 나가야 했다. 하루는 들판을 걸어가는데 난데없이 총소리가 들려왔다. 함께 가던 청원경찰은 혼비백산해서 혼자 도망쳐 버렸다. 아무도 믿을 사람이 없는 만주 대륙이었다.

그가 그곳에서 근무한 지 3년째 될 무렵이었다. 그는 이제 봉천사무소의 책임자였다. 김연수 사장이 경성에서 왔다. 그전에도 몇 번 봤지만 평소에 워낙 말이 없는 사장이었다. 사장이 그를 보자 불쑥 물었다.

"자네 이제 나이가 몇이지?"

"스물여덟 살입니다."

그가 당황하면서 대답했다.

"스물여덟이면 결혼해야지, 여기 책임자로 있는 사람이 총각이면 되겠나? 두 주일 정도 내려갔다 오게. 오랜만에 경성 번화가 구경도 하고 말이야."

결혼하라는 사장의 명령이었다. 그 무렵 백갑산은 직원들의 입을 통해 소문을 들었다. 동경제국대학을 졸업한 천재라고 알려진 김연수 사장의 아들 김상협이 일본의 깊은 산속에 있는 방적공장에 들어가 일을 배우고 있다고. 김연수 사장은 아들이 관료가 되는 걸 싫어하는 분이라고 했다. 그 아들이 장차 만주로 와서 근무할 것이라는 얘기들도 사원들 사이에 떠돌고 있었다.

♟ 스승 난바라

1940년 12월 1일 일본 천황 히로히토가 참석한 회의에서, 수상 도조는 미국과의 전쟁이 목전에 임박했다고 선언하면서 이렇게 말했다.

"우리 일본의 요구가 외교수단을 통해 달성되기는 이미 불가능하다고 봅니다. 따라서 국력으로 보거나 전략상으로 보아 현재의 교착상태를 그대로 지속시킬 수는 없습니다. 이제야말로 국운을 걸고 용감하게 전진할 기회가 성숙됐습니다. 우리 육해군은 오로지 폐하에 대한 충성과 군국에 대한 애국 일념으로 불타고 있습니다."

유럽이 히틀러의 독무대가 되고 있었다. 히틀러는 폴란드에 이어 노르웨이 침공작전을 개시했다. 네덜란드, 벨기에, 룩셈부르크를 단번에 점령하고 불란서 영토로 깊숙이 진공했다. 일본 육군의 참모본부는 내각을 총사직시켰다. 새로운 육군대신에 도조 히데키가 임명됐다. 헌병사령관 출신으로 군의 과격파 대표였다. 일본군은 네덜란드가 독일에 항복한 틈을 이용해서 인도차이나로 진군해 석유자원을 확보하려고 했다. 인도차이나는 네덜란드와 불란서의 식민지 영향권이었다. 이어서 일본 군부는 미국에게 중국 대륙에서 일본의 기득권을 인정하고 중경의 장개석 정부에 대한 지원을 중단하라고 했다. 그리고 미국이 일본에 대해서 공급을 중단한 석유류와 철강류를 원상대로 수출하라고 했다. 미국의 루즈벨트 대통령은 일본은 모든 해외파견병력을 철수하라고 맞받아쳤다. 그날의 어전회의는 도조 수상의 개전 주장으로 매듭지어졌다. 일본의 육해군은 그날로 전투태세 돌입 명령을 받았다. 육군은 행동개시와 함께 홍콩, 말레이, 필리핀, 인도차이나 등을 점령해서 전격적으로 전략물자들을 확보할 것을 계획했다. 해군은 연합함대사령관 야마모도 이소로쿠에게 하와이에 있는 진주만을 기습해서 미국의 태평양함대를 단번에 괴멸시키고 태평양의 제해권을 일거에 장악한다는 계획이었다.

일본의 공기는 나날이 변해갔다. 일본인 대학생들 사이에 '인생 25년'이란 말이 돌았다. 중국에 끌려가 청춘이 사라진다는 의미였다. 신경이 날카로워진 일본 청년들은 대수롭지 않은 언쟁에도 칼부림을 하는 분위기였다. 일본 거리의 분위기도 바뀌었다. 담뱃가게의 일본 아주머니는 눈이 퉁퉁 부었다. 남편이 군인으로 중국에 끌려갔기 때문이었다. 냉면집 주인도 군대 가고 꽃집 아저씨도 떠났다. 도쿄 거리에서 일본인 남자들이 눈에 띄게 줄어들고 있었다. 남자라곤 노인과 불구자와 조선인 유학생들만 보였다. 그 무렵 일본인 중에서도 자식을 군대에 보내지 않기 위해 이리저리 뛰는 부모들도 많았다. 자식들을 고등전문학교에 입학시키려고 애쓰고 있었다. 거의 무시험으로 들어갈 수 있었던 3류대학의 전문부도 15대 1의 경쟁률을 보이는 등 일본 청소년들은 어떤 학교든지 들어가려고 몸부림을 치고 있었다. 그건 향학열이 아니었다. 군인이 되어 중국 대륙에 끌려가기 싫었기 때문이다. 학교에 입학하면 징병 연기의 특전을 얻을 수 있었다. 일본 학생들은 조선 유학생에 대해 묘한 증오와 선망의 감정을 가졌다.

'너희들은 군대 가지 않아도 되는 놈들이구나.'

그런 조선인 유학생들의 내면도 복잡했다. 유학생들의 내면에는 두 개의 '나'가 있었다. 일본인으로서의 자각을 나타내는 제목으로 작문을 해야 경우가 있었는데, 그럴 땐 '나 아닌 나'를 허구로 세워놓고 그 의견을 꾸며야 하는 것이다. 그런 내가 가상해서 만든 '나 아닌 나'가 어느 정도로 나를 닮았는지 어느 정도로 가짜인지 분간할 수 없을 때도 있었다.

1941년 12월 8일 날이 밝기 전, 야마모도 이소로쿠가 지휘하는 연합함대는 진주만 근처에 접근하는 데 성공했다. 200여 대의 항공기와 특수 잠함정은 호놀룰루를 벌떼같이 기습했다. 진주만에 정박 중이던 미국 태평양함대는 전멸 상태의 타격을 입고 화염에 휩싸여 태평양의 하늘을 휘황하게 밝혔다. 홍콩이 함락되고 영국 전함 프린스 오브 웨일스와 레파르스호가 격침됐다. 말레이 반도에 상륙한 일본군은 파죽시세로 남진하여 2월에는 싱가포르에 상륙했다. 일본군 남양 방면 총사령관 야마시다 중장은 항복하러 온 영국군 퍼시벌 사령관에게 고함을 쳤다.

"무조건 항복이냐, 아니냐? 대답만 하라!"

일본군은 영국군의 항복조건을 받아들이지 않았다. 일본군은 필리핀에 상륙해서 바로 수도 마닐라를 점령하고 맥아더를 쫓아버렸다. 인도차이나의 자바, 수마트라 등에 상륙한 일본군 부대들은 석유지대를 모조리 장악해버렸다. 괌 섬과 웨이크 섬도 무난히 점령했다. 미얀마로 진격한 일본군은 랭군을 점령하고 영국군을 인도 국경 너머로 격퇴시켜버렸다. 남양 지역을 점령한 일본군은 전리품의 표시로 수많은 고무공을 만들어 전국의 아동들에게 나누어주었다.

일본이 싱가포르를 점령하고 동남아 일대를 석권하며 전승 무드에 젖어 있을 때였다. 축하의 거리행진이 연일 이어지고 있었다. 동경제국대학에서 강의가 진행되던 어느 날 일본인 교수 난바라가 갑자기 강의를 중단하고 학생들에게 이렇게 말했다.

"여러분, 노트를 덮고 눈을 감아보세요. 그리고 내 말을 들어봐요."

학생들은 교수가 시키는 대로 눈을 감았다.

"여러분, 눈을 감고 손으로 더듬어보십시오. 마음속에 무엇이 잡힙니까? 사람을 죽이고 축하행렬을 하는 게 무엇을 얻은 것입니까? 전쟁에 이긴 것이 무엇이고 대일본제국이란 게 무엇입니까? 사람이 사람을 죽이면 서로 슬퍼해야 합니다. 그런데 이 나라에는 그걸 축하하는 무리들이 있습니다."

난바라 교수는 군부의 광기어린 작태를 정면으로 비판하면서 전쟁은 절대로 있어서는 안 된다고 했다. 헌병이 강의실까지 들어와 전쟁 반대자를 검거해 가던 험악한 시절이었다. 난바라 교수의 말을 들으면서 김상협은 온몸을 뚫고 지나가는 전율을 느꼈다. 기침소리 하나 없이 가라앉은 실내 공기 속에서 정치적으로 민감한 논점을 난바라 교수는 두려움 없이 차분한 목소리로 이어나갔다. 난바라 교수의 강의는 민족감정을 넘어선 지성의 교감이기도 했다. 그는 난바라 교수로부터 진정한 학문의 길과 학자의 삶을 깨우쳤다. 그를 닮고 싶었다.

♟ 공원이 된 아들

오마치는 일본의 알프스라는 히다의 눈 덮인 연봉들이 하늘 높이 솟아 있는 고장이다. 고산지대의 겨울은 혹독한 추위와 폭설의 연속이었다. 그 깊은 산속에 구레하 방적의 공장과 바라크 기숙사들이 있었다. 대학을 졸업한 김상협은 그 공장의 공원으로 취직했다. 당시 구레하 방적은 일본 내에서 생산능력 2위를 자랑하는 큰 회사였다. 구레하 방적을 세운 일본 기업인 이토추는 입지전적인 인물이었다. 상업학교를 졸업하고 면사 도매상에서 일하던 그는 영국에서 유학하고 돌아와 무역회사를 설립했다. 그 무역회사를 통해 미국과 영국으로부터 중고품 방적기계를 수입하여 방적업을 시작했다. 그는 고산지대의 값싼 전력과 풍부한 노동력을 감안해 공장을 설립했다.

김상협은 공장 기숙사에서 일반 남자 공원들과 똑같이 생활했다. 당시 일본인 공원의 하루 평균 노동시간은 11시간이 넘었다. 임금 수준은 영국의 식민지인 인도의 노동자보다도 못했다. 공원들은 대부분 15세에서 20세까지의 여자였고 7~8세의 아이들도 있었다. 철야작업이 진행되어 세계 최초로 심야작업을 위해 공장 내 전등을 켰다는 기록을 세울 정도의 회사였다. 정규 노동시간 외에 잔업도 많았다. 그곳은 지독히 추운 눈의 나라였다. 김상협은 수용소를 연상케 하는 기숙사에서 공원들과 똑같이 자고 똑같이 형편없는 음식을 먹었다. 방적공장은 사람이 생존하기에 혹독한 상황이었다. 김상협은 기름이 묻은 작업복을 입고 방적기계에 매달렸다. 기계의 제원부터 시작해서 기능이나 작동방법 그리고 잦은 고장까지 노트에 꼼꼼하게 적고 외웠다. 기계가 고장이 난 경우는 직접 분해했다가 다시 결합을 시도하기도 했다. 그런 과정을 거치면 기계가 머릿속에 훤히 들어오는 것 같았다. 작업현장의 일뿐만 아니라 제품, 품질, 노무, 회계, 인사, 판매, 홍보에 이르기까지 전 과정을 공부했다. 눈 코 뜰 새 없이 바쁜 나날이었다. 면사의 강도나 습도 그리고 무게 등을 측정해야 하는 품질관리 업무는 엄청나게 쏟아지는 수치들을 일일이 주판으로 계산해야 하는 작업이었다. 김상협은 경리 여직원에게서 주판을 배워 장부를 정리하다가 한밤중이 되어야 기숙사의 얼어붙은 방으로 돌아오곤 했다. 유리창을 열면 북국의 찬 눈기운이 흘러들어 왔다. 기숙사 함석지붕의 처마 끝에는 고드름이 매달려 있었다. 교대를 하는 공원들은 목도리로 콧등까지 싸매고 모자에 달린 털가죽으로 귀를 덮어 쓴 채 작업장으로 가고 있었다. 지나가던 늙은 공원이 그에게 더러 위로의 말을 던졌다.

"이런 곳에서는 쓸쓸해져서 견디기 어려울 거야. 동경제국대학까지 나온 젊은이가 이해가 안 돼. 여기는 큰 눈이 수시로 내리지. 눈사태가 자꾸만 나는 바람에 기차가 움직이지 못할 때가 많아."

"정말 몹시 차군요."

김상협이 늙은 공원에게 동의하는 듯 말했다.

"작년엔 영하 25도까지 내려갔지." 늙은 공원의 말이었다.

"눈은요?"

"글쎄, 보통 몇 척이었지만 많이 내릴 때엔 열두 자는 넘었을 거야."

하얀 눈빛이 바라크 기숙사들의 나지막한 지붕을 한층 더 낮아 보이게 했다. 공장 건물은 윙윙대는 기계음을 내면서 산속의 고요를 깼다. 그에게 감기가 끈덕지게 달라붙었다. 콧물이 줄줄 흘러내릴 때가 많았다. 구레하 방적의 사주인 이토추는 일본 재벌그룹을 이끄는 회장이 됐다. 그는 방적

공장에 동경제국대학 출신인 김상협이 있다는 사실을 알고 관심을 가지고 살피고 있었다. 김상협이 조선 갑붓집 아들인 걸 알았다. 건디지 못할 것으로 예상한 이토추 회장은 직원들의 보고에 놀랐다. 김상협은 다른 노동자들과 자연스럽게 어울리면서 오히려 그들을 감싸고 따뜻하게 해준다는 것이다. 단 한마디의 불평도 김상협의 입에서 나오는 걸 보지 못했다고 공장책임자가 보고했다. 이토추 회장은 김상협의 과묵하고 성실한 태도에 반했다. 이토추 회장은 김상협의 아버지인 김연수 사장에게 말을 넣어 아들을 자신의 사위로 달라고 정중하게 요청했다. 그것은 엄청난 의미였다. 일본의 거대재벌과 조선 기업인의 연합이었다. 당시도 재벌들이 서로 자식들의 결혼을 통해 세력을 형성하는 게 일반적이다. 그러나 아버지 김연수 회장은 일본인과의 결혼을 거절했다. 그 배경은 민족의식이었다. 수많은 돈을 번 조선인들이 일본인이 되고 싶어 하는 분위기도 있었다. 일본 하오리를 입고 일본 문화를 즐기고 있었다. 아버지 김연수 회장은 출장을 갈 때도 꼭 한복을 챙겨 트렁크에 넣고 가서 입었다. 할아버지도 마찬가지였다. 풀을 먹인 하얀 두루마기를 평생 입었다. 김상협이 공장에서 일할 때 동생 상돈이 형을 위로할 겸 다녀갔다.

　김상협이 잠시 귀국했을 때였다. 막냇동생인 상하는 귀국한 형이 가지고 온 노트가 책상 위에 있는 걸 보고 무심히 들춰본 적이 있었다. 방적기계들의 그림과 명칭 그리고 제원들이 빽빽하게 적혀 있었다. 그는 정치학 전공인 형이 왜 그걸 공부하느냐고 물었다. 형인 김상협은 아버지가 시킨 일이니까 이왕 하려면 열심히 해야 하지 않겠느냐고 동생에게 대답했다고 한다. 당시 구례하 방적은 원료가 부족하여 많은 설비를 놀리고 있었다. 이토추 회장은 앞으로의 공습 위험을 피하면서 설비를 활용하려는 대비책의 하나로 설비를 조선이나 만주로 이전할 계획을 가지고 있었다. 반면 조선이나 만주는 공업의 자급 자족도를 높이기 위해 이를 몹시 원하고 있었다. 경성방직의 김연수는 아들을 통해 구례하 방적과의 협조관계를 형성하고 있었다. 동시에 구례하 방적 주식회사에 투자도 하고 있었다.

♟ 남만방적 경리주임

1년 반쯤 구례하 방적의 공원 생활을 한 후 김상협은 아버지가 세운 만주 방적공장의 경리주임이 됐다. 그는 경리 일을 보면서 주판실력을 유감없이 발휘하고 회계장부도 깔끔하게 만들었다. 결산처리도 단시간에 해치웠다. 기계부품 하나를 바꾸려 해도 그 크기 계산을 일일이 주판으로 하던 시절이었다. 방적회사의 실무를 맡긴 아버지의 확고한 경영방침 중 하나는 조선인만을 고용하라는 것이었다. 그러나 만주에 있는 조선인은 공원으로 적합지 않은 사람이 대부분이었다. 당시 만주에는 여러 종류의 조선인이 복잡하게 얽혀 살고 있었다. 이주농민도 있고 아편상, 매춘업자 등 별별 종류가 많았다. 일확천금을 꿈꾸고 유랑하던 자들도 흔했다. 그들은 공원이 되기를 원하지 않았다. 여공은 구하기가 더 힘들었다. 면사 생산에는 섬세한 작업의 성격상 여공이 유리한 면이 있었다. 그러나 조선 농민들은 딸을 내놓으려 하지 않았다. 낯선 만주 땅에 와서 굶주리고 고생하는 것도 서러운데 딸을 객지에 내놓기 싫은 부모의 마음이었다. 중국인을 쓰면 낮은 임금으로 얼마든지 쓸 수 있었다. 그러나 김연수 회장은 조선인만을 채용하고 조선인들에게 기술을 익히게 해서 공장을 운영하라고 했다. 고급기술자는 경성방직에서 데려왔다. 김연수 회장이 신축한 회사의 사택이 만주 최고의 회사였던 만주철도의 일본인 사택보다도 더 좋았다. 사원 구락부도 호화판으로 갖추었다. 사택 중 좋은 2층 사택에는 전무 최두선

일가, 상무 오계선 일가, 공장장 황영모 일가가 살고 그중 한 채의 2층을 김상협이 썼다. 과장, 계장, 사원들은 단층 사택에서 살게 했다. 주위에서는 공장의 부대시설들이 너무 화려한 게 아니냐는 지적도 있었다. 어느 날 방적공장에 온 김연수 회장이 술 취한 김에 한마디 내뱉었다.

"조선인 회사의 사택이 왜놈들 것보다 나빠야 할 이유가 어디에 있나? 그리고 말이지, 조선인이 왜놈보다 한 계급 아래의 가난하고 무식한 인간으로 왜 그렇게 차별을 받아야 하느냐는 거야?"

평소 말이 없던 김연수 회장의 속마음이었다.

김상협은 공장 간부들과 함께 동포가 사는 지역이라면 멀리 북간도까지 가서 여공을 모집했다. 그러나 성과가 없었다. 하는 수 없이 경성방직의 여공을 파견해달라고 해서 만주공장을 돌리고 조선 내에서 직공을 모집해 왔다. 그러나 그것도 한계가 있었다. 그때 김상협이 직원들과 함께 생각해 낸 아이디어가 여공들에게 교육의 기회를 주는 것이었다. 일제시대 내내 국민의 가장 큰 소망은 평등한 교육의 기회였다. 배워야 좋은 직장을 얻고 돈도 많이 벌 수 있다는 것이다. 교육은 삶의 질을 향상시킬 수 있는 유일한 길이라는 것을 조선인들은 뼈저리게 인식하고 있었다. 일하면서도 공부하는 기회를 만들어주면 여공 모집이 가능할 것 같았다.

그 아이디어는 적중했다. 딸을 공부시켜준다면 공장으로 보내겠다는 집들이 생겼다. 김상협은 남만주의 산속 깊이 산성진을 위시해서 매하구, 교하 일대, 특히 독립군 기지로 알려진 멀리 흥경까지 직접 동포들을 찾아다니며 호소했다. 그렇게 해서 모은 공원이 2000명이었다. 초등부와 중등부로 구성된 공장학교가 만들어지고 공부가 시작됐다. 공원들은 일하면서 초등학교와 중학교를 졸업하는 셈이었다. 초등학교에 다니는 사람도 그리 많지 않았던 그 시절 그건 대단한 파격이었다. 당시 노동환경을 보면 일본인 공장 직공들도 잠자는 시간을 빼놓고 하루 12시간씩 일했다. 정규 학교 역시 군사훈련과 근로동원으로 거의 수업을 하지 못하는 상황이었다. 남만방적의 공장 전체가 학교 같은 분위기였다. 관리사원과 공원과의 관계는 교사와 학생의 관계가 되었다. 공장학교의 소문이 퍼지기 시작하자 만주 각지에서 여공이 되고 싶다는 지원자가 몰렸다. 푸른색의 유니폼을 입고 수천 명의 직원들이 운동장으로 나와 체조를 하고 노래를 했다. 당시 그들과 함께했던 김상협은 일기에서 이렇게 쓰고 있다.

'푸른색 작업복을 입고 '울밑에 선 봉선화야'를 합창하며 망국의 설움을 달래기도 했는데 거기 가서 세상을 알았죠.'

남만방적은 전원이 조선인이었다. 당국은 기숙사 사감만이라도 꼭 일본인을 쓰라고 요구했다. 그때마다 김연수 회장은 차일피일 미루고 일본인을 채용하지 않았다. 한번은 일본인 관리가 찾아와 이렇게 강권했다.

"기숙사 사감만이라도 내지인을 쓰시죠."

"일본인에게는 월급을 많이 줘야 하는데 그렇게 되면 조선인 공원 모두에게 월급을 올려줘야 합니다. 그렇게 되면 공장이 도산상태가 되죠."

김연수 회장은 그렇게 변명하면서 우회적으로 거절했다. 만주 공장의 시설이나 급식, 월급 등의 근무조건은 경성방직보다 좋았다. 복리시설은 모든 면에서 당시 만주에서 위세를 떨치던 일본인 회사 만주철도보다 훨씬 호화롭게 했다. 더러 불성실한 조선인 직원도 있었다. 만주에서 학병을 하다 빠져나온 사람들이 경성방직의 만주공장에 현지에서 취직을 하기도 했다. 김상협과 대화를 나누면서 이렇게 항의하는 사람도 있었다.

"저는 경성방직이 조선인 소유의 기업으로서 다른 기업과는 달라야 한다고 생각합니다. 또 적극적으로 회사가 민족의 독립을 추구하는 행동을 해야 한다고 생각합니다. 그러나 회사는 제가 기대했던 만큼 민족주의에 대해 관심이 없는 것 같아서 불만을 말씀드립니다."

"잘 아시겠지만 기업의 목적과 관심은 일단 무엇이어야 할까요? 이윤추구가 아니겠습니까? 만일 조선의 독립을 위해 싸우고 싶다면 아마도 사업을 하는 이 회사는 맞는 곳이 아닐 겁니다. 경성방직은 기업으로서 앞으로도 이윤을 더욱 추구해야 합니다. 그리고 회사는 높은 수익을 거두어들일 때 조선 경제를 위한 자신의 임무를 다하는 것입니다. 김연수 회장님은 독립을 위해 투쟁하는 것이 아니라 기업을 운영하고 있는 겁니다."

김상협의 대답이었다. 정치는 정치의 논리가 있고 경제는 경제의 세계가 있는 것이다. 많은 사람들이 정치와 경제를 혼돈하고 있었다.

♟ 백두산 원시림

남만방적에서 일하던 김상협에게 어느 날 만주국 참사관으로 취직을 한 진학문이 찾아와 이런 제의를 했다.

"삼척기업이 백두산 삼림벌채권을 얻긴 얻었는데 추진능력이 없어 고전을 하는데, 경성방직에서 인수를 한번 검토해봐요."

아버지 김연수 회장에게 말해달라는 뜻이었다. 와세다 대학 출신인 진학문은 동아일보 논설위원 출신이라는 특이한 인생경력의 소유자였다. 그가 말을 계속했다.

"삼척기업은 원래 김여백이란 사람이 백두산 근처의 원시림 개발 허가를 얻으면 엄청난 사업이 될 것으로 알고 허가권을 따낸 겁니다. 목재회사를 만들어 조선에 판매할 것을 구상한 거죠. 조선에는 경성뿐 아니라 전국에 건물이 새로 많이 지어지고 있고, 또 철선이 군함제조용으로 모두 징발된 상태니까 항구마다 배를 만들기 위해 나무가 많이 필요하죠. 그러니 백두산에서 나무를 벌채해 눈 쌓인 겨울에 산자락을 통해 밀어내리고 그걸 뗏목으로 만들어 강을 통해 떠내려 보내면 된다는 생각이었죠. 함경도의 나무들이 비싼 건축자재로 경성에서 팔리고 있잖아요? 만주국 정부로부터 벌채 허가를 얻은 원시림 9000만 평은 끝없는 숲의 바다요. 그걸 보고 김여백이란 인물이 삼척기업을 설립했는데 막상 하려니까 자본도 기술도 없는 거죠. 내가 중간에서 보니까 그냥 두면 일본 기업인이 그냥 날로 먹을 같아서 찾아온 거요. 백두산은 그래도 우리 민족의 영산이 아닙니까? 아버님 김연수 회장이 진짜 민족기업인이라면 상징적으로라도 백두산에 관련된 기업을 하면 이미지에 맞을 것 같아 왔습니다."

교포 유지들이 김상협을 찾아와 이렇게 부탁했다.

"김연수 사장님이 삼척기업을 인수해주시면 개간사업에 투입되는 150가구 800여 명의 생명을 구해주시는 일입니다. 지금 전쟁 중에 유랑하면서 굶어죽는 우리 동포가 많습니다. 이건 사업이 아니라 민족을 살리는 일입니다. 이 백두산 아래의 산림벌채사업은 이해타산을 떠나 인수해주셔야 합니다."

사람들이 모두 입을 모아 그에게 사정했다. 아들 김상협과 상의한 김연수 회장은 사업성은 떨어지지만 삼척기업을 만주국 화폐 100만 원에 인수했다. 사업지는 함경북도의 국경도시 무산에서 50리 정도 떨어진 북간도의 화룡현 대모록구의 원시림이었다. 부자는 화룡현 일대를 샅샅이 조사했다. 백두산 부근은 드넓은 숲의 바다였다. 빽빽한 삼림 속으로 햇빛조차 들어가지 않을 정도의 원시 그대로의 상태였다. 계곡의 바위들은 이불을 뒤집어 쓴 듯 두꺼운 이끼로 덮여 있었다. 식량을 이동할 도로도 없고 집도 없었다. 중국계 주민들도 살지 않는 황막한 곳이었다. 겨울이 시작되는 11월 무렵이었다. 벌써 굵은 눈송이가 매일 쏟아지고 있었다. 기온이 영하

40도를 밑돌고 있었다. 김상협은 중국인들이 입는 두꺼운 누비옷을 걸친 채 삼양사 직원들과 함께 눈 덮인 백두산의 원시림 속을 돌아다녔다. 150가구 정도 이주시키면 될 것으로 생각을 했는데 그게 아니었다. 막상 와보니 수백 가구를 이주시켜도 하늘이 보이지 않는 삼림지대에서 사람들이 어디 박혀 있는지도 모를 것 같았다. 이주해 오는 조선 사람들이 당장 먹을 양식과 부식 그리고 특히 산간지역에서 살기 위해서 필요한 소금의 공급이 문제였다. 식량도 문제지만 전매품인 소금은 관청에서 배급해주는 것 외에는 구하기 힘든 시절이었다. 원시림을 벌채한다고 해도 워낙 추운 곳이라 겨울에는 강이 얼어붙어 조선 북쪽의 도시들로 옮길 방법이 없었다. 벌채를 해서 그걸 한곳에 두었다가 봄이 되어 해빙이 되면 뗏목으로 만들어 강에 떠내려 보내야 할 것 같았다. 벌목할 나무를 운반할 소만 해도 150마리 이상이 필요하다는 계산이었다. 결국 현지에서 스스로 식량을 만들어 생활할 수밖에 없었다.

만주에서 유랑하는 동포들을 모았다. 그중 150가구를 선정해서 한 집에 소 한 마리씩을 주고 백두산 지역으로 보냈다. 백두산 자락에 도착하자 소가 30마리나 죽어버렸다. 동물마저 살기에 적합지 않은 극한지역이 그곳이었다. 김상협은 백두산에 임시로 이주시킨 사람들의 거처 하나하나를 들러 죽은 소들을 살펴봤다. 봉천으로 돌아온 그는 수의사를 보내 나머지 소들을 진찰하게 했다. 극한의 겨울이 지나가자 사람들은 산등성이의 평퍼짐한 곳을 골라 정지작업을 시작했다. 낙엽이 두껍게 쌓여 썩은 비옥한 땅이었다. 계곡의 수량이 많은 물을 끌어들여 논을 만들기 시작했다. 그러나 막상 수확에는 실패했다. 가을이 되기가 무섭게 찬 서리가 내렸다. 벼는 제대로 익지도 못하고 시들어 얼어버렸다. 워낙 추운 지방이라 가을이 되기가 무섭게 겨울처럼 기온이 급강하했다. 소들 역시 다시 전염병으로 상당수가 죽어버렸다. 다음 해에도 벼농사는 실패했다. 결국 백두산 아래서는 벼농사가 불가능하다는 뼈저린 경험만 남겼다.

삼양사 내의 농업학교 출신 기술자들이 백두산에서 농사를 지을 수 있는 방법을 연구했다. 거기서 끌어다 쓰는 계곡물은 깊은 백두산 속에서 흘러온 물이기 때문에 여름에도 이가 시리도록 찼다. 그 물은 가을이 되면 얼음이나 마찬가지였다. 농사에 적합하게 하기 위해서는 물의 온도를 올려야 했다. 제방을 쌓고 기다란 수로를 만들어 물이 그곳을 지나는 동안 햇볕으로 온도가 올라가게 하는 방법을 강구했다. 또 추위에 견디게 하기 위해 온상을 만들기도 했다. 그렇게 산골짜기의 물을 잡아 새로 일군 논에다 물을 대고 벼를 심었다. 땅이 기름진 부엽토라 벼는 금세 무성하게 자랐다. 성공하는 것 같았다. 그러나 역시 무서운 장애는 추위였다. 여름과 가을이 짧은 곳이었다. 벼는 자라기만 했을 뿐 이삭도 패기 전에 성큼 초겨울이 다가왔다. 결국 수확에 또 실패했다. 기존의 농법으로는 수확이 불가능했다. 김씨가의 농장에서 일하는 농업기술자들이 모두 동원됐다. 농업기술자들의 피땀 흘린 노력으로 3년 만에 드디어 곡식이 나오기 시작했다. 이어서 산림 개간에 도전했다. 송화강 연안 곳곳을 다니면서 뗏목 노동자들을 모집했다. 벌목한 나무들을 통나무로 다듬어 소가 끄는 썰매로 끌어냈다. 가을에 삼림을 벌목해서 겨울에 눈을 이용해 목재를 웅덩이에 모아놓았다. 여름 홍수철이 오면 뗏목으로 묶어 두만강으로 흘려 내리고 이것을 함경도 회령에 집결시켜 제재소에 넘기는 작업을 진행해나갔다.

♣ 1945년 8월 15일, 봉천

만주 대륙의 여름은 유난히 더웠다. 이미 봉천시로 진입한 소련군은 밤이면 신문지에 불을 붙여 들고 약탈을 자행했다. 집에 불이 붙고 거리가 화염에 싸이기도 했다. 일본인들이 먼저 평양 쪽으로 남하하기 시작했다. 여러 소문이 돌았다. 필리핀의 경우는 마닐라에 거주하던 일본인 회사 직원과 가족들이 패잔병들과 함께 산중을 방황하다가 거의 전원이 사망했다는 소식이 전해지기도 했다. 1945년 8월 15일 봉천은 유난히도 무더운 날이었다. 라디오에서 일본 천황 히로히토가 떨리는 소리로 포츠담 선언을 수락하고 무조건 항복한다는 소리가 들릴 듯 말 듯 가물가물 들려왔다. 이미 서울과 봉천 간 통신은 두절된 상태였다. 김상협은 다급하게 대책을 강구하고 있었다. 벌여놓은 사업이 많았고 직원만 해도 수천 명이 됐다. 아버지 김연수 회장과 상의해야 할 것 같았다. 김상협은 다음 날 지체 없이 봉천을 떠났다. 다행히 기차는 아직 그대로 운행되고 있었다. 평양역에 기차가 도착할 때였다. 차창으로 군중들이 해방의 감격으로 환호하는 모습이 눈에 들어왔다. 꼬박 사흘이 걸려 기차는 서울역에 도착했다. 서울역 앞은 아직도 흥분이 채 가시지 않은 듯 해방의 여러 가지 광경들이 넘치고 있었다. 김상협은 충무로의 경성방직 사무실로 달려가 아버지를 만났다. 경성방직의 간부들이 모인 가운데 김상협은 만주 현지의 상황을 보고했다. 듣고 있던 아버지 김연수 회장이 명령했다.

"인명이 중하니까 사람들은 빠짐없이 먼저 보내라. 시설은 포기한다. 재고는 팔 수 있는 한 팔아서 노자를 만들어라."

김연수 회장이 만주의 거대한 재산들을 단호히 포기하는 순간이었다. 그는 아들 김상협에게 다시 이런 지시를 내렸다.

"남만방적이나 삼양사의 모든 직원과 그 가족을 서울로 보낸 후 제일 늦게 와라."

김상협은 아버지의 명령을 듣고 1945년 8월 20일 다시 만주로 향했다.

기차는 벌써 정규운행을 중단했지만, 그래도 아직 완전히 끊어진 상태는 아니었다. 그는 임시로 운행되는 열차를 타고 서울, 평양, 신의주를 거쳐 압록강을 건너 만주의 안동까지 갔다. 섰다간 가고 또다시 한없이 섰다가 생각나면 가는 열차였다. 혼란에 빠진 만주의 철도운행이었다. 안동에서부터는 기차가 아예 움직이지 않았다. 그는 간신히 다른 기차들을 얻어 탔다. 어렵게 얻어 탄 기차는 다시 한동안 달리다가 멎고 가다가 쉬기를 반복했다. 그러다 봉천에서 70리 정도 떨어진 곳에서 아예 멎어버렸다. 그는 거기서부터 걸어 간신히 남만방적의 공장에 도착했다. 수천 명의 직원과 가족들이 초조하게 그를 기다리고 있었다. 다음 날부터 철수작업이 시작됐다.

9월이 되고 소련군이 대거 만주 국경을 넘어오기 시작했다. 철수작업을 한참 진행할 때였다. 갑자기 소련군들이 공장으로 들이닥쳤다. 정규군이라기보다 오합지졸 같은 모습이었다. 단정치 못한 복장에 양쪽 팔뚝에 시계를 대여섯 개씩 차고 검은 식빵을 둘러메고 다녔다. 식빵을 베개 삼아 자기도 하고 아무 데서나 칼로 베어 먹는 모습은 거의 거지나 마찬가지였다. 그게 해방군이라는 소련군의 모습이었다. 소련군들은 때와 장소를 가리지 않고 여자만 보면 데려다 강간을 했다. 돌아가면서 윤간을 하는 모습도 보였다. 반항하면 바로 사살당하는 상황이었다. 사람들은 소련군만 보면 혼비백산하고 도망했다. 김상협이 지휘하는 남만방적의 공장으로 들어온 소련군들은 창고를 열라고 명령했다. 그 안에는 광목 5만 필이 들어 있었다. 김상협은 그들이 물자를 전부 몰수하려나 생각했다. 광목을 본 소련군들은 광목 몇 통을 끌어내더니 쫙쫙 찢어 발을 감쌌다. 그들이 필요한 것은 발싸개였다. 상황이 급해지고 있었다. 언제 또 다른 군인들이 닥칠지 몰랐다. 김상협은 현지 철도국장과 교섭했다. 철도국장은 아버지 김연수 회장과 친한 경도제국대학 후배였다. 철도국장이 화차 10량을 특별히 남만방적에 배정해주었다. 공장 간부들은 창고마다 가득가득 쌓인 광목을 국내로 반입할 생각을 하고 있었다. 그렇지 않으면 회사에 엄청난 손실이 나기 때문이었다. 공장장인 오규선이 화차를 배정받자 경성에 있는 김연수 회장에게 힘들게 전화를 걸었다. 통신이 두절됐다가 또 잠시 연결되기도 하는 그런 상황이었다.

"봉천 철도국으로부터 화차 10량을 배정받았습니다. 가능한 한 창고에 있는 제품을 모조리 싣고 갈 예정입니다."

"아니, 누가 제품을 가져오라고 했나?"

오규선은 칭찬 대신 꾸중을 듣자 어안이 벙벙했다. 회장의 아들인 김상협으로부터 물건을 포기하고 사람을 먼저 태우라고 전하는 걸 듣기는 했지만 액면 그대로 믿지를 않았던 것이다. 공장의 시설이나 물건부터 기차로 보내고 나중에 사람들을 보내야 한다는 게 그의 생각이었다. 김연수 회장이 다시 명령했다.

"제품은 한 필도 가져올 필요가 없어. 우리 직원과 종업원을 모두 데려와야 해. 거듭 말하지만 절대로 제품은 가져오지 마라. 그리고 상협이가 제일 끝까지 남아 있으면서 직원들과 가족들을 인솔하고 오라고 하시오."

소련군이 다녀가자 자칭 장개석의 국민당 군대라는 자들이 공장으로 들어왔다. 그들은 값나갈 물건들은 닥치는 대로 약탈했다. 우선 금고부터 열게 하고 현금을 몽땅 털어갔다. 중국인들은 이들을 마적이나 토벌군을 보듯 무서워하며 도망했다. 그들에 비하면 소련군은 오히려 순진한 편이었다. 그다음은 신사군이란 중공군이 들어왔다. 신사군은 팔로군의 예하부대로 군기가 엄하게 서 있어 그 움직임이 질서정연했다. 특히 민간의 물건에는 절대로 손을 대지 않았다. 공장에 들어와서는 오히려 숙소를 지켜주며 친절하게 대해주었다. 김상협은 그들이야말로 진정한 인민의 군대 같았다고 일기에 적었다. 그들은 민간인을 만나면 언제나 도울 일은 무엇인지 불편한 점은 없는지를 물어왔다. 회사가 마지막으로 철수할 때 신사군은 소가둔(蘇家屯) 공장으로부터 철도역까지 3킬로미터의 거리를 경호해주었다. 짐을 싣고 가다가 비적들로부터 약탈당할 것을 우려했던 것이다. 당시 조선 사람들은 가장 만만한 약탈대상이었다. 남만방적의 소가둔 철수는 3단계로 진행되었다. 1차는 여공을 비롯한 여직원, 사원 부인 및 아이들이었고 2차는 남직원들, 그리고 3차는 최종 뒤처리를 맡은 간부들이었다.

2차조는 새벽 5시 기차로 봉천을 떠나 남행을 시작했다. 중국인 화부는 도중에 기차를 세우고 돈을 요구했다. 뇌물을 주면 다시 기차는 얼마간을 가곤 했다. 뇌물로 가는 기차였다. 도중에 소련군이 기차를 세우기도 했다. 소련군은 기차로 올라와 사람들의 손목에서 시계나 귀중품을 다 빼앗은 후에나 내려갔다. 2차조가 서울에 도착한 것은 9월 19일경이었다.

김상협은 마지막 철수조의 선두를 맡았다. 그는 뒷수습을 끝내고 일행 50여 명과 함께 기차를 빌려 탔다. 정상적인 운행이 아닌 기차는 멋대로 움직이며 갖은 애를 먹였다. 우여곡절 끝에 단동에 이르니 기차를 모는 중국인은 더는 가지 못하겠다고 했다. 김상협 일행을 보호해주며 동승했던 중공군도 그곳부터는 소련군 관할이므로 더 도와줄 수는 없다고 통고해왔다. 어느덧 10월 초순으로 접어들고 있었다. 김상협이 이끄는 일행 50명은 할 수 없이 압록강 철교를 걸어서 넘었다. 10월 6일 저녁 무렵, 김상협 일행은 신의주에 들어섰다.

다음 날 오전, 김상협은 소련군이 진주한 그곳에서 아이들이 기묘한 놀이를 하는걸 보았다. 소련군 흉내를 낸 몇 아이가 목침만 한 빵 대신 벽돌을 끼고 길을 간다. 몇 아이들이 그 뒤를 쫓아가면서 외친다.

"후레브 다와이(빵을 주세요)."

그 말에 소련군 역할을 하는 아이들이 멈춰서면서

"마다무 있소? 돔마니 있소?(여자 있어? 돈 많이 있어?)"라고 하면 그 말에 빵을 달라던 아이들이 이렇게 말했다.

"니엣토, 마다무 오부소(아니, 여자는 없다)."

이때 소련군 노릇을 하던 아이가 일본 여자아이를 발견하면서 말했다.

"마다무 다와이(이 여자를 주시오)."

이리하여 도망치고 쫓고 구출하려는 3파전의 술래잡기를 벌이는 것이었다. 그것이 그 무렵 아이들의 눈에 나타난 해방군인 소련군의 모습이었다. 일본인들에 대한 보복이 심했다. 나진에 살던 일본인 회사원 야마시다의 아내는 소련군에게 강간당하고 두 아이와 함께 살해당했다. 야마시다는 소련의 어선에서 노역을 하다 한쪽 눈알을 뽑힌 후 귀국했다.

이런 북새통 속에서 일본인 회사원들도 무리를 지어 밀선을 타고 남하하고 있었다. 김상협 일행은 신의주역에서 다시 남행열차를 얻어 탈 수 있었다. 평양을 거쳐 사리원까지 내려오는 데 하루가 걸렸다. 지나는 철도역마다 역사 벽면에는 레닌과 스탈린의 대형 사진이 걸려 있었다. 해방된 북한의 새로운 우상은 스탈린이고 레닌이었다. 해주 못 미쳐 학현역에서 김상협 일행이 내렸다. 소련군이 지키고 있는 삼팔선을 넘기 위해서였다. 남하하는 일본인들도 삼팔선 근처의 어촌에 상륙해 몇 개의 산을 넘어 남한쪽으로 향하고들 있었다. 김상협 일행은 삼팔선 부근의 야산 자락에 숨었다. 해가 질 때까지 기다리기 위해서였다. 일행을 안내하는 사람이 소련군들에게 접근해 남아 있던 시계를 뇌물로 주고 또 술을 주겠다고 유인했다. 소련군 경비병이 초소를 잠시 이탈한 사이 김상협 일행은 먹물 같은 어둠

속에서 숨죽이며 한 발 한 발 삼팔선을 넘었다. 어느덧 새벽 여명이 희미하게 비치고 있었다. 때 이른 서리가 내린 초가집 지붕마다 밥 짓는 파란 연기가 실같이 떠올랐다. 그들은 민가를 찾아가 밥을 부탁했다. 마침 고구마가 익는 철이라 일행은 민가에서 삶아주는 햇고구마로 허기를 채웠다. 김상협이 인도하는 일행은 거기서 다시 하루 종일 시골길을 걸어 장단까지 와서 또다시 하룻밤을 노숙했다. 장단에서 개성까지는 기차 편이 끊겼다. 김상협 일행은 일제가 버리고 간 트럭으로 연백평야를 달린 끝에 10월 9일 개성에 도착했다.

개성에 와서 미군 병사들의 자유분방한 모습을 보고서야 김상협은 전쟁이 끝났음을 실감했다. 지프차를 몰고 휘파람을 불어대며 지나는 사람들에게 껌이나 사탕, 초콜릿, 잼, 비스킷, 야전커피, 럭키스트라이크 담배 등 레이션 박스에서 먹을 것을 꺼내 마구 던져주는 광경을 보면서 그는 또 다른 새로운 세계를 대하는 느낌이었다. 북쪽에 있는 김연수의 사업제국은 붕괴됐다. 만주의 거대한 방적공장과 농장들, 드넓은 삼림 벌채지를 버려두고 빈손으로 철수할 수밖에 없었기 때문이다. 북한의 은율, 남천, 평양 등지에 세운 조면공장들도 모조리 잃어버렸다.

1946년 여름 미국 배상위원회 일반참모부의 경제학자 에드윈 마틴은 한국과 만주에 있는 옛 일본인의 산업재산을 조사하고 있었다. 그는 6월 13일 봉천 근처에서 까맣게 탄 녹슨 방적공장의 잔해 속을 천천히 걷고 있었다. 그때까지 공장을 지키는 조선인 수위가 남아 있었다. 그는 통역을 통해 어떤 공장인지 물었다.

"열 달 전만 해도 3만 5000추의 방추와 1000대가 넘는 직기, 3000명의 직공을 거느린 방적공장이었죠. 소련이 이 공장에서 물자를 다 빼고는 불을 질렀습니다."

중국 당국은 소련이 4500만 달러의 물자를 빼내 가져갔다고 했다.

"누가 운영하던 공장입니까? 일본인입니까, 만주인입니까?"

"경성방직의 김연수 회장입니다. 조선인입니다."

마틴은 그곳이 한국인 자본으로 건설됐다는 말을 듣고 놀랐다. 그는 보고서에 김연수라는 한국인이 그런 거대한 기업을 진짜 일으켰는지 확인할 수 없다고 썼다.

♟ 착취는 너희들이 했어

해방이 되자 경성방직은 축제 분위기였다. 공장장은 소를 잡아서 쌀밥을 지어 공원들에게 먹였다. 식당에서 잔치가 벌어졌다. 공원들은 영등포 일대를 시위하기도 했다. 일본 기업이 물러나자 경성방직은 독점적으로 직포를 생산할 수 있는 업체가 됐다. 조선 내 대부분의 방직회사는 자본과 경영, 기술 모두 일본인의 것이었고, 경성방직이 해방공간에서 유일하게 제품을 생산하는 회사였다. 일본인들은 한국인 기술자의 양성을 기피했기 때문이다. 패전으로 일본인들이 일시에 물러가자 그들 손에 의해 운영되던 모든 공장이 정지됐다. 그러자 일본인 공장의 한국인 종업원들은 자치관리위원회를 구성해서 공장을 인수하는 한편 재고품을 분배했다. 일본인이 하던 방직공장들은 기술자가 없어 폐쇄됐다. 어떤 방직공장은 일본인 기술자의 잔류를 군정 당국에 요청하는 형편이었다. 만주에서 돌아온 남만방적 기술자들이 일본인들이 남긴 방직공장들로 진출했다. 남만방적의 공장장은 기술자들을 이끌고 일본인이 하던 동양방적 경성공장을 가동시켰다. 돌아온 남만방적의 기술자들에 의해 정지됐던 일본인들의 방직공장들이 다시 돌아가기 시작했다.

좌익계는 해방과 더불어 조선노동자조합 전국평의회(전평)를 설립했다. 9월 14일 조선공산당이 조직됐다. 그 산하의 전평은 총파업을 주도하는 등 강력한 조직력과 일사불란한 행동력, 압도적인 숫자로 노동운동의 중심에 섰다. 전평 소속의 조직원들은 각 산업체에 침투하여 파업과 사보타지, 기물파괴, 경영진 퇴진운동을 벌였다. 경성방직도 분위기가 변하기 시작했다. 좌익 위장취업자들이 몰려들었다. 당시 그들에게 침투하기 가장 좋은 살아 있는 기업은 경성방직이었다. 좌익에서는 대학을 나온 미녀들을 발탁해서 경성방직의 노동현장에 투입했다. 미모와 교양 그리고 공산주의 이론으로 무장한 그들은 경성방직의 충직한 남자 공원들의 마음을 단번에 흔들었다. 세뇌당한 남자사원들은 다시 공장 내 여공들의 마음을 움직였다. 정상조업이 흔들리기 시작했다. 일본인 소유였던 다른 공장들이 모두 종업원의 수중에 들어가고 재고품을 직공들이 분배한다는 소문이 퍼졌다. 좌익에게 민족기업가는 의미가 없었다. 좌익은 경성방직을 자본가 김연수로부터 빼앗아 노동자의 소유로 해야 한다고 주장했다. 기존 직원과 공원들이 변하기 시작했다. 김연수 회장이 장학금으로 키웠던 엘리트 사원들이 먼저 돌아섰다. 김연수 회장은 장래가 촉망되는 그들을 학교 때부터 돌보면서 유학도 시키고 졸업 후에는 경성방직에 입사시켰다. 일본으로 연수를 보내 기술을 습득하게 했었다. 그들이 먼저 붉게 물들어 종업원들을 선동했다. 매일 공원대회가 열렸다. 장성, 손불, 해리농장의 소작인들이 떼 지어 올라와 농장의 운영권을 소작인 자율에 맡기고 창고의 곡물재고를 풀어 무상 분배하라고 요구했다. 그들의 뒤에는 지주계급의 타도를 외치는 공산당 전위조직인 전농이 있었다.

그 무렵 만주의 남만방적 출신의 공원들이 다시 경성방직으로 몰려들었다. 그들은 영등포 공장에 짐을 풀었고 그중 일부는 난동을 부리는 종업원과 합세하여 농성 대열에 참가했다. 좌익으로 변신한 경성방직의 젊은 인재들이 영등포지구의 전국노동조합평의회에서 선봉의 역할을 담당했다. 영등포 공장에서 공원대회가 열렸다. 그리고 그걸 계기로 전국적으로 노동쟁의가 폭발적으로 확산됐다. 공원들의 집단행동은 점차 정치적·사상적 색채를 나타냈다. 그들은 김연수 회장을 악덕경영인, 착취자본가로 몰아세웠다. 공장의 사택 앞에 큰 버드나무가 있었다. 좌익이 된 직공들은 한밤중에도 그 나무에 올라가 사택을 향해 김연수 타도를 외쳤다. 인근 주민들에게도 공포심이 번지고 있었다. 경성방직의 양평동 공장이 좌익에 접수됐다. 이어서 영등포 공장에도 젊고 예쁜 여성 인텔리 혁명가가 위장취업을 해 들어왔다. 부유한 집 딸이었는데 그녀에게 포섭된 사원들은 물불 가리지 않고 날뛰기 시작했다. 자고 나면 임금인상 요구, 자고 나면 파업의 연속이었다. 그들은 중역들을 연금하기도 했다. 트럭에 가득 탄 좌익화된 사원과 공원들이 김연수 회장의 집으로 쳐들어갔다. 그들은 자본가 김연수의 집을 접수한다면서 방까지 들어가 소리쳤다.

"이제까지 많이 착취해먹었으니 재산을 내놔라."

그들은 한목소리로 앵무새같이 소리쳤다. 여공들은 집 안방을 차지했고 남자 공원들은 다른 방과 정원을 점령했다. 그들은 밤새 농성을 벌였다. 아침이 되면 그들은 밥을 얻어먹고 다시 난동을 피웠다. 김연수 회장은 그들을 피하지 않고 맞받아 소리쳤다.

"말끝마다 착취, 착취 하지만 내가 착취를 한 것이 아니라 여러분들이 나를 착취한 거야!"

"개소리 치지 마라."

농성을 하던 직공들이 야유를 보냈다.

"잘들 들어보게, 나는 경성방직에 들어와서 내 돈 들여서 돈을 벌어가지고 자네들 공부시키고 취직까지 시켰고 또 자네들 가족까지 먹여 살렸는데 내가 뭘 착취했다는 얘긴가? 나는 지금까지 경성방직에서 월급은 고사하고 일전 한 푼 받아 쓴 적이 없어. 그러니 착취자를 따진다면 그건 내가아니고 자네들이야! 잘들 들어두게, 나는 지금 자네들이 공장을 내놓으라고 해서 화가 나는 게 아니야. 어떻게 자네들이 나를 배신할 수가 있단 말인가? 지금 나는 자네들한테 받은 배신감 때문에 온몸이 떨려오네."

김연수는 그들 앞에서 한 치도 물러서지 않았다. 그는 그가 키워온 경성방직과 그 공원들에 대해 깊은 배신감이 들었다. 거짓과 선동 파업으로 하루가 시작되고 농성으로 해가 졌다. 김연수 회장은 사퇴하기로 결심했다. 판매수익금의 20퍼센트 범위에서 전 사원과 종업원에게 특별상여금을 주었다. 사원의 경우 5000원에서 2만 원까지 상여금을 지급받았다. 그 금액은 당시 평상시 월급의 약 100배가 되는 큰 액수였다. 다른 회사 공원들의 재고품 나누어먹기 대신으로 준 것이었다. 그는 간부사원을 모아놓고 이렇게 말했다.

"해방을 맞은 지금 지난날의 설립정신이었던 우리 자본, 우리 기술로 우리의 옷감을 짜서 입자던 자립경제의 지상명령과 사명은 끝이 났다고 봅니다. 저는 차제에 기업 일선에서 물러날 마음의 준비가 있음을 여러분 앞에 분명히 합니다. 물론 나의 이런 뜻은 일부 젊은 사원이나 그들을 맹종하는 종업원들의 아우성이나 성토가 두려워서는 아닙니다. 이제는 내가일선에서 물러서야 할 시기라고 판단되었기 때문입니다. 다만 퇴임 전에그동안 난동을 부려 공장의 조업을 방해하고 또 배후에서 선동한 자들을가려내어 사규에 의해 처벌하도록 하겠습니다."

노무담당 상무로 이준목이라는 인물을 영입했다. 김연수 회장이 만주에서 농장을 만들 때 그를 스카우트해서 노동문제를 다루게 했었다. 그 분야에는 일가견이 있는 행동파였다. 그는 위장 취업한 전평계의 좌익 극렬분자들을 색출해서 다른 노동자들과 분리하는 작업을 했다. 결국은 노동자들을 뒤에서 조종하는 극렬분자 몇 명과의 전쟁이었다. 인사위원회를 열어 그들을 모두 해고시키고 공장에서 과감히 추방했다. 이번에는 우익계의 대한노동총연맹소속의 세력을 부식하여 좌익인 전평의 횡포에 대비했다. 그건 또 하나의 작은 전쟁이었다. 회사는 경영이 아니라 노동쟁의로 1년 동안 해가 뜨고 해가 졌다. 좌익에 맞서 대한상공회의소도 엄격한 법질서를 촉구하면서 사법권의 공정한 발동을 요구하고 나섰다. 영등포 공장을 점거하고 있는 극렬 좌익들과 싸움이 벌어졌다. 경영진과 우익 노동자들이 지지 않고 맞대응을 했다. 마침내 좌익들이 장소를 옮겨 양평동 고무공장으로 옮겨 숨어들었다. 영등포 일대의 다른 공장들이 동정파업으로 들어가 사태가 일대에 번졌다. 양평동 공장은 그동안 좌익들의 발호로 공장장이 직장을 무단으로 이탈해버린 상태였다. 회사에서는 이준목을 새로운 공장장으로 임명했다. 선봉장 이준목은 한 발도 물러서지 않고 이제는 자기편으로 된 노동자들을 동원해서 좌익몰이에 나섰다. 그 무렵 대한노총이 결성되어 전평을 견제하기 시작했다. 궁지에 몰린 좌익들은 마침내 양평동 공장에 불을 질렀다. 공장이 전소됐다. 좌익에 선동된 공원들은 모두 생계를 잃었다. 회사에서는 공장을 다시 세우지 않았다.

Ⅲ

/

**역사신의
제사장**

♟ 신혼의 정치학 교수

1946년 8월 15일 미 군정청은 보성전문을 고려대학교로 인가했다. 보성전문은 김경중이 1932년 인수한 학교였다. 큰아들인 인촌 김성수 선생이 맡아왔다. 작은아들인 김연수 회장도 설립자가 되어 많은 돈을 기부했었다. 고려대에서는 정치과가 개설되고 정치학 교수가 필요한 시점이었다. 김상협은 고려대 정치학 교수로 근무하기 시작했다. 그의 정치사 강의는 한국 정치학의 출발을 의미했다. 만 26세의 젊음이 넘치는 소장 교수인 김상협의 열정적인 강의가 시작됐다. 그의 강의는 정치학 불모지에서 한국 정치학의 출발을 의미했다. 그의 열정적인 강의는 초두부터 학생들의 화제가 되었고 명강의로 소문이 나기 시작했다. 그는 좌경화된 학생들 앞에서 이렇게 외쳤다.

"공산주의자들은 사회의 전 구성원이 천사라는 환상 속에서 시장도 없고 화폐도 없고 자유경쟁이 철폐되는 사회계획경제를 주장합니다. 그러나 그런 사회가 되면 개인의 창의력은 소멸되고 실제로 일하는 사람은 없고 철학자만 남게 됩니다. 자본주의의 원죄는 자유경쟁이 아니라 불충분한 자유경쟁, 즉 제한경쟁의 독점경제에 있다고 생각합니다. 따라서 자유경쟁의 원죄론은 무죄선고를 받아야 합니다."

좌익의 흐름이 사회저변을 장악한 그 시절 그의 주장은 파격이었다. 그는 이렇게 그들에게 반박했다.

"집단이 곧 전체인 절대적 동질사회라면 만장일치의 단일의사만 존재할 뿐 굳이 다수결 원칙을 적용할 이유가 없습니다. 반면 물과 불의 관계같이 절대대립의 첨예한 대결상황만 존재하는 절대적 이질사회라면 폭력투쟁만 있을 뿐 토론이나 타협의 소지는 전무합니다. 민주정치란 어떤 사회,

어떤 풍토하에서도 성립할 수 있는 만능의 제도가 아닙니다. 민주정치가 가능한 사회적 조건이 전제되지 않는 풍토에서는 민주정치는 필연적으로 붕괴되고 극단적 무질서와 무정부상태에 빠짐으로써 결국은 강력한 반작용으로 독재정치를 불러오게 됩니다. 불란서 대혁명의 혼란 속에서 나폴레옹 독재의 반동이 나왔고 로마 공화정의 무질서가 황제의 탄압을 불러왔습니다. 대한민국의 민주정치는 과연 가능할 것인가. 대한민국이 통일성, 통합성, 그리고 전체성을 잃지 않고 있다면 가능합니다. 그러나 그것이 파괴되어 버렸다면 민주정치는 시행될 수 없을 뿐 아니라 굳이 시행할 필요도 없습니다. 민주정치를 하기 위해서는 상대적 동질사회를 만들어야 합니다. 상대적 동질사회란 무엇인가? 다소의 대립과 분열은 있으되 최후에는 통일과 결합에 이를 수 있는 사회를 말하는 것입니다. 결국 민주정치는 토론과 설복 타협이 이루어질 수 있는 상대적 통일성과 통합성 그리고 상대적 전체성을 전제로만 가능한 정치과정일 것입니다. 자유사회는 기계적 평등이 아니라 이성적 평등을 지향하며 평등과 동시에 자유를 실현할 수 있어야 합니다."

국립서울대학교안을 둘러싸고 반대투쟁이 전 학원가를 휩쓸고 있었다. 좌익의 유혈폭동과 시위가 살벌했다. 학원도 좌우대립의 격전장이었다. 해박한 지식을 허스키한 목소리로 논리정연하게 펴가는 그의 강의는 학생들을 매료시켰다. 아직 학문적 연구가 전무했던 그 시절 김상협 교수는 전후 독일, 특히 동독과 동유럽 제국에서 내건 정치구호를 유심히 관찰했다. 소련과 동유럽권 사회주의국가의 정치는 구호정치였고 그 구호 속에 그들의 통치이념이 담겨 있었다. 그런 구호의 변화를 보면서 공산권의 통치흐름을 읽었다. 그는 자신에 대해 지주·자본가 출신이라고 노골적으로 적의를 드러내는 좌익 교수와 학생들의 포위망 속에서 고독한 섬이었다. 좌익계의 교수와 학생들은 노골적으로 그에게 지주·자본가 출신이라고 야유와 비난을 퍼붓기도 했다.

1946년 가을 무렵 김상협은 동경대 1년 선배 정인조의 처 소개로 22세의 김인숙을 명동의 3·1 다방에서 소개받았다. 개성의 송도병원집 딸인 그녀는 경기고녀와 일본여자대학을 졸업하고 고향에서 교사를 하고 있었다. 김상협은 첫날 그녀를 본 후 바쁜 일이 있다면서 자리를 떴다. 몇 주 후 김상협은 선배의 집에서 다시 김인숙과 만났다. 과묵한 김상협은 이렇다 저렇다 평가가 없었다. 그때 김인숙의 눈에 비친 김상협은 어떤 인상이었을까. 다소 야윈 얼굴의 김상협이 평범한 촌사람 같은 느낌이었다. 회색의 한복에 중절모를 쓰고 나타난 김상협은 도쿄에서 신문물의 세례를 받았는데도 신식과 구식이 버무려진 듯한 모습이었다. 양말도 여러 군데를 기워 신고 있었다. 몇 마디 말에 금세 얼굴이 벌게졌다. 수줍음을 타는 것 같았다. 며칠 후 김인숙이 서울에 와서 볼일을 보고 남대문에서 전차를 내려 서울역 쪽으로 걸어갈 때였다.

"집에 내려가십니까?"

뒤에서 굵직한 음성이 들렸다. 돌아보았다. 김상협 교수가 어색한 모습으로 서 있었다. 수줍은 표정의 김상협 교수는 한참을 머뭇거리다 이렇게 한마디 덧붙였다.

"결혼을 생각해줬으면 좋겠습니다."

어눌했지만 천천히 또렷하게 말했다. 길거리에서의 프러포즈였다. 무미건조하고 멋없는 사람 같았다. 순진한 사람 같다는 생각이 들었다.

며칠 후 김상협은 개성에 내려와 송도병원 근처 여관에 자리를 잡고 김인숙에게 연락을 보내왔다. 딸에게서 대충의 내용을 들은 김인숙의 아버지 김준형은 김상협을 집으로 오라고 했다. 주안상을 가운데 놓고 두 남자의 대화가 진행됐다. 사윗감을 본 아버지의 허락이 떨어졌다. 그 이후 결혼까지 두 달간의 데이트에 대해 김상협은 "46년 말부터 내가 개성을 왔다 갔다 했어요. 일요일 날 오라고 하면 내려가고, 또 집의 안사람이 시간이 있으면 서울로 올라오고 그렇게 왔다 갔다 했지요"라고 짧게 표현했다. 주변에서는 당대 거부의 아들이 왔다는 사실에 흥분했다. 그들의 결혼식에 사람들의 관심이 높았다. 당시 잘사는 집들은 예식장에서 호화결혼식을 했다. 예물도 다이아몬드 등 최고급을 주고받았다. 그러나 김연수 회장은 아들에게 명륜당에서 전통혼례식으로 하라고 했다. 신부 측에서 전통혼례라면 개성의 순양서원에서 하자고 요구했다. 김연수 회장 측은 결혼식 전날 함을 보냈다. 함 속에는 한 벌의 치마저고릿감과 사주가 적힌 종이만 있었다. 결혼식 날이었다. 김연수 회장이 개성으로 내려왔다. 김연수 회장은 신랑이 말을 타고 신부는 가마를 타는 것도 생략하자고 했다. 그러자 신부 측은 그래도 평생 한 번의 결혼인데 신부가 꽃가마를 타야 한다고 했다. 결국 신랑은 걸어서 가고 신부는 가마를 타는 것으로 결론이 내려졌다. 1947년 5월 12일 개성의 순양서원에서 열린 결혼식 광경이었다.

시집으로 온 며느리 김인숙은 성북동 3000평의 대지에 지어진 거대한 저택을 보고 놀랐다. 양식 2층의 본채가 있고 그 옆에 김연수 회장이 기거하는 고풍스러운 한옥이 있었다. 그 옆에 부속건물이 있고 본채 뒤편으로 위쪽에 손님들을 위한 별채가 있었다. 넓은 마당에는 농구대가 보였고 그 아래 돌계단으로 내려가면 온갖 꽃이 화사하게 핀 정원이 보였다. 주변에는 여러 종류의 나무로 조경이 되어 있었고 수량이 풍부한 계곡의 물이 흐르는 소리가 들려왔다. 그들 부부는 본채를 차지했다. 1층에서 살림을 하고 2층은 서재였다. 서재에는 영어·독일어·일어로 된 어마어마한 양의 원서가 꽂혀 있었다. 과묵한 남편은 학교에 나가 강의하는 것 외에는 거의 서재에 틀어박혀 밤늦게까지 책을 읽었다. 아침이면 상을 열 개씩 차려야 하는 큰 집이었다. 김상협 교수는 아내에게 말이 없었다. 어렸을 때의 일도 별로 털어놓는 법이 없었다.

　모처럼 틈이 나서 아내가 쉬고 있던 어느 날 저녁이었다. 김상협은 아내를 자신의 서재로 불렀다. 그는 아래층에서 올라온 아내를 책상 맞은편의 의자에 앉으라고 했다. 김상협은 노트를 꺼내 앞에 놓고 자리에서 일어서더니 아내 앞에서 강의를 위한 예행연습을 시작했다. 정치학용어인지 철학용어인지 모를 전문적 학술용어로 가득 찬 내용들을 50분 동안 쉬지 않고 얘기했다. 이미 내용을 다 외운 듯 노트만 꺼내놓고 보지는 않았다. 연습강의가 끝난 후 김상협 교수는 아내에게 물었다.

　"어조가 빠르지 않았소?"

　"듣기 좋았어요."

　"발음은?"

　"명확했어요."

　"이해가 안 가는 대목은?"

　"나야 다 이해가 가지 않죠."

　"지루하지는 않았소?"

　"재미있었어요."

　"수강자로서의 소감을 말해보시오."

　그 이후도 아내를 놓고 김상협은 계속 강의연습을 했다. 그는 강의내용을 수시로 보충하고 수시로 강의노트를 다시 만드는 정성을 기울였다.

♟ 아 버 지 의 수 난

1949년 1월 21일 밤 0시 20분, 영하의 날씨가 면도날같이 날카로웠다. 반민족행위자 특별위원회 검찰부의 대원들이 혜화동에 있는 김연수 회장의 집을 덮쳤다. 집에 있던 김연수 회장은 담담한 표정으로 조사관들의 연행에 응했다. 김연수 회장은 서울형무소에 수감됐다. 이어서 반민특위의 조사관들은 남대문에 있는 삼양사의 본사 사무실을 대대적으로 압수 수색했다. 김연수 회장의 감옥생활이 시작됐다.

오후가 되면 녹슨 쇠창살 사이로 잠시 바닥에 비치던 손바닥만 한 햇볕도 금세 사라졌다. 어둠이 밀려오면 촉수 낮은 백열등 서너 개가 감방 복도에 희미하게 비칠 뿐이었다. 밤은 춥고 길었다. 감방 복도 끝에 난로 하나가 있을 뿐이었다. 벽에서 흘러나오는 냉기에 뼈까지 얼어붙는 것 같았다. 마룻바닥의 틈에서 얼음 같은 바람이 솟구쳐 올랐다. 담요 두 장을 덮고 떨고 있었다. 떨다 보면 희부옇게 동편 하늘이 밝아왔다. 감옥의 새벽은 질겼다. 콩밥과 소금국이 식구통을 통해 들어왔다. 김연수 회장은 매일 아침 무릎을 꿇고 묵상을 했다. 감옥 안이지만 약해져서는 안 된다는 생각이었다. 그는 가족들이 면회도 오지 못하게 하고 들여보내는 옷가지나 침구도 사양했다. 스스로를 더 혹독하게 할 필요가 있었다. 발가락이 가려웠다. 동상에 걸린 것 같았다. 발톱이 빠져 나갔다. 그는 한민당의 자금줄로 인식되고 있었다. 임정과 좌익 그리고 이승만 대통령 사이의 정파투쟁에서 속죄양이 되는 것 같았다. 명분은 친일이었다. 친일과 반일, 민족과 반민족이라는 흑백논리만 난무하는 세상이었다. 해방이 되자마자 거리 곳곳에는 좌익이 붙인 '민족반역자 김연수를 처단하라'는 삐라가 붙어 있었다. 감옥이란 인간을 동물로 만드는 것 같았다. 화신백화점의 박흥식이 가족을 통해 넣어준 눈깔사탕을 맛있게 먹고 있었다. 그걸 다 먹기도 전에 다른 수감자가 그걸 뺏는 활극이 벌어졌다. 용수를 쓴 채 남의 입속에 있는 사탕을 빼앗아 가려고 싸움이 벌어지기도 했다.

세상 사람들은 형인 한민당 당수 김성수의 비호가 있을 것으로 생각했다. 그러나 상황은 그 반대였다. 한민당은 이승만 대통령과 대립각을 세우고 있었다. 좌익이나 임정 역시 지주 출신이 많은 한민당에 대해 적대적이었다. 형 김성수는 대권을 겨냥하는 지도자로 부상되고 있었다. 형의 측근 참모들은 동생인 김연수 회장과의 관계를 차단시키려고 했다.

1949년 1월 28일, 반민특위 검찰부의 서상열 조사관이 김연수를 조사실로 불렀다. 이미 결론이 난 듯한 사회적 분위기였다. 일제시대 관직명에 이름이 올라만 있어도 친일파로 간주했다.

"성명과 나이, 직업, 주소, 본적지는?"

조사관이 물었다.

"이름은 김연수, 나이 54세, 주거는 동대문구 성북동 41번지입니다."

"가족은 몇 명인가?"

"스물한 명입니다."

"재산은 얼마나 되지?"

"재산 총액은 300만 원가량입니다. 매월 생활비가 30만 원 정도 될 겁니다."

대충 인적사항이 나온 후 본격적인 질문이 시작됐다.

"반민족행위자 처벌 특별법이 제정됐는데 그 법에 대해 의견은 어떤가?"

"역사적 과정으로 보아 필연적으로 있을 것이라고 생각했습니다. 또 민족정기로 보아서나 민족을 교육시키는 의미에서라도 반민법 실시는 타당하다고 생각합니다."

"왜정하에서 창씨개명은 뭘로 했지? 일본 이름이 뭔가?"

"창씨는 끝까지 하지 않았습니다."

"도의원을 했지? 회의에 몇 번이나 참석을 했나?"

"한 번도 나가지 않았습니다."

"그 증거는?"

"그 당시의 관보나 기록을 보시면 알 겁니다."

"일제 말 총력연맹 후생부장으로 되어 있던데, 회의에는 몇 번이나 참석했고 무슨 말을 했지?"

"두세 번 정도 참석했는데 발언해본 적이 없습니다. 제 이름을 그들 멋대로 이 단체 저 단체에 걸었습니다. 무엇이나 강제적이어서 부득이 회의에는 몇 번 얼굴을 내놓았을 뿐입니다. 건강상태를 변명으로 일체 명예직에 대해 사표를 제출했습니다. 중추원 참의나 만주 명예총영사 등은 그대로 사표만 보낼 수 없어서 사표를 지참하고, 총독부의 내무국장과 경무국장을 만나러 갔었습니다. 사표를 수리해달라는 청을 했으나 이름이나 걸어놓고 있는 게 뭐가 그다지 어려울 게 있느냐고 하면서 거절하는 겁니다."

"김포비행장을 공사해서 일본 군대에 바쳤다면서?"

"그건 처음 듣는 일입니다. 그런 일 없습니다."

"전시에 비행기 세 대나 헌납했다면서?"

"비행기 헌납한 일 없습니다."

"그 당시 신문에까지 발표가 됐다는데?"

"그런 신문이 있다면 저를 보여주십쇼."

"경성방직이 일본의 전쟁에 제일 크게 협력했다면서?"

"회사 이름으로 국방헌금을 다소 했으니 그런 말을 만들어 하겠지요. 그렇지만 그 당시 헌금을 안 하고는 못 견딘다는 걸 그 시대를 산 조사관님도 아시고 누구다 잘 알 겁니다."

"여러 관직 임명 당시 소감은 어땠나?"

"민족적 입장에서는 수치스러운 일이었습니다. 이러한 직을 갖게 된 것은 거기에 정도의 차는 있지만 어떤 개인의 운명이라고 하기보다는 해외로 망명하지 않는 한 우리 전 민족의 운명이었다고 생각합니다."

"끝까지 거절해야지, 그렇게 하지 못했잖나?"

"조사관님, 그 자리에서 나 한 사람이라면 감옥에 갈 각오를 하고 끝까지 싸웠을 겁니다. 그건 차라리 쉬운 일이죠. 그렇지만 내 사업에 매여 있는 사람이 4000명입니다. 그 사람들의 생명이 달려 있는 걸 생각하면 감정의 지배를 받을 수만은 없습니다."

조사관은 김연수를 기록과 함께 검찰부로 넘겼다.

1949년 2월 16일, 반민족행위자 처벌 특별검찰부에서 검찰관 심상준은 신문을 시작했다.

"중추원 참의로 지내신 사실이 있죠?"

검찰관이 자료인 관보와 《매일신보》 등을 제시했다.

"더 무슨 구차스러운 말이 필요하겠습니까?"

변명을 예상했던 검찰관이 오히려 당황한 듯 다시 질문했다.

"그래도 피치 못해 임명됐다든가 중추원 참의로 임명된 경위가 있을 게 아닙니까? 그 과정을 자세히 설명해주시죠."

"그런 말들을 다시 내 입으로 한다는 건 쑥스러운 일입니다. 정말 그런 얘기들이 필요하시다면 내 대신 주위에서 나를 알고 있는 사람들을 증인으로 불러 물어주세요. 나는 다만 그런 직함을 가졌다는 사실만으로도 부끄럽습니다."

"그동안 죽 관계한 사업이 대부분 방직사업인 것 같은데 특히 방직사업에 착안한 이유가 뭐죠?"

"당시 조선의 실정으로 봐서 방직사업이 가장 필요하다고 생각했습니다."

"중추원 참의는 어떻게 임명이 됐죠?"

"신문기사를 보고 저도 알았습니다. 중추원으로 찾아갔습니다. 거기 내무국장을 만났는데 제가 거절할 것 같아 미리 임명한 후에 알리려고 그랬다는 겁니다. 어쩔 도리가 없었습니다."

"임명 자체를 확실하게 거부할 수 있지 않았나요?"

"제 입장은 그렇게 하려면 제가 하는 사업 전체를 포기하고 사회에서 은퇴하거나 외국으로 가지 않으면 안 된다고 생각했습니다. 그건 제 가족과 제 회사의 종업원들의 생명을 구하지 않는 행위라고 생각했습니다."

"현재의 심경은 어떻습니까?"

"저는 반민법 자체를 역사적 과정으로 보든지, 민족정기를 앙양시키는 점으로 보아 당연히 실시되어야 할 것으로 생각합니다. 그렇지만 저는 양심에 비추어 반민법에 해당되어 처단을 받아야 된다는 가책은 없습니다."

진정서가 반민특위로 날아오기 시작했다. 많은 사람들이 민족기업가 김연수에 대해 증언을 하겠다고 나섰다. 마라톤 올림픽 주자 손기정을 대표로 하는 체육인들의 진정서는 이랬다.

반민법 해당자 중에는 친일파도 있지만 환경에 따라 일본놈들에게 강제되어 부득이 추종하던 자도 있었을 것이며 양심상으로 우리 국가와 민족을 배반치 않고 애국심을 일으킨 동정할 만한 자도 있을 것입니다. 일본 놈들의 입장에서는 김연수를 억지라도 내세워가지고 일을 해야 전쟁을 하루라도 할 수 있다는 간계를 부려 김연수에게 만주명예총영사, 중추원참의 같은 실권 없는 직책을 부여했다고 우리들은 생각합니다. 경성방직 사장인 김연수가 일제와 정면충돌을 한다면 사업은 안 됐을 것이고 당시 김연수는 일제가 강제로 굴레를 씌우는 그런 직들을 거부할 힘도 없었다고 추정합니다. 김연수와 그 집안은 애국자입니다. 저희들은 반민특위의 조사가 소위 인민재판식으로 저 놈 죽일 놈이다, 일정시대 무엇 무엇을 역임했다하면 옳소 죽여라 하는 식이 안 됐으면 합니다. 사형이 분명한 일본 내각의 도조 히데키도 전범자 재판에서 3년이 걸렸습니다. 김연수가 일제가 강제적으로 주는 직책을 거부했더라면 그는 지금 애국자가 되어 있을 것입니다. 그러나 그걸 거부하지 못한 것 자체도 일본 놈들의 압제였다는 걸 아셨으면 합니다. 김연수는 이 사회에 끼친 공로가 적지 않습니다. 송진우, 장덕수 씨가 학창시대에 도움을 받은 것도 김연수에게서입니다. 해방 후 청년운동에도 이름을 숨긴 채 정신적·물질적으로 가장 많이 도운 사람이 김연수입니다. 우리 마라톤인만 하더라도, 마라톤 선수는 가장 빈곤한 가족의 자식들입니다. 그런 마라톤 선수들을 위해 김연수는 100만 원을 희사했습니다. 우리 마라톤인들은 그런 도움을 받았다고 해서 비루하게 그 대가로 이런 진정을 하는 것은 아닙니다. 우리가 바라는 것은 친일파 반민족주의자 선정에서 옥석을 잘 구별해달라는 것입니다. 친일파 처벌의 교수대에 오른 사람 중에는 김연수같이 피가 있고 눈물이 있는 사람이 있습니다. 그를 버리기에는 너무 애처로워 진정을 올리오니 관대한 처분을 해주시기를 희망합니다.

손기정, 권태하, 김은배, 서윤복

1949년 6월 15일 서울지방법원 대법정에서 마지막 심리가 열리고 있었다. 검찰관이 자리에서 일어났다.

"피고인 김연수의 공민권을 15년 정지하고 재산 4분지 3을 몰수하셨으면 합니다."

이어서 정상을 참작해주기 바란다는 간단한 변론이 있었다.

"마지막으로 할 말이 있으면 해보시오."

재판장이 최후진술의 기회를 주었다.

"제 양심에 비추어 일제시대 우리 조선 동포에게 어떤 악행도 한 일은 없다고 생각합니다."

김연수가 짧게 말했다.

"1949년 6월 29일 오전 9시에 판결을 선고하도록 한다."

좌익의 목소리가 여론을 주도했다. 그들의 친일파 척결의 명분은 재판부에도 그대로 압력으로 미쳤다. 악소문이 돌았다. 한민당의 대표인 형 김성수가 재판에 영향력을 미쳐 동생을 무죄로 만들려고 한다는 내용이었다. 재판관들 사이에서는 김연수에 대해 의견이 갈리고 있었다. 한쪽의 견해는 일제시대의 중추원 참의 명부에 김연수의 이름이 올라 있었으니까 당연범으로 처벌하자는 것이었다. 다른 한쪽은 신중론이었다. 반민족행위자처벌 특별법은 악질적인 반민족행위를 처벌하자는 것이지, 어떤 직책에 있었다고 행위 여하를 불문하고 무조건 처벌하면 안 된다는 것이었다. 주장들이 팽팽하게 맞서고 쉽게 결론이 나지 않았다. 최후로 캐스팅 보트를 쥐고 있는 서순영 재판장의 의견에 따르기로 결론이 났다. 대법원장인 김병로가 재판장인 서순영에게 여론을 고려해서 판결하라고 그 뜻을 전했다. 압력이었다. 서순영 재판장이 이렇게 반발했다.

"반민족행위자특별법의 제정 정신을 깊이 숙고하고 재판관들의 열띤 토론과 주장도 오래 들었습니다. 깊이 생각해서 결론을 내리려고 합니다."

서순영 재판장은 그 누구의 말도 듣지 않는 강인한 성격의 소유자로 알려져 있었다.

1949년 8월 6일 오전 10시 40분, 불같은 태양이 법정을 끓는 가마솥같이 만들고 있었다. 방청객의 옷은 흠뻑 땀에 젖어 있었다. 언론의 관심이 온통 김연수의 재판결과에 집중되었다. 서순영 재판장이 무거운 표정으로 법정으로 들어와 앉았다. 방청객의 시선이 그에게 향했다. 그가 카랑카랑한 목소리로 판결 이유를 말하기 시작했다.

"먼저 우리 재판관들은 반민족행위가 무엇인가 그 본질에 대해 생각했습니다. 반민족행위라는 것은 반국가행위와는 다소 이념을 달리하는 윤리적 개념으로서 19세기 이래 비로소 발전된 민족주의를 그 사상적 배경으로 한 것이라 생각합니다. 따라서 이것을 법률적 규범으로 파악하기에 곤란한 점이 있었습니다. 그러나 재판부에서는 3·1운동이 민족주의 사상과 정신을 체현한 것이며 우리 민족의 민족적 의무야말로 이 운동의 선언에서 대중성을 가지게 됐다고 인식하고 있습니다. 피압박 민족으로서 비참한 현실만이 남게 되는 과정에서 대중은 주저하고 대의보다는 개인을 구출하기에 급급했던 현상도 없지 않았습니다. 재판부로서는 민족의식을 떠나서 적의 세력을 이용하여 동족을 박해하였거나 자신의 영예를 위해 직권을 남용하고 동족을 희생케 하거나 민족적인 비극이 눈앞에 있는데 적의 환심을 사기 위해 자진해서 아부한 자에 한정해서 처벌하는 것이 법의 취지에 맞는다고 판단했습니다. 법이 중추원 참의 등의 직책을 가진 자를 예시하고 있는 것은 그런 신분을 가지고 있으면 반민족행위를 했을 개연성이 있다는 것을 말하는 규정일 뿐입니다. 피고인 김연수의 생활과 활동에 비추어 당시의 정황이 그런 관직을 거절할 수 없는 분위기였다는 변명을 수긍할 만하다고 판단했습니다. 요컨대 피고인의 자유의사에서 결과된 사실이 아니요 당시의 정치적 탄압과 사회적 협박으로 말미암아 항거하기 어려운 주위 사정에서 취한 행동이라고 보았습니다."

재판장은 구체적인 사유들을 하나하나 열거하면서 입장을 설명했다. 기나긴 판결 내용이었다. 재판장이 방향을 바꾸어 정상참작 사유를 말하기 시작했다.

"피고인의 돌아가신 아버지 김경중은 조선문화와 민족사상의 발전에 이바지하고자 일세 18년의 세월을 비밀리에 『조선사』 17권을 편찬하고 이것을 사립학교와 향교 등에 무상 배부한 사실과 그 자식들 중 누구도 일본의 관리에 취직케 한 사실이 없는 등 충분히 참작할 정상이 있다고 보았습니다. 따라서 재판부는 형사소송법 제362조에 의하여 무죄를 선고합니다. 1949년 8월 6일 재판장 서순영, 재판관 이춘호, 재판관 최국현, 재판관 신현기."

♟ 염 전 자 위 대 장

모택동 사상을 연구하던 김상협 교수는 남북 간 전면전이 일어날지도 모른다는 생각이 들었다. 1948년 말까지 만주 전역을 점령하는 데 성공한 모택동은 1949년 본격적으로 남하 작전을 시작했다. 소위 인민해방군은 1월에 천진, 북경을 점령하고 5월에는 상해를 탈취하는 데 성공했다. 이로써 모택동의 승리와 장개석의 패배는 기정사실화됐다. 김상협 교수는 고려대 김성식 교수와 친한 사이였다. 김성식은 평안남도 출신으로 일본 규슈 대학에서 서양사를 전공하고 같은 해에 고려대 교수로 부임한 꼿꼿한 선비 같은 교수 동기였다. 김상협 교수가 어느 날 집으로 놀러 온 김성식 교수에게 말했다.

"중국 대륙이 모택동의 중국공산당에 의해 완벽하게 점령됐는데 임표 지휘하의 팔로군에 편입된 10만의 조선군이 북한으로 귀환한다면 그 예봉이 남쪽으로 돌려질 우려가 많지 않을까?"

그 무렵 미국은 북한이 전력증강을 계속하는데도 국군의 절대적 열세를 방치했다. 그뿐 아니라 정부수립을 전후한 무렵 진주군의 중무장을 빼 나간 데 이어 소수의 군사고문단만 남겨둔 채 소련군과 보조를 맞춘다는 구실로 전면 철군을 단행했다. 남북한 간에 군사적 불균형이 초래됐다.

"김일성은 아마도 지금이 인민해방의 적절한 시기라고 볼 거야. 그리고 모택동도 중국 해방의 여파가 한국에도 뻗어나가기를 바라겠지. 혁명과 전쟁을 통해 제국주의를 몰아내는 게 모택동 사상이나 소련 공산주의의 본질이니까."

김성식 교수의 의견이었다. 두 사람 다 공산주의나 모택동 사상에 대해서는 일가견이 있었다.

"미국 역시 전략상 중요한 자본주의의 교두보인 한국을 포기하지는 않겠지?"

김상협이 말했다.

"결국 모택동은 미국과의 전쟁을 한국에서 벌이는 것으로 볼 거야. 모택동으로서는 상해나 천진에 원자탄이 떨어지는 것보다는 한국에서 전쟁을 하는 방향이 중국 입장에서 피해가 적다고 생각할 테니까 말이야."

김성식 교수가 대답했다. 김상협은 1950년 9월경에는 전면전이 일어날 것이라고 예측했다. 김상협 교수의 예언과 석 달 차이는 있었지만 정확히 6월에 북괴의 전면적인 침공이 있었다. 그의 예상대로 방호산이 이끄는 북한군 6사단은 팔로군 주축의 정예부대였다. 그 인민군 6사단은 남침 당일 옹진전투에 참가한 이래 전라도 해안을 종단한 후 동진하여 진주를 점령하고 부산을 코앞에서 위협했다. 서울시민들이 북한 공산군의 남침 사실을 처음 접한 것은 정확히 6월 25일 아침 7시경 서울중앙방송국 라디오 보도를 통해서였다.

개성이 적의 수중에 떨어지던 아침 9시 30분경에도 수도극장은 외국영화의 조조 관람을 기다리는 사람들로 붐볐다. 오후 1시 고려대와 동국대 간 제3회 전국대학축구선수권대회 결승전이 서울운동장에서 벌어지고 있었다. 그날 김상협 교수는 친구 김성식 교수와 명동에 있었다. 명동성당과 영락교회에 일이 있어 함께 찾아갔다. 국군장병의 부대 복귀를 알리는 호외가 시내 곳곳에 뿌려졌다. 김상협은 예측보다 몇 달 빨리 일어난 전쟁이 장기전이 될지도 모른다는 생각이 들었다. 피난을 가는 게 맞을 것 같았다. 아버지 김연수 회장과 의논해서 바로 온 가족을 기차에 태우고 남쪽으로 향했다. 몇 년 전 남만방적의 직원 2000명을 데리고 만주에서 피난할 때의 기억이 스쳐 지나갔다.

기차가 대전에 닿을 때까지도 김상협 일가는 아직 피난 행선지를 정하지 못했다. 김연수 회장은 고향 줄포나 해리에 가서 염전사업을 계속하면서 정세를 관망하는 게 어떻겠느냐고 아들 김상협에게 의견을 물었다. 김연수 회장은 해방 다음 해부터 해리에 민간 염전을 준비해왔다. 미군정은 소금의 독점생산을 푸는 정책을 폈다. 황해도 염전마을의 염부들을 집단적으로 이주시켜 100만 평의 대규모 염전을 개발 중이었다. 김상협은 고향이 더 위험할 것 같았다. 어머니도 마찬가지 생각이었다. 고창이나 부안 일대의 좌익들이 더 위험했다. 얼마 전까지도 지역의 좌익들이 염전의 동력선을 끊고 작업을 마비시키기도 했다. 그뿐 아니라 마을의 유지들을 학살한 적도 있었다. 김상협 일가는 목적지를 부산으로 돌렸다.

일곱 시간의 느린 운행 끝에 열차가 부산에 도착할 무렵에는 비가 뿌리고 있었다. 그들 일행은 부산 중앙동 삼양사 출장소 3층 건물을 피난기지로 삼아 짐을 풀었다. 6월 28일 0시, 억수같이 퍼붓는 빗속을 뚫고 탱크를 앞세운 북한군 3사단이 미아리고개를 넘어 서울 시내로 들어왔다. 새벽 2시 30분 한강 인도교와 철교에서 육중한 폭파음이 작렬했다. 며칠이 지나자 사방에서 뒤늦게 도착한 친척, 친지, 회사, 사업 관련 인사들이 몰려들어 부산 출장소의 작은 건물이 포화상태가 될 정도로 사람들이 넘쳤다. 김상협 일가만 해도 80명에 회사 관계자들을 합치면 한 끼니가 많게는 무려 130명이 넘을 때가 보통이었다. 토성동에 창고용 건물을 빌려 식솔들의 수용 문제를 해결했다. 피난생활 한 달 무렵 고향인 고창 일대가 적의 치하에 들어갔다는 소문이 바람결에 들려왔다. 부산의 민심이 극도로 흉흉해지는 가운데 다대포, 송도, 영도를 비롯해 내항에까지 해외 도망용 선박들이 줄지어 대기하고 있었다. 부두마다 배편으로 부산을 탈출하려는 시민으로 하얗게 덮여 북새통을 이루었다. 대기 중인 배들은 정치인, 고위 군인, 경찰, 공무원 등과 그 가족들이 확보하고 있었다. 김상협은 다시 신중하게 정세를 판단했다. 공산주의자들에 의해 대한민국이 패배하진 않는다고 판단했다. 동서 냉전의 기운이 심해지는 속에서 한국의 포기는 일본에 위험을 초래할 수 있기 때문이었다.

미군이 투입되고 얼마 후 유엔군의 인천상륙작전으로 서울이 수복됐다. 김상협은 전쟁이 국제전 양상을 띠는 한 소련과 중공이 북한의 멸망을 좌시하지 않을 것으로 판단했다. 전쟁이 어느 한편의 승리로 쉽게 끝나지 않을 것 같았다. 김상협과 아버지 김연수 회장은 의논 끝에 가족들을 당분간 그대로 부산에 머물게 하기로 결정했다. 수복된 해리의 염전은 계속 소금을 생산해야 할 것 같았다.

김연수 회장은 고심했다. 전쟁 상황 속에서 일하는 염부들에게 믿음을 주고 안심을 시켜야 했다. 그렇게 하려면 아들을 보내야 한다는 판단이었다. 1951년 3월경 서울을 유엔군이 재탈환하자 김연수 회장은 아들 상협에게 해리의 갯벌 쪽으로 가서 염전사업을 맡으라고 했다. 당시 해리 일대는 빨치산의 수중에 있었다. 특히 선운사 일대는 빨치산의 거점이었다. 낮에는 대한민국, 밤에는 인민공화국으로 깃발이 바뀌는 접전경계지역이었다. 서울 수복 이후 남쪽이 오히려 서울보다 치안상태가 더 불안했다.

그 무렵 해리 염전의 소금제조 기술자 진치경은 서울 수복이 라디오에서 알려지자 염전 직원과 염부 80명을 규합해서 자위대를 만들었다. 그들은 죽창으로 무장하고 염전을 접수했던 빨치산의 해리인민위원회를 습격해서 염전을 도로 찾았다. 그들은 해리 염전의 사무실에 자위대 본부를 차렸다. 일단 피했던 빨치산들은 전열을 정비하고 다시 염전 사무실로 쳐들어왔다. 쌍방은 염전의 저수지 취수 갑문을 사이에 두고 대치하며 혈투를 벌였다. 소금기술자 진치경을 비롯한 염부 조장급 20여 명이 살해됐다. 이어서 가족들은 물론 젖먹이까지도 합쳐서 132명이 잔인하게 몰살됐다. 김상협이 해리에 도착했을 때는 그 참극이 일어난 지 얼마 되지 않았을 때였다. 김상협은 부산 군수품시장에서 박격포 2문, 기관총 3기, M1 및 칼빈총 100여 정을 구입해서 해리로 가져갔다. 염전 인부들을 무장시켰다. 그는 염전의 심장이라고 할 수 있는 양수장을 중심으로 사무실과 숙소 일대에 철조망을 치고 바리케이드와 참호를 구축했다. 염전 직원과 염부 330명이 무장 전투병력이 됐다. 그는 선착 접안지대를 기점으로 염전의 중심부를 관통하는 수로와 나란히 궤도차가 운행되는 작업로의 양수장에 가까운 지점에 무장 직원을 상주시키고 사방을 감시할 수 있는 원뿔형의 감시탑을 세웠다. 염전 사무실 앞에 탐조등을 설치하고 수로에는 항상 물을 채워 공비들이 접근하면 쉽게 노출될 수 있도록 했다. 자가발전시설로 양수장의 동력을 얻고 있었기 때문에 서치라이트까지 운용할 수 있었다.

대부분의 근처 부락민들은 이미 좌경화되어 있었다. 그리고 직계가족이나 친인척들은 빨치산과 연결되어 있었다. 현지 부락에서 고용한 일꾼 중에는 빨치산도 많았다. 그런 속에서 염부들과 함께 소금을 만들어냈다. 염전은 식량을 비축하고 있었기 때문에 빨치산들의 약탈 목표가 됐다. 빨치산은 밤이 되면 끈질기게 공격해 왔다. 죽을 뻔한 고비도 있었다. 한번은 김상협이 고창읍에 가서 막걸리를 마시고 그대로 떨어져 주막의 구석방에서 잔 일이 있었다. 바로 그날 침입한 빨치산이 지서 순경 등 8명을 살해했다. 빨치산은 염전 안에 있는 김상협이 묵던 집안까지 들어와 김상협을 찾다가 돌아갔다. 수시로 전투가 벌어졌다. 염전 직원 20명이 공격해오는 빨치산 80명과 전투를 벌여 28명을 사살하기도 했다.

그런 속에서 염전의 소금 생산이 점차 늘어났다. 염전 규모가 3배 이상 늘어나 300여 정보에 달했다. 소금 생산이 한창일 때는 50킬로그램 들이로 매일 3000포까지 생산해냈다. 소금이 귀하던 그 시절 소금 값이 치솟았다. 연간 2만 톤의 소금을 생산했다. 가마에 담긴 소금을 궤도차로 운반하여 선착장으로 옮기면 갯골을 타고 배가 접안하여 이를 군산항으로 실어 날랐다. 돈이 쏟아져 들어오기 시작했다. 어느 정도 치안이 확보되고 평화가 왔다. 그해 겨울 김상협은 트럭을 부산으로 보내 가족을 고창으로 오게 했다. 사무실 뒤편에 아담한 한옥을 지어 새살림을 시작했다. 큰딸 명신은 시골아이들하고 같이 보자기에 책을 싸서 등에 메고 인근 초등학교에 다녔다. 아내는 우리를 만들어 돼지를 20마리 길렀다. 속칭 당꼬 바지에 헬멧을 쓴 김상협은 간척지 구석구석을 매일 돌아보는 게 버릇이었다. 그는 부산 등지에서 묵은 《타임》과 《뉴스위크》를 구해 한국전을 둘러싼 세계의 움직임을 살폈다. 성능 좋은 휴대용 제니스 라디오를 구해 방송을 들었

해리 염전 송별기념회, 1954년 9월 10일.

다. 위험 속에서도 평일이면 김상협은 염전 갯가에 나가 석양을 바라보며 책을 읽고 사색에 잠기곤 했다.

♟ 모택동 교수

　　1953년 7월, 휴전협정으로 전쟁이 끝났다. 전쟁이 장기화하자 미국은 조속히 휴전을 하려고 했다. 이승만 대통령이 반대했지만 어쩔 수 없었다. 사실상 미국의 패배로 보였다. 1954년 8월경 김상협은 명륜동에 30평짜리 일본식 가옥을 얻어 가족을 해리의 염전에서 올라오게 했다. 그는 다시 고려대 교수로 복귀했다. 피난지 대구에 있다가 수복 후 다시 정상화를 찾은 고려대학교 안암캠퍼스 교실엔 선후배 재학생들이 차고 넘쳤다. 교수가 들어오기 전에 학생들은 칠판에 낙서들을 하면서 서로 웃고 떠들었다. 김상협 교수는 학생들이 모르는 사이에 조용히 들어와 학생들이 하는 소리를 들으며 같이 웃곤 했다. 더러 혼이 날까 봐 머쓱해하는 학생들에게 김상협 교수는 "괜찮아, 더 해. 재미있구먼"이라면서 미소 지었다. 김상협 교수는 교단에 올라가 보자기를 풀고 속에서 강의 준비물을 꺼내어 탁자에 놓은 후 나지막한 목소리로 이렇게 강의를 시작했다.

"모택동은 1893년 12월 26일 호남성 작은 마을에서 농민의 아들로 태어났습니다. 1909년 여름 어느 날 아침 15세의 소년 모택동은 다 떨어진 옷 몇 벌에 평소에 애독하던 수호전과 삼국지를 가지고 동산국민학교에 들어갑니다. 국민학교 시절 그는 동급생으로부터 세계위인전을 빌려 워싱턴, 나폴레옹, 피터 대제, 루소, 몽테스키외, 링컨을 알게 됩니다. 특히 8년간 고난의 전투 끝에 독립을 쟁취하는 워싱턴 대통령을 숭배합니다. 모택동은 그 시절 변법운동을 제창하는 중국 정치가들의 사상에 감명을 받았습니다. 서양의 발달된 기계문명을 받아들여 근대화를 이루고 입헌군주주의를 취해야 한다는 것이었습니다. 모택동은 중국을 부강하게 하는 방법을 배워서 조선 같은 속국이 되지 않도록 해야 한다고 주위에 말했습니다. 왜 하필이면 조선을 지칭했는지는 모르겠습니다.

모택동은 19세에 사범학교에 진학합니다. 그는 사범학교를 졸업한 후 불란서 유학을 가려다 돈이 없어 포기합니다. 그리고 북경대학 도서관 직원으로 들어가 8불 정도의 월급을 받고 청소하고 신문을 나릅니다. 그러면서 북경대학의 저명한 교수들의 강의를 청강하기도 합니다. 그 당시 북경대학 문과대학장이 그 시대 중국 젊은이들의 우상인 진독수였습니다. 그 후 모택동은 그가 나온 사범학교의 시간강사가 됩니다. 그리고 문화서점이라는 책방을 엽니다. 그때 그는 처음으로 마르크스의 「공산당 선언」과 카우츠키의 계급투쟁을 읽게 됩니다.

그는 중국 사람의 70~80퍼센트가 되는 농민이 봉건제도하의 절대빈곤 속에서 고통을 받는 것을 보았습니다. 그리고 영국, 불란서, 독일, 일본 등 제국주의가 중국을 침략해서 뜯어먹는 걸 봤죠. 모택동은 사람들의 의식의 틀이 철통같이 굳어 있다는 걸 발견했습니다. 서양을 배워 중국의 부국강병을 이루자는 지도자들조차 군주와 신하의 의는 이미 정해져 있고 하늘과 땅 사이의 분간은 넘을 수 없다는 의식이 박혀 있는 걸 본 겁니다. 거기서 모택동은 공산주의를 선택한 것입니다. 반제국·반봉건의 깃발을 든 거죠. 그는 노동자 중심의 공산주의 혁명이론을 택하지 않고 농민 중심의 혁명을 주장했습니다. 중국을 점령하고 6·25 전쟁을 통해 미국과 정면으로 싸움을 해서 중국의 자존심을 회복한 면이 있습니다."

학생들은 미동도 하지 않고 듣고 있었다. 적국인 중공의 모택동에 대해 얘기하는 건 금기시되는 사회였다. 김상협 교수는 거침없이 말하고 있었다. 그가 이렇게 중간논평을 덧붙였다. "공산주의가 동방의 유령으로 나타나는 것은 아시아 제국의 절대빈곤 때문입니다. 아시아의 공산주의에 대한 동경은 빈곤 추방을 염원하는 극단적인 표현이라고 저는 생각합니다. 공산주의의 유령으로부터 아시아를 구출하는 길은 무엇인가? 이제 그것에 대해 우리는 고민해야 할 것입니다. 미국을 비롯한 서방 진영이 진실로 아시아를 자유세계의 일원으로 발전시켜 나가기를 원한다면 무엇보다 후진국의 빈곤이 추방될 수 있도록 경제가 발전하도록 해야 할 것입니다. 그러기 위해서는 원조 방식부터 전환해야 할 것입니다. 미국이 취해온 방식은 원조 대상국을 자국의 잉여물자 처분장소로밖에 취급하지 않았습니다. 그렇게 하면 경우에 따라서 감사받지 못할 수도 있습니다. 필리핀은 미국의 식민지였습니다. 현실의 필리핀을 보면 그곳 원주민들은 주말에 바나나를 따가지고 장에 와서 미국의 콜라와 스니커를 교환해 다시 산으로 들어가는 게 일반적이었습니다. 무상원조를 받는 우리도 태도를 조심해야 할 것입니다. 무상원조라고 함부로 낭비하거나 부정 유출해서 특정인의 배를 불리지 말고 그 원조물자를 알뜰히 활용하여 경제적 실력 배양의 밑거름으로 삼아야 할 것입니다. 우리는 미국에게 항구적인 경제발전의 기초를 쌓을 수 있도록 도와달라고 해야 할 것입니다."

김상협 교수는 강의시간에 땀을 많이 흘렸다. 그는 항상 흰 손수건을 두 개씩 가지고 다녔다. 강의 도중 수시로 손수건으로 얼굴을 닦았고 강의가 절반쯤 지나면 다른 손수건을 꺼내어 닦았다. 그는 정치권의 부패의 조짐에 대해 이렇게 경고했다.

"후진국들을 보면 정권의 잉여가치라는 것이 있습니다. 정권의 잉여가치란 무엇인가? 정권을 잡으면 집권자는 말할 것도 없고 그 추종자들까지 온갖 청탁과 이권개입으로 부를 쌓고, 갖가지 명예직에 올라 이름을 날리고, 온갖 편법과 부정한 수단을 모두 동원하여 사회 전 영역에서 세력을 키우며 무소불위의 권세를 누림을 말하는 것입니다. 그러다 정권을 놓치는 날에는 급전직하 천 길 나락으로 떨어져 하루아침에 반사회적, 반국가적 역적이 되어 바깥출입조차 어려운 비참한 운명에 처하게 되는 것입니다. 그러니 일단 정권을 잡으면 절대로 내놓으려 하지 않는 것이 정치의 실상입니다. 우리 정치사에 그런 소아마비적 파행은 일어나지 않도록 해야 할 것입니다.

우리는 부패한 왕조 타도의 역사를 스스로 만들어낸 적이 없었습니다. 8·15의 광복을 자력으로 쟁취하지도 못했습니다. 자유민주주의 이념과 제도 또한 우리가 스스로 만들어낸 것이 아니라 서구의 것을 옮겨서 받았을 뿐입니다. 6·25의 공산침략을 퇴치하는 것 역시 다른 나라의 힘에 의존할 수밖에 없었습니다. 이런 역사 속에서 우리 국민의 내면에는 열등의

식이 들어 있습니다. 우리는 그걸 극복해서 이제부터 스스로의 역사를 만들어가야 할 것입니다. 그러면 우리가 만들어야 하는 새로운 사회는 어떤 것이어야 하는가?"

그는 마른침을 삼키고 학생들을 둘러보았다. 학생들은 미동도 하지 않고 그를 쳐다보고 있었다.

"우리나라처럼 어둡고 괴로운 과거만을 짊어지고 살아온 국민에게 좌우익, 진보와 보수 중 하나만을 강조하는 것은 무슨 의미가 있을까요? 보수를 하라고 강요한다면 가난한 사람들에게 있지도 않은 재산을 지키라는 것과 다름없는 말입니다. 우리는 근본적인 혁신을 단행해야 합니다. 그러기 위해서는 먼저 부패를 상징하는 정권의 잉여가치가 발생하지 않도록 해야 합니다. 그리고 중산층의 자유시민을 늘려야 합니다. 지킬 것을 가진 중산층 시민들이 많아져야 독재와 싸우고 반공투쟁의 전선에 앞장설 수 있는 것입니다. 우리가 전해 받은 서구민주주의란 결국 소유권 있는 중산층의 산물입니다."

듣는 학생들은 눈과 귀가 환하게 열리는 느낌이었다. 김상협 교수의 강의실은 항상 초만원이었다. 중국공산당과 모택동을 강의하는 그 시간은 수강신청을 하지 않은 다른 학과 학생 심지어는 서울대, 연세대 등 타 대학 학생들까지 와서 강의를 들을 정도였다. 김상협 교수는 강의노트를 보면서 서서히 말하는 형태로 강의를 진행했다. 그 때문에 한 줄 한 줄, 한마디 한마디가 놓칠 수 없는 중요한 내용이었다. 그래서인지 김상협 교수는 같은 내용을 형태만 달리해서 두 번씩 반복해서 말했다. 그것은 강의내용을 충실히 필기하기에 알맞은 속도였다. 김상협 교수의 강의에서는 신기한 용어, 새로운 개념, 참신한 이론들이 쏟아져 나왔다. 김상협 교수의 강의는 내용과 시간에 꽉 차 있었지만 90분 내내 누구도 힘겨워하거나 지루해

하지 않았다. 오히려 모두들 진지하고 홍미 있게 들었다.

♟ 김 씨 가 의 저 력

김연수 회장에게는 휴식이 없었다. 그의 휴식은 사업이고 일이었다. 그는 우리 경제의 방향을 예측하고 있었다. 그는 세계 여러 나라 중 우리와 비슷한 여건에 놓인 저개발국의 공업 및 시장상태에 관한 자료들을 모아 공부했다. 앞으로의 사업방향을 그는 식품이라고 판단했다. 그는 새로운 사업 아이템으로 제당 부문을 선택했다.

공장 부지를 물색하기 위해 작업복 차림에 농구화를 신고 울산항을 중심으로 해안선을 따라다니던 그가 매암리(지금의 울산공장 자리)에서 발길을 멈췄다. 그곳은 누가 보아도 공장부지로는 적합지 않은 자리였다. 해안지대이긴 했지만 큰 배가 들어올 수 있을 정도의 수심이 깊은 곳도 아니었고 습지와 갈대밭으로 이루어진 쓸모없는 땅이었다. 국군의 포탄 적재장이 있는 야산이 버티고 있었다. 악조건이지만 장래성이 있다고 판단했다. 기업은 100년 앞을 내다봐야 했다. 그런 관점에서 울산을 따를 만한 땅이 없었다. 다음은 공장건설과 운용에 필요한 기술자였다. 설탕 제조공정 일체의 디자인과 설비를 일본 회사에 의뢰했다. 해리의 염전에서 생산된 소금을 판매한 자금이 설탕공장 건설로 투입했다. 제당공장 허가에서 그는 뒷돈을 주고 허가를 따내지 않았다. 허가신청을 하고 그냥 버텼다. 정권 측은 허가를 끌 만큼 끌다가 마지막에야 어쩔 수 없이 내주었다.

그다음의 장애물은 노조였다. 설탕이 생산되자 노조가 들고 일어났다. 노조 문제에서도 정권과 유착되지 않으면 경찰은 방관적인 자세를 취했다. 권력의 남용과 부정부패는 어느 시대나 마찬가지였다. 허가가 난 일곱

145
III · 역사신의 제사장

개 정도의 제당공장은 치열한 경쟁을 벌였다. 선도기업은 설탕가격을 원가 이하로 시장에 내놓았다. 후발업체들을 죽이기 위한 작전이었다. 제당공장들이 하나하나 넘어지기 시작했다. 마지막으로 남은 게 선도기업과 김연수의 삼양제당이었다. 두 회사가 남자 이번에는 담합의 제의가 들어오기도 했다. 수입 원당을 그대로 시장에 팔자는 유혹도 있었다. 경쟁회사는 노조원을 사주해서 공장에 불을 지르기도 했다. 목숨을 건 싸움이기도 했다. 김연수 회장은 버티기 위해 성북동의 집마저 팔아 치웠다.

제당회사가 마침내 살아남았다. 1955년 자본금을 기준으로 국내기업의 현황은 이랬다. 1위 김연수의 삼양사, 2위 임송본의 대한석탄공사, 3위 구용서의 한국산업은행, 4위 구인회의 락희화학공업사, 5위 김성곤의 금성방직 순서였다. 이들 기업 말고도 전남방직, 한국비료공사, 현대건설, 대동공업, 대한제분, 국제시장, 제일제당 등이 비교적 상위에 있었다. 김연수 회장의 꺼질 줄 모르는 사업의욕은 노년에 이르러서도 계속됐다. 그는 수산업에도 진출하고 전주방직을 인수해서 화학섬유를 생산하는 삼양모방을 출범시켰다. 그 외 폴리에스텔 전주공장, 수산공장, 화섬공장, 배합사료 등을 인수해서 삼양사 그룹으로 발전시켰다.

김연수 회장은 나이를 먹어가면서 집안의 양계장과 배나무를 돌보았다. 일요일이면 찾아오는 손자들과 어울렸다. 김연수 회장은 대부분의 시간을 경제 분야와 시사관계의 독서로 보냈다. 평생 꼼꼼히 메모를 하며 공부했다. 그는 영양학과 식생활문화에 대해 많은 책을 읽었다. 지방 여행도 자주 다녔다. 세상물정과 인심의 동향을 살피는 일종의 탐색여행이었다.

제주도의 이시돌 목장과 목포 부근의 무안 농축장을 둘러보았다. 그는 목축업이 장기적인 투자를 요하기는 하지만 장래성 있는 사업으로 판단했다. 그룹 내의 배합사료공장이 가동되고 있었다. 그는 영광에 돼지 사육장을 차려 양돈업에도 손을 댔다. 그의 수산공장에서 나오는 부산물을 이용해서 배합사료를 만들어내고 그걸로 돼지를 키우면 된다는 결론이었다. 경제가 발전하면서 국민들의 육류 소비량이 대폭 늘어날 것을 그는 전망했다. 말년에 그는 지팡이를 짚으면서 국내에 있는 농장들을 찾아다녔다. 농장 개설을 맡아볼 실무팀을 구성해서 대만과 일본의 선진 양돈업계를 돌아보게 했다. 원당을 수입하는 대만 제당공사가 운영하는 농장에서 30만 마리의 돼지를 키우는 걸 보고 그는 농장 개설에 급피치를 올렸다. 그는 익산에 시험적으로 양돈장을 설치하고 그다음에는 해안지대를 따라 순차적으로 양돈 단지를 조성해나간다는 계획을 세웠다. 그는 20대 젊은 자신이 일구었던 법성농장과 영광농장을 다시 사들여 농장을 일으키기로 했다. 농지개혁법으로 정부에 넘겼던 땅들을 다시 사들이기도 했다. 삼양사 그룹은 다시 기반이 튼튼한 회사로 탄생했다.

♟ 자애로운 스승

1956년 아직 찬바람이 불던 봄 어느 날이다. 이리의 남성고등학교 강당에 전 학년 학생들이 모두 모여 앉아 있었다. 고려대학교 김상협 교수가 초청을 받아 특강을 하고 있었다. 교장 선생이 김상협 교수의 아버지 김연수 회장과 아는 사이라 초청을 하게 된 것이다. 김상협 교수는 고등학교 학생들이 쉽게 알아들을 수 있도록 넓은 세상의 얘기를 해주고 있었다. 그는 학생들에게 눈을 사방으로 세계를 향하고 포부를 크게 가지라고 했다. 미국을 알려주고 유럽을 설명해주었다. 정의감을 가지고 국가와 인류를 생각하라고 했다. 우물 안 개구리가 되지 말고 바깥세계에 도전하라고 했다. 우리나라는 열강의 틈바구니에서 6·25를 치르고 폐허가 되었지만 장차는 복지국가가 될 거라고 했다. 복지국가가 되면 집집마다 자가용을 가진 나라가 된다고 했다. 지금처럼 들끓는 거지들을 다 국가에서 먹여주고 치료해주는 천국 같은 세상이 온다고 했다. 처음 듣는 소리들이었다. 집에서 부모들은 공부 열심히 해서 돈 많이 벌거나 높은 사람이 되라고만 했었다. 김상협 교수가 말해주는 건 전혀 다른 세계였다. 김상협 교수의 특강은 시골뜨기 어린 학생들에게 신선한 충격을 주었다. 그 강의를 듣고 있던 3학년 조남희는 생각했다.

'저런 선생님 밑에서 공부할 수 있다면 얼마나 좋을까.'

강연이 끝난 후 3학년 조남희는 김상협 교수 앞으로 용감히 다가가 고개를 꾸벅 숙이면서 부끄러워하는 얼굴로 말했다.

"교수님께 편지를 써서 지도를 받아도 되겠습니까?"

말을 하면서도 그는 주저했다. 워낙 훌륭한 분 같았다.

"내가 주소를 알려주지."

김상협 교수는 양복 재킷에서 메모지를 꺼내 조남희 학생에게 주소를 적어 주었다. 얼마 후 조남희는 특강을 들은 소감과 함께 김상협 교수에게 배우고 싶다는 내용을 담은 편지를 보냈다. 2주일 후 김상협 교수가 직접 쓴 답장이 왔다. 고등학생에게 편지를 쓰는 건 처음이라면서 고려대학교에 지원할 생각이면 그때 다시 연락을 달라는 내용이었다. 흥분한 조남희는 너무 좋아서 그 편지를 급우들에게 자랑했다. 가정형편 때문에 육군사관학교를 가려던 그의 진로가 고려대학교 정외과로 바뀐 순간이었다. 입시철이 다가왔다. 그는 편지로 김상협 교수에게 고려대 진학 의사를 알렸다. 김상협 교수는 입학원서를 우편으로 보내주었다. 꼭 합격하기 바란다는 글이 함께 들어 있었다. 합격자 발표 하루 전날이었다. 조남희가 고려대로 김상협 교수를 찾아갔다. 사무처장을 겸임하던 김상협 교수는 빙긋 웃으면서 "축하하네"라면서 합격 사실을 미리 알려주었다.

1957년 4월경, 고려대 정외과 1학년 구종서는 김상협 교수의 정당론 강의를 듣고 있었다. 첫 시간이었다. 통통하고 온유한 인상의 김상협 교수가 특유의 저음으로 느릿느릿 말을 시작했다.

"여러분은 대학생이 되었습니다. 이제는 점수에 연연하지 말아야 합니다. 대학생들에게 공부가 중요하긴 하지만 공부만 중요한 게 아닙니다. 공부보다 더 중요한 것도 많기 때문입니다."

강의시간이 90분이었던 그때 교수들은 대부분 20분쯤 늦게 들어와서 20분쯤 일찍 나가는 게 통례였다. 그러나 김상협 교수는 정확히 제 시간에 들어와 90분을 다 채우고 나가는 교수였다. 그 때문에 김상협 교수의 강의 시간엔 지각생이 많은 편이었다. 대개 교수들은 학생이 강의에 늦게 들어올 경우 그냥 강의를 진행하거나 꾸중을 했다. 반면 김상협 교수는 일단 강의를 멈추고 늦게 들어온 학생을 미소로 지켜보았다. 지각생이 자리에 앉아 노트를 꺼내 수업 자세를 취한 걸 보면서 김 교수가 말했다.

"수업 준비 다 됐나?"

김 교수가 미소로 여유를 보이며 말했다. 지각생이 무안해했다. 김 교수의 강의가 다시 이어졌다.

"민주주의란 정치를 국민총의에 따라 실현함을 이상으로 하죠. 그런데 국민총의는 어디에 있을까요? 사실 말이 국민총의지 총의란 어디에도 없어요. 그렇다고 저절로 만들어지는 것도 아니죠. 다만 각인각색 중구난방식의 무수한 국민들의 의사가 잡음처럼 공중에 떠돌고 있을 뿐이에요. 따라서 국민총의가 형성되려면 누군가가 그 잡음상태의 국민의사를 수렴해서 가닥을 잡고 비판, 설득, 타협의 과정을 거쳐 몇 가지 정리된 의사로 종합해내는 작업을 해야 합니다. 누가 그 과업을 맡을 것인가? 바로 이 문제를 해결하기 위해 정당이 필요한 겁니다. 국민의 의사를 실현시켜줄 당에서 투표를 하면 그 당이 집권당이 되죠. 그런데 집권당이 정치를 더럽혀 국민이익을 저버리는 배신행위를 할 때에는 서슴지 않고 다른 당으로 정권교체를 할 수 있어야죠. 국민이 당을 선택할 수 있어야 민주정치의 유종의 미를 거둘 수 있는 것입니다. 자유와 민주주의는 결국 시민 각자의 양심과 용기 그리고 선택에 달려 있죠."

정당이란 자기네들의 이념을 상품으로 내놓고 돈이 아닌 표를 받고 그걸 파는 것 같았다. 김상협 교수는 이어서 사회를 이렇게 분석했다.

"자본주의는 거대한 금융자본을 형성해서 독점자본으로 성장합니다. 산업과 금융관료의 교묘한 인적 결합으로 구성된 극소수 금융자본가 그룹은 자본의 위력을 발판으로 생산수단과 원료자본의 대부분을 장악할 뿐 아니라 정치까지 농단(壟斷)함으로써 집중과 독점에 의한 막대한 이윤을 축적해서 자본과잉이라는 기현상을 낳게 합니다. 결국 넘치는 유휴자본은 자국민 대중의 경제적 생활향상에 재투입되는 것이 아니라 더 큰 이윤창출을 노리고 후진지역으로 진출합니다. 극소수 금융자본가 그룹의 앞잡이로 전락한 게 선진자본주의 국가들이었습니다."

그는 이미 세계적 금융세력과 그 위기를 학생들에게 알려주고 있었다.

국회의원 선거가 끝난 후 한 정치학과 3학년 학생이 김상협 교수의 연구실을 찾아왔다. 그 학생은 성적표를 내 보이면서 말했다.

"선생님, 성적을 좀 올려주십시오. 선거운동을 하느라고 시험 준비를 제대로 못하긴 했지만 C학점은 너무합니다. 앞으로 저는 정치인이 되려고 하는데 정치학 학점이 낮아서야 되겠습니까? 정치학과 학생이 정치 실무를 현장체험하다 시험을 제대로 치르지 못했습니다."

"정치실무를 하다가 시험을 못 쳤다? 좋아, 내가 자네한테 졌네. 이만하면 됐나?"

김상협 교수는 그 자리에서 성적을 B학점으로 올려주면서 덧붙였다.

"앞으로 큰 사람이 돼라. 남자란 배짱이 커야 한다. 대범하고 크게 행동해라."

1960년경에 고려대 법대를 다니던 김시복 씨는 한국일보 기자에 이어 오랫동안 청와대 정무비서관을 지내던 사람이다. 그는 대학 시절 강의하던 김상협 교수를 떠올리며 이렇게 말하기도 했다.

"제가 당시 알기로 김상협 교수는 학교에 자기 연구실이 없었습니다. 왜냐하면 제자 한 사람을 교수로 만들어주기 위해 교수 티오에서 자신이 빠지고 그 제자에게 그 자리를 준 거죠. 그러다 보니 아버지가 세운 고려 대학 내에 자기 연구실이 없는 거예요. 아무리 집안이 부자라고 하더라도 그런 마음을 가지기가 어려운 겁니다. 김상협 교수는 혜화동 집에서 공부했다고 들었어요. 하여튼 강의시간 무렵 김상협 교수가 차에서 내려서 강의실로 오던 풍채 좋은 모습이 지금도 눈에 선합니다."

♟ 《사상계》 편집위원

1956년경 초여름, 김상협 교수에게 야마구치 고등학교 동창인 강봉식이 찾아왔다. 그는 김상협 교수에게 잡지 《사상계》에 편집위원으로 참여하라고 권유했다. 강봉식은 《사상계》의 발행인인 장준하에게 끌려 여러 차례 기고를 했었다. 발행인 장준하는 일본신학교에 유학하던 중 학병으로 나갔다가 탈출해서 광복군에 참가한 독립군 출신으로서, 광복 후 백범과 함께 귀국한 인물이었다. 백범 밑에서 일하다가 《사상계》의 발행인이 된 것이다. 강봉식은 장준하의 꿋꿋한 성격에 끌려 젊은 고려대 교수인 김상협을 끌어들인 것이다. YMCA 뒤편 관철동 한청빌딩에 들어 있던 사상계 잡지사에서 야마구치 고교 출신들이 자연스럽게 만나게 됐다. 30대의 김상협 교수는 언론을 통해 사회에 참여하고 싶었다. 김상협 교수는 《사상계》에 자신의 논문을 발표했다.

그는 「정당론」이란 논문에서 이렇게 적시했다.

집권당이 정치를 더럽혀 국민이익을 저버리는 배신행위를 할 때 서슴지 않고 정권교체를 할 수 있어야 한다. 자유민주주의는 시민 각자의 양심과 용기에 달려 있다. 우리나라 같은 신생 후진국가에서 권위주의적 가부장형의 독재가 나타나고 있다. 일반대중은 무지몽매하고 민간자본 축적은 빈약하며 민주주의적 경험 또한 일천한 조건하에서 가부장적 권위를 가진 독재가 나타난다. 민주사회의 지도자는 선량(選良)에 불과한 존재다. 따라서 인간의 초월적 지위는 부정되며 인치가 아닌 법치를 추구해야 한다. 어떤 지도자 앞에서도 아니오라고 말할 수 있는 정당이 되어야 한다.

이렇듯 그는 이승만 정권을 독하게 비판했다. 또한 당시 한국 정치의 현실에 대해 이렇게 지적했다.

해방 후에 나타난 정치적 이상 현상은 민주주의의 범람이다. 우리 사회의 성격적 기본바탕은 민주주의 생장 토양과는 거리가 먼 식민지적 반봉건상태에 머물러 있는 데다 공산분자의 파괴책동이 가열되고 있다. 선거는 부정과 타락으로 일관하고 있고 국회는 전근대적 권모술수와 당리당략의 이전투구 현장으로 되어 있다. 행정부는 부패의 온상이 되어 민생을 도탄으로 몰아넣고 이 최악의 정치현실에 환멸을 느낀 국민들은 지금 절망에 빠져 있다. 아무리 후진국이라 하더라도 항구적 전제와 부패는 민중에 의한 폭력적 돌발사태에 의해 종말을 고하고 말 것이다.

젊은 정치학 교수의 통렬한 사회비판이고 4·19와 5·16에 대한 예언이기도 했다. 그는 좌담회에도 참석해 거침없는 의견을 제시했다. 김상협 교수는 1958년 4월부터 잡지 《사상계》의 편집위원으로 참여했다. 《사상계》의 편집방향은 당면한 국내외의 제반 현실문제들을 강도 높게 비판하는 것이었다. 《사상계》에는 당대의 기라성 같은 논객들이 대거 참여했다. 안병욱이 자유주의 철학, 이상주의 철학을 해설적으로 제일 많이 썼고, 김준엽·양호민·신상초·황산덕 등이 글을 썼다. 당시 젊은 대학생들뿐 아니라 국민에게 《사상계》의 영향은 대단했다. 부정부패가 만연된 자유당 정권에 대해 《사상계》는 불을 뿜어냈다.

한번은 이런 일이 있었다. 《사상계》 발행인 장준하가 김상협 교수와 함께 한국은행 조사부장 유창순을 명동의 술집에서 만난 적이 있었다. 유창순이 경제 문제 쪽을 쓰기에 적합한 필자로 생각했기 때문이다. 김준엽이 조금 늦게 자리에 합류했다. 한국은행의 현직 직원이 자유당 정부를 비판하는 글을 《사상계》에 기고한다는 것은 문제였다. 나아가 편집위원이 된다는 것은 더 위험했다.

"편집위원이 되는 건 좀 더 시간을 두고 생각해보는 게 어떨까?"

장준하가 염려가 된다는 표정으로 유창순에게 말했다.

"우리 모두가 이제 국가와 민족을 생각해야 할 때가 되지 않았습니까? 글을 쓰는 행동이 개인을 위한 것이 아니고 국가와 민족을 위한 것인데 나 개인에게 불이익이 돌아와도 그 정도는 각오를 해야죠."

유창순의 혈기 가득한 원칙론이었다.

"그럴 게 아니라 글을 쓸 때 가명을 쓰면 어떨까?"

김준엽이 의견을 제시했다. 김준엽은 학병 출신으로 탈주해서 장준하와 중국 대륙에서 함께 광복군 운동을 했던 동지였다.

"아닙니다. 당당하게 이름을 걸고 쓸 겁니다. 그럴 필요 없어요."

유창순이 말했다. 그때까지 묵묵히 듣고 있던 김상협이 입을 열었다.

"새를 잡는 게 매면 됐지, 매의 진짜 이름이면 어떻고 가명이면 어때? 상관없는 거지."

20년 후 등소평이 추구한 '흑묘백묘론'과 같은 얘기였다. 그 무렵 김상협 교수는 자유당 정권과 이승만 박사를 독하게 비판했다.

1960년 2월 15일, 조병옥 민주당 대통령 후보가 미국 월터리드 육군병원에서 서거했다. 그로써 이승만 후보는 단일후보로 사실상 당선이 확정되었다. 자유당 정권은 제4대 정부통령 선거 일자를 1960년 3월 15일로 정했다. 이승만 대통령의 생일인 3월 26일 이전에 대통령으로 당선을 시켜 노인을 기쁘게 해드리자는 취지로 날짜를 당겨 잡은 것이다. 당시 85세였던 이승만 대통령은 언제 죽음에 이를지 모르는 노인이었다. 자유당은 대통령 유고 시 그 직을 승계하는 부통령에 반드시 이기붕을 당선시켜야 안심할 수 있다고 판단했다. 자유당은 경찰과 행정조직을 총동원한 전국적인 부정선거를 획책하고 있었다. 관철동 한청빌딩 《사상계》 편집실에는 당대 논객들이 모여 각자 돌아가며 국내외 문제에 대해 열변을 토했다. 그들은 이승만 대통령이 그만두어야 한다고 소리를 높였다. 토론이 끝나면 편집위원들은 김상협을 앞장세워 명동의 갈릴레오 주점의 술자리로 옮겨 시국론을 계속하기도 했다. 4·19 혁명이 일어났다. 김상협 교수는 데모를 한 제자들에게 그 의미를 이렇게 말했다.

"4·19 혁명은 무엇보다 우리 민족의 주체적 역량과 민주적 자각에 기초하여 발현된 자유민권의 승리였다는 데 큰 뜻이 있다고 생각합니다. 또 민족사적 의미로 더듬어보면 멀리 실학사상, 동학운동, 3·1 운동으로 면면히 이어진 민주의 근대화로 향하는 각성과 자유의식의 개화라고 볼 수 있을 것입니다. 특히 4월 혁명은 지식인의 사명감을 새롭게 자극했고 불의에 타협해온 안일하고 근시안적인 기성세대에게는 일대 경종이었습니다."

정치학자인 그는 신중하게 연구검토한 의견을 말하고 있었다.

"4월 혁명은 휴머니즘을 소생시켰다는 점에 의미가 있다고 평가하고 싶습니다. 한때 민주주의에 대한 이상이 고갈되고 미래에 대한 신념과 희망이 포기된 황야에서 자유에의 정열과 민주에의 가능과 인간회복의 활력을 회생시킨 억센 휴머니즘의 핏줄기와도 비유될 수 있기 때문입니다. 4월 혁명은 공간적으로 볼 때 분산적이고 산만한 지방 단위의 저항운동을 단숨에 중앙무대에 옮겨놓았습니다. 담당계층으로 볼 때 시민 차원의 혁명이었습니다. 결정적인 시기에 결정적인 행동으로 결정적인 국민의 호응을 얻어 결정적인 승리를 기약한 결정적인 의거라는 것입니다."

그의 한마디 한마디에 젊은이들과 지식인들의 피가 끓었다.

사상계 그룹의 중심이 되었던 김상협이 대통령감이라는 대망론이 제기되기 시작했다. 그에게 제일 처음 대망을 걸었던 사람은 장준하였다. 장준하는 김상협을 인물로 보았고 그를 대통령으로 만들기 위한 꿈을 키웠다. 장준하는 4·19 후 사상무장운동을 일으켰다. 고학력 실업자가 널려 있던 그 시절 일자리가 없어 허송세월하는 젊은 지식층을 상대로 일정 인원을 선발하여 그들로 하여금 새 사회기풍을 세워나가도록 훈련시키는 간부양성사업을 벌였다. 경제적 빈곤에 못지않게 정신적으로 피폐해가고 있는 젊은이들에게 희망을 주기 위한 것이다. 그는 김상협 교수로 하여금 청년들을 교육하게 했다. 함석헌과 양호민 등 당시 논객들이 참여한 운동이었다. 당시 분위기를 안병욱 교수는 이렇게 글에서 회고했다.

우리의 꿈은 김상협 선생을 대통령으로 내세워 민주주의를 이 땅에 심는 일이었다. 이것이 우리의 공통된 간절한 일념이었다. 언제 그날이 올 것이냐, 그날을 위해 우리는 무엇을 준비할 것이냐, 무슨 방법을 써야 이 목적을 빨리 실현할 수 있겠는가. 그게 당시의 중요한 과제였다.

김동길 교수는 회고하는 글에서 이렇게 쓰고 있다.

나는 사실 남재 선생께서 이 나라의 대통령이 되셨으면 하고 바랐던 많은 한국인들 중 한 사람이다. 나의 누님인 김옥길 이화여대 총장도 그렇게 생각하고 있었던 것으로 안다. 김상협 총장처럼 후덕한 이가 청와대의 주인이 되면 나라의 앞날도 훤하게 트일 것 같은 느낌이 들었기 때문이다.

양호민 씨는 김상협의 성품에 대해 이렇게 평가했다.

온유하고 오만하지 않고 내심을 좀처럼 드러내지 않으며 자기의 생각과 다르다고 해서 그 사람을 싫어하거나 꺼려하는 내색조차 보이지 않는 심지가 아주 깊은 사람이었다. 우리가 남재를 내세워 한번 싸워보자고 했었다.

민주당 장면 정권의 노장파와 이철승 의원이 주도하는 신풍회는 공동으로 김상협 교수를 초청해서 여러 차례 특강을 듣기도 했다. 점차 젊은 김상협 교수의 명성이 퍼져나가고 있었다. 당시 장면 정권의 시국은 점점 혼미상태로 빠지고 있었다. 《사상계》 1961년 4월호의 권두언은 혼란한 정국에 대해 이렇게 투쟁을 선언했다.

만일 현 국회와 정부가 더 이상 우유부단과 무능, 무계획을 일삼으면 사상계는 민족적 자활의 길을 개척하기 위해 가차 없는 투쟁을 전개하지 않을 수 없음을 또한 첨부해두는 바이다.

예고편이라도 되듯 바로 다음 달 5·16 혁명이 일어났다. 혁명 후 나온 《사상계》 6월호의 권두언은 이렇게 선언하고 있다.

정치생리와 사고방식에 있어 자유당과 본질적으로 다를 것이 없는 민주당은 파쟁과 이권운동에 몰두하여 귀중한 시간을 낭비하고 그 결과로 사치, 퇴폐, 패배주의 풍조가 이 강산을 풍미하게 했다. 그 결과 지금은 다시 발생한 5·16 혁명정권에 권력이 집중되어 있는 상태다. 혁명정권은 앞으로 권력남용을 막기 위해 만전을 기해야 할 것이다.

오스트레일리아 국립대학에서 「박정희의 자주사상」이란 제목의 논문으로 박사학위를 받은 김형아는 4·19 이후 《사상계》 잡지를 매개로 하여 벌어진 한국 지식인들의 토론은 박정희의 통치이념 틀 형성에도 큰 영향을 주었다고 분석했다. 혁명에 성공한 박정희 소장은 젊은 유망주 김상협 교수를 눈여겨보고 있었다.

♟ 문교부 장관

1961년 7월 3일 오후, 국가재건최고회의 의장으로 박정희 장군이 취임했다. 국가재건최고회의는 한국의 10대 기업인을 모조리 구속하고 수사를 시작했다. 은행을 움직이는 정치인들과 유착해서 외화대부를 받은 기업인들이었다. 삼양사 그룹의 김연수 회장은 구속되지 않았다. 박정희 의장은 김연수 회장을 불러 경제를 일으키는 방법에 대해 자문을 구하기도 했다. 그 자리에서 박정희 의장은 김연수 회장에게 아들인 김상협 교수를 입각시킬 것을 부탁했다. 말이 부탁이지만 사실상 명령이었다. 박정희 의장은 이어서 내외신 기자회견을 갖고 앞으로 출범할 민정의 형태와 시기에 대해서 분명히 할 것을 선언했다. 그 며칠 후였다. 박정희 의장은 사람을 보내어 김상협 교수에게 문교부 장관을 맡을 것을 타진했다. 김상협 교수는 거절했다. 그해 여름 박정희 국가재건최고회의의장이 김상협 교수를 의장실로 불러 말했다.

"문교부 장관을 하시오"

"제가 뭘 알겠습니까?"

김상협 교수는 그렇게 말하며 사양했다.

"발령을 냈으니까 다른 소리 말고 내일부터 나오시오."

박정희 의장의 명령이었다. 박정희 의장은 이미 아버지 김연수 회장에게 통보했다. 김상협 교수는 저녁에 아버지 김연수 회장과 상의했다. 김연수 회장은 아들에게 그분이 부탁하니 장관을 3개월만 맡아 도와주는 것이 좋겠다고 권유했다. 기업의 현실을 감안해서 권력과 대립각을 세울 수는 없었다. 타협책으로 잠정적으로 장관직을 맡은 것이다.

김상협은 1962년 1월 9일자로 문교부 장관이 됐다. 혁명 실세들이 잡고 있는 상황에서 민간인 출신 장관이 할 수 있는 일이란 많지 않았다. 일은 문교부가 아니라 국가재건최고회의 문교사회분과 등에서 실세들이 이미 다 벌여놓은 상태였다. 혁명의 실세들은 대학을 대폭 줄이거나 없애려는 계획이었다. 다만 대학 정리에 군인보다 덕망 있는 대학교수 출신을 앞장 세우는 게 낫겠다는 계산이 깔려 있었다. 서울시내 대학의 절반이 퇴출 운명에 놓여 있었다. 군인들의 대학정책은 너무 얕은 발상에서 나온 조치였다. 농촌의 부모들이 고리채를 쓰고 고통 받는 이유가 자식들 대학공부 때문이라는 것이었다. 대학을 없애면 시골 부모들의 고통도 사라진다는 논리였다. 군정은 이화여대의 경우는 농담같이 유한마담을 만들어내는 대학이라며 학교가 명맥을 간신히 유지할 만큼만 학생 수를 줄이라고 했다. 그러나 그 농담 속에는 뼈가 들어 있었다. 연세대는 미국인이 만든 미국 대학이라고 해서 학생 정원을 줄이라고 했다. 코미디 같은 얘기지만 실제로 그렇게 생각하는 혁명의 실세들이 많이 있었다. 그들이 도저히 이해할 수 없는 어처구니없는 행동을 하는 경우도 있었다. 하루는 혁명 실세 중 한 사람이 문교부 장관실로 찾아왔다. 군복을 입고 권총을 찬 위압적인 모습이었다. 그가 김상협 장관에게 다짜고짜 확인했다.

"경복궁이나 창덕궁 같은 문화재가 문교부 장관 관할이라면서요?"

"그렇습니다."

"그럼 부탁 하나 합시다."

"뭡니까?"

"세계적 명물이 될 30층짜리 최신식 관광호텔을 경복궁 안에 지으면 좋을 것 같아요. 그와 연계해서 창덕궁 안에는 오락장을 짓고 창경원에도 빌딩을 지어 관광자원을 확보하자는 계획이요."

김상협 장관은 말 같지 않은 소리를 당장 눈치챘다. 군인들의 멘털리티는 단순했다. 혁명이 제일이니까 혁명의 일환으로 무엇이든지 밀어붙이면 된다는 생각이었다. 뒤에서 노련한 장사꾼들이 군인들의 그런 멘털리티를 이용하려는 것 같았다. 그들의 안중에 이미 문교부 장관은 없었다. 혁명 실세가 덧붙였다.

"최고회의 의장이 이미 알고 계시는 사안이니까 장관이 사인만 하면 됩니다."

문교부 장관의 사인은 통과의례일 뿐이라는 얘기였다. 김상협 장관은 고민이었다. 고궁 쪽의 땅을 거저 달라는 얘기였다. 그들의 뜻대로 진행하면 서울의 고궁들은 전부 손상되어 문화재로서의 가치가 없어질 게 분명했다. 그렇다고 거절하면 혁명의 실세들이 벌떼같이 달려들 게 틀림없었다. 김상협 장관은 웃으면서 생각해보겠다고 그들을 달래서 돌려보냈다. 그리고 서류를 책상 속에 넣어버렸다. 성질 급한 그들이 다시 독촉하러 오면 "네, 네" 하고 바보 같은 웃음을 흘리면서 다시 깔아뭉겠다.

힘든 장관 자리였다. 그러나 일단 맡았으면 열심히 역할을 해야 했다. 어느 날 동아일보 유혁인 기자가 장관실을 들어가 보았다. 유혁인 기자는 학창 시절 김상협 총장의 책을 통해 사회관과 국가관을 형성한 제자이기도 했다. 김상협 장관은 교육제도 전반에 관한 개혁을 위해 밤늦도록 고심하고 있었다. 당시 김상협 장관의 교육에 대한 고민은 대충 이런 내용이었다. 유럽의 학교들은 극소수의 엘리트 최고지도자를 배출하는 학교와 서민교육을 시키는 학교로 나뉘어 있는 시스템이었다. 예를 들어 영국의 이튼 스쿨은 엘리트지도자를 양성했다. 그러나 아핑검 스쿨은 전형적인 평민을 교육하는 학교였다. 그 학교에서는 자기 생활을 즐기도록 한 가지 취미와 생업에 관련된 교육만을 시켰다. 그렇게 철저히 분류되고 격리된 교육구조였다. 대학도 마찬가지였다. 옥스퍼드와 케임브리지는 엘리트 교육의 산실이었다. 한편 미국 대학은 다수의 전문직을 길러내는 역할을 했다. 그렇다면 한국의 대학은 어떤 방향으로 가야 할 것인가가 문제였다. 한국의 교육열은 거의 맹목적이었다. 부모들은 자식들의 대학 졸업장에 목숨을 걸었다. 대학이 늘어나면서 저질 상품이 공급되는데도 부모들은 그걸 모르고 마구 사들이는 상황이었다. 국가적 요청이나 사회적 요청과는 무관하게 저질 대학이 양산되는 것도 사실이었다. 어떤 특수부문에 중점을 두는 게 아니라 대학마다 잡화점식으로 모든 학과를 다 가지려고 했다. 정부는 기껏해야 대학 설립의 인가나 과를 늘리는 것, 증원 등에만 관심을 두어왔다. 김상협 장관은 대학의 질을 높이는 게 100년 앞을 내다보는 교육정책의 과제라고 확신하고 있었다. 질적 향상을 위해서는 유럽식의 극소수 엘리트를 교육하는 지도층 양성기관이 맞는 것 같았다. 그러나 내 자식만은 대학 가서 출세해야 한다는 부모들의 열망에 비추어 그건 무리였다. 차라리 미국식으로 다수중간지도층 배출기관으로 장기간에 걸쳐 부분개조를 해가는 게 나을 것 같기도 했다. 그는 대학의 질을 높이는 구체적 방안으로 대학들 사이 치열한 경쟁을 벌이게 하고 기존 대학의 노화를 방지하기 위해 새로운 인재들이 대학에 들어올 수 있도록 제도화할 것을 고민하고 있었다.

그는 장관으로서 그런 생각을 배경에 깔고 '사학육성법'을 추진했다. 교수인 그는 대학 내의 문제들을 누구보다 잘 알고 있었다. 사학은 무엇보다 대학의 자주성과 교권이 확립되고 교원의 신분이 보장되어야 했다. 족벌경영에서 오는 비리도 제도적으로 방지해야 했다. 교사생활을 한 박정희 의장도 문교부를 시찰하는 자리에서 교육계의 파벌을 없애야 교육계가 정화된다고 했다. 학교에서 잡부금을 징수하는 일도 없애라고 했다. 김상협 장관은 자신의 입장에서 할 수 있는 일은 최선을 다했다. 부당하게 구속되었던 서울대 윤태림 교수, 정병조 교수, 정범모 교수의 구속이 풀리도록 노력했다. 문교부 장관을 찾아온 이화여대 김옥길 총장의 말을 듣고 대학 정원을 오히려 두 배로 늘렸다. 그리고 연세대도 학생정원 축소를 취소하고 재조정했다. 그런 것들을 개혁의 후퇴라고 생각한 5·16 혁명의 실세들이 가만히 있지 않았다. 김상협 장관은 최고회의에 불려가 권총을 찬 군인들에게 반혁명이라는 공격을 받았다. 당시 무소불위의 권력이었던 김형욱도 권총으로 책상을 내리치며 이상한 문교부 장관이 들어와 망쳤다고 소리쳤다. 만정이 떨어지는 것 같았다. 장관 취임 3개월이 됐을 때 김상협은 대통령에게 사표를 제출했다. 아무 연락이 없었다. 위에서 좀처럼 놓아줄 기미를 보이지 않자 김상협은 적극적으로 사임운동을 벌였다. 아내를 통해 육영수 여사의 사촌오빠인 육지수 씨에게 장관을 그만하게 해달라는 부탁을 했다.

"남들은 남편 장관시켜달라고 이 사람 저 사람 찾아다니느라고 야단인데, 너는 남편 장관 떨어뜨려달라고 사람을 찾아다니느냐."

육지수 씨가 껄껄 웃으면서 아내에게 한 말이었다. 김상협은 9개월 만에 장관에서 풀려나오면서 이렇게 말했다.

"나 이제 다 끝냈다. 샴페인 뜯자."

며칠 후, 장관 시절에 그의 집을 감시하던 사람이 와서 이런 말을 해주었다.

"장관님 댁을 늘 감시했는데, 장관이 되기 전이나 장관이 된 이후나 이 댁이 정육점에서 사다 잡숫는 것은 늘 고기 반 근이더라고요. 옆집 은행장 댁은 시도 때도 없이 갈비짝과 과일상자가 들어오고 손님들도 성시를 이르는데 너무 대조적이었습니다."

바늘방석 같은 장관 자리였다.

♟ 정 치 의 나 침 반

1963년 김상협은 명륜동에 살던 30평짜리 일본식 가옥을 처분하고 혜화동에 있는 오래된 한옥을 구입했다. 아이들이 커가면서 넓은 집이 필요했다. 새로 구입한 한옥은 그 안에 여덟 가구가 다세대 주택처럼 살고 있었다. 연탄가스에 찌든 지저분한 집이었다. 그중 한 가구는 방방이 하숙생까지 열 명이나 치고 있었다. 관리가 엉망이었다. 앞마당, 뒷마당은 연탄재와 쓰레기가 가득 차 있어 쓰레기만 트럭 열 대분이 나왔다. 검게 그을고 때에 전 목재기둥을 사포로 닦아내고 대들보와 서까래를 긁어내다 보니 목재가 고급이었다. 튼튼하게 잘 지은 집이었다. 마지막으로 남은 조선의 궁궐 목수가 지었다고 했다. 문짝을 수리하면서 벽장 미닫이 도배지 틈새 밑그림에서 우연히 대가의 그림을 발견하기도 했다. 그건 향당 백윤문의 산수화였다. 마당에는 백일홍, 목련, 모과나무, 감나무를 심어 꾸몄다.

이제 김상협 교수가 평생을 보낼 자신의 공부방을 마련한 것이다. 다시 학자로 돌아온 그는 대한민국이 어떤 형태의 민주주의를 취한 나라가 되어야 하는지에 대해 고민하기 시작했다. 정권의 내부를 잠시 곁눈질로 보았던 그로서는 자칫하면 박정희 의장이 인도네시아의 스카르노 정권 같은 후진국의 독재정치를 닮을 가능성이 있다고 보았다. 스카르노는 혁명의 일사불란한 추진을 위해 1인 독재 권력을 행사하고 있었다. 혁명의 목표는 경제자립과 자유인 데 반해 그 수단은 전근대적 독재였다. 산업화·근대화가 되기 이전의 미성숙한 환경 속에서 스카르노는 왕 같은 동방적 전제정치를 재생하고 있었다. 박정희 정권이 그렇게 가서는 안 될 것 같았다.정권을 잡은 박정희는 일제시대 천황 아래 군국주의 교육을 받은 사람이었다. 그에게 서구 민주주의는 생소할 것이 틀림없었다. 가난한 집안의 아들인 박정희 의장은 심정적으로는 좌익 성향에 가까운 사람이었다. 대한민국에서 진정한 서구 민주주의의 세례를 받은 사람은 거의 없었다. 그는 우리나라가 본받아야 할 민주주의의 모델을 연구해서 내놓고 싶었다.

정치학을 하는 사람들은 대부분 후진국의 민족주의와 사회주의를 연구 대상으로 하고 있었다. 그러나 그런 모델에서는 본받아야 할 근대민주주의가 없었다. 그는 전후 독일의 경제발전과 민주주의를 우리가 따라가야 할 표본으로 삼으면 좋을 것 같았다.

히틀러의 나치가 무너지고 전후 독일에서는 기민당과 사민당이 양대 정당으로 자리 잡았다. 기민당은 기독교인들이 합작하여 자연발생적으로 모인 정당이었다. 기민당은 먼저 독일 민족의 참회를 새 출발의 기점으로 잡았다. 독일 민족이 하나님을 배반하고 광란하는 인간신 히틀러를 추종하다가 독일은 물론 전 세계에 파국을 가져왔다는 것이다. 그들은 나치의 인간신 히틀러를 이방신으로 규정했다. 그들은 다시 하나님에게 돌아가 인간의 윤리와 법의 타당성을 세우기로 했다. 극단의 자본주의를 지양하고 성경 속의 공동체 정신을 추구했다. 개인의 사유재산권이 인정됨과 동시에 그 사회적 책임과 의무를 강조했다. 개인의 경제적 활동의 자유가 인정됨과 동시에 공공복리를 위한 국가의 간섭을 용인했다. 공장이나 기업을 노사가 공동으로 관리하고 이익도 공동 분배함으로써 노동자와 자본가라는 계급대립을 없애자고 했다. 자본가와 노동자, 민주주의와 공산주의의 대립적 양극 요소를 조화시킬 수 있는 힘의 원천을 그들은 기독교 신앙과 기독교정신의 윤리원칙에서 구했다. 기민당은 정신적으로는 하나님으로 복귀를 부르짖고 정치적으로는 기독교 민주국가, 경제적으로는 기독교 사회주의의 실천을 주장했다. 정권을 잡은 기민당은 '라인 강의 기적'을 이루었다. 기민당은 '국민주식' 제도를 만들었다. 전 국민의 주식소유를 통해 생산수단의 소유권을 갖는 것이었다. 노동자가 자본가의 노예가 되는 나라가 아니라 전 국민이 하나님 아래서 자유로운 시민이 되는 나라였다.

기민당과 대치되는 정당이 사회민주당이었다. 사민당의 목표는 사회주의 경제체제를 지향하는 것이었다. 그들은 사회주의를 실현한다는 구실로 폭력혁명, 무산계급독재, 공산당 1인 독재의 수단을 쓰는 공산주의는 좋지 않다고 보았다. 그렇다고 자본주의 착취를 고수하는 서방 보수주의도 곤란하다고 보았다. 히틀러 독재는 갑자기 하늘에서 뚝 떨어진 게 아니다. 나치의 세계정복 야욕은 고도 자본주의의 반동적 앞잡이 때문에 나타난 것이다. 따라서 사회주의와 민주주의를 결합시킨 사회민주주의만이 정당한 노선이라는 것이다. 사민당은 폭력혁명이 아닌 선거에 의한 사회주의 체제변혁의 방향을 추구했다. 결국 사민당의 정책은 기독교민주당의 정책과 근본적 차이는 없었다. 독일에서 사회주의운동이 약세를 보인 것은 노동자의 성격이 변했기 때문이다. 쇠사슬밖에 잃을 것이 없던 비참한 노동자, 무소유의 프롤레타리아는 복지정책 속에서 사라졌기 때문이다. 안락과 편의 속에서 고도로 향상된 생활수준을 향유하며 사유재산권과 함께 생산수단까지 주식으로 소유하게 된 노동자가 아닌 중산층의 시민계급이 형성되었기 때문이다. 김상협은 국민생활의 주류에서 일탈한 극소수의 이론적 광신자가 될 게 아니라 보통국민과 접촉할 수 있는 정당, 미래를 내다보는 정당이 탄생해야 한다는 생각이었다. 그는 틈틈이 원고를 써나갔다. 그는 새로 마련한 혜화동 집의 서재에서 자신의 사상과 정신이 담긴 책을 냈다. 『기독교민주주의, 사회민주주의, 교도민주주의』라는 제목이었다. 그는 서문에서 이렇게 말하고 있다.

민주주의는 착실히 이상에 잘 접근해가고 있다. 마르크스·레닌주의자들이 망하리라고 예언한 서구 제국은 공전의 번영을 누리고 있다. 사유재산 없이 자유가 없다는 전제하에 그들은 프롤레타리아를 끌어올려 부르주아를 만들었다. 이른바 사유재산권 있는 민주주의를 거의 완성한 것이다.

그가 바라는 이상사회의 모델을 제시한 것이다. 글을 쓰고 바른말을 하는 삶으로 돌아오니 숨통이 트이는 것 같았다.

민주주의에 대해 해박하고 국제적 감각을 가진 40대 정치학 교수인 김상협은 지식인들 사이에 장래의 희망이 되고 있었다. 민정 이양 후 박정희와 겨룰 젊은 대통령감으로 보는 사람들이 늘어갔다. 민정 복귀를 앞두고 어느 날 국가재건 최고회의 위원 홍종철이 그의 혜화동 집으로 찾아왔다. 권총을 찬 군복 차림이었다.

"창당 중에 있는 공화당에 참여해주서야 하겠습니다."

"저는 그냥 학자로서 살려고 합니다. 그렇게 놔두어 주십시오."

김상협 교수는 정중하게 사양했다.

"박정희 의장께서 지금 김 장관님의 수락 소식을 전화로 기다리고 계십니다."

이번에도 강제로 입당시키려는 것 같았다. 김상협 교수는 침묵으로 거절을 대신했다. 그 확고한 뜻을 읽은 홍종철 위원이 화를 벌컥 내면서 소리쳤다.

"당신만 혼자 살겠다고 빠진다 이거지."

문교부 장관을 했지만 그들과 한 묶음은 아니었다. 1963년 민정 복귀를 앞두고 야당 후보의 단일화 과정에서 진통이 있었다. 야당 후보가 난립하면 대통령 선거에서 조직과 자금이 절대적으로 우월한 공화당에게 패배할

우려가 있었기 때문이다. 대통령 후보 조정위원회 열 명이 윤보선 전 대통령을 찾아가 후보를 양보하라고 했다. 그래야 야당이 살고 난국을 타개하는 길이라고 했다. 그 자리에서 윤보선 전 대통령은 김상협 교수에게 대통령 후보 자리를 준다면 양보할 뜻이 있다고 했다. 그 말이 보도되면서 김상협 대통령론이 한층 더 강한 무게를 가지고 돌았다.

김상협은 공화당에 대한 자신의 입장을 1964년 1월 1일자 《조선일보》 신년호 제1면을 통해 이렇게 말했다.

국가의 향방이 있다면 그것은 누가 만드는 것인가. 혁명 주체인가, 박정희 씨인가, 혹은 김종필이나 공화당인가, 만든다고 해도 그것은 세계 대세와도 맞아떨어져야 하는 것이 아닌가. 군인들은 정권 이양의 대상을 참신하고 양심적인 정치인이라고 했다. 그러나 그런 정치인에 대한 개념설정이 되어 있지 않다. 그것은 개개인의 새로움, 깨끗함의 문제가 아니라 정권담당 세력의 성격을 말하는 것이어야 하는데 군정 주체들은 처음부터 그런 관념이 없었던 것 같다. 공화당은 처음은 젊은 층 새사람을 쓰는 것 같더니 나중에는 정치적 고아가 된 구 자유당계 인사들까지 대거 받아들여 정치고아의 고아원처럼 되어버렸다. 국가의 방향이 모호하다. 그 향방은 일관된 논리가 있어야 한다. 그동안 군정은 한약, 양약, 사상의약, 사약 등 좋다는 약은 다 써보았다. 이제 비로소 약도 하나의 원리에 따라 쓰지 않으면 독이 될 수 있음을 깨달은 것 같다. 누구를 어떤 계층을 기대고 발판으로 하여 정치를 하겠다는 것인지 그 기본방향을 빨리 정리해야 한다. 박 대통령이 고아원 원장직을 빨리 청산하고 자기 자식을 길러 일을 하든지 시키든지 해야 할 것이 아닌가. 공화당은 선거에서 자금과 광범한 행정력동원 등 무한전술을 썼다. 정치자금은 정치의 핵심이 된다. 공화당의 무한전술은 무한자금을 필요로

했고 결국 인플레와 물가고를 자극했다. 정치자금의 규모를 줄여야 한다.

그는 잡지 《사상계》의 좌담을 통해 이렇게 의견을 말했다.

　지금 야당은 2·3류 정치인만 나오게 하고 1류들은 정치활동정화법에 여전히 묶여 있다. 정당 공천자가 아니면 입후보를 할 수 없게 만든 법조항은 간접적으로 정당에 돈이 많이 굴러들어 가도록 조장하는 결과가 된다. 앞으로 공천권을 행사하는 당 고위 실세들의 공천 조작으로 불미스런 상황이 발생할 것이다. 자유민주주의는 평화적 정권교체가 최후의 안전판인데 헌법에 그 가능성만을 규정해놓았다고 그것이 실현되는 것은 아니다.

젊은 김상협 교수의 말은 이 나라 정치판의 하나의 좌표이자 나침반 역할을 하고 있었다.

♟『 모 택 동 사 상 』

박정희 정권이 탄생할 무렵 북한의 김일성은 김일성군사대학 제7기 졸업식에서 연설을 통해서 이렇게 자신감을 보였다.

　남조선 군대들이 먹는 양식은 다 미국 잉여농산물입니다. 남조선에서 권력을 잡은 박정희가 중농정책을 쓰고 자립경제를 건설하자는 목소리가 울려나오는 것만 해도 좋습니다. 우리는 그것을 찬성합니다. 그러나 그 자립경제는 미국과 일본의 돈을 꿔다가 해서는 안 됩니다. 그렇게 하면 식민지로 됩니다. 우리 북반부와 합작을 해야만 자립경제가 됩니다.

김상협 교수는 공산주의 연구를 체계화시켜야 한다는 생각을 했다. 동료인 고려대 박희성 교수와 했던 대화가 떠올랐다. 박희성 교수는 함경도 출신으로 미시간 대학에서 철학박사 학위를 받고 고려대로 와서 평생 서양철학을 가르쳤다. 혼란기에도 그는 꾸준히 미국 잡지를 통해 세계정세를 환히 내다보고 있었다. 박희성 교수와 세계정세를 논하는 자리에서 그는 자기가 만주에서 보았던 중공군에 대해 얘기했다.

　"그걸 이제 아셨소? 미국 잡지에 다 나온 얘기예요. 모택동 군대는 아주 잘하는 군대지만 장개석 군대는 망할 군대예요."

　"맞아요. 제가 모택동에 흥미를 가진 것은 만주에 있을 때부터예요. 그때 만주에 소련군도 들어오고 장개석 군대도 들어왔는데 그중 모택동 군대가 가장 기강이 서고 부락민한테도 아주 친절해서 호감을 가지고 있었어요." 김상협 교수가 기억을 떠올리면서 말했다.

　"모택동의 사상은 엄밀히 말하면 마르크스·레닌주의와 달라요. 중국의 현실에 맞게 사회주의 체제를 변용시킨 거죠. 중공은 모택동 사상으로 철저히 무장된 중국적 공산주의가 지배하고 있습니다. 모택동 사상은 상당히 복잡한 것이기는 하지만 이것을 분해하면 혁명적 과격성, 조정적 온건성, 황제식 권위라는 이질적 3대 요소로 구성되어 있습니다. 사회주의 혁명은 그가 말하는 혁명적 과격성을 말합니다. 그와 정반대로 현실과 타협할 때는 협상과 조정도 하고 혁명을 급진적으로 하는 게 아니라 단계를 밟아 지구적으로 해나가는 원칙이 조정적 온건성입니다. 중국에는 예로부터 힘으로 다스리는 패도와 덕으로 다스리는 왕도가 있습니다. 모택동의 천하제패는 패도요, 그가 중국을 통일한 후 펼친 인민봉사의 정책은 요순 시대의 임금 같은 왕도라는 것입니다. 모택동과 노자사상에 관해서는 아직 누구도 언급한 바 없는데, 모택동의 사상과 모든 중국인의 마음 깊은 곳에는 노자사상이 짙게 깔려 있습니다. 중국 사람들은 낮에는 공자를 숭배하고 밤에는 노자에 침잠한다는 말이 있습니다. 모택동 사상 속에는 이 노자사상이 깊숙이 침투해 있습니다. 소리 없이 구석구석까지 침투해 들어가는 물을 노자는 가장 강하고 무서운 존재로 인식하면서 물을 좋아합니다. 모택동도 번번이 물과 물고기의 관계를 설명합니다. 물은 농민이다, 민중이다, 민심이다, 물이 있어야 인민군이라는 물고기가 놀 수 있지 않은가라고 합니다. 모택동의 중국 정복은 무기나 공산주의 사상으로 성사된 것이 아닙니다. 아주 조그마해서 간과해버리기 쉬운 민심 획득, 민심 수습으로 이룩했습니다.

　모세의 10계명 같은 모택동의 8계명이 있습니다. 인식 없는 잡병들을 긁어모아 만든 새로운 군대인 인민군을 길러내는 데 모택동의 8계명은 결정적 효능을 나타냈습니다. 민폐를 금하고 민심을 얻으라는 것이 근간입니다. 민가에 들어가면 정결히 하고 농작물을 해치지 말고 항상 공손히 대하며 부녀자를 희롱하지 말고 빌린 돈은 반드시 갚고 포로에게는 자비를 베풀고 하다못해 민간의 쌀 한 톨, 실 한 가닥도 대가를 지불하는 일 없이 축내지 말라는 것입니다. 병사들은 군사적 전투기능이 아니라 정신적 교화의 대상이라는 것이 모택동의 기본 관념이었습니다. 1921년 상해에서 중국공산당이 만들어졌는데 당시만 해도 소련의 코민테른의 지시를 절대적으로 듣는 분위기였어요. 또 대부분 공산주의자들이 마르크스·레닌주의 원칙에 철저했지요. 그걸 교과서같이 생각하고 도시에서 노동자를 중심으로 폭동을 일으키려고만 했어요. 그런데 모택동은 중국 인민의 80퍼센트가 가난한 농민인 걸 본 겁니다. 노동자가 아니라 중국에서는 농민이 혁명의 중심이 되어야 한다고 본 거죠. 모택동은 농촌에 뿌리를 두고 중국 고유 실정에 부합되는 장기적인 방법을 써야 한다고 본 거예요. 1925년 모택동은 패잔병 1000명을 데리고 정강산으로 들어갔죠. 그가 좋아해서 여러 번 읽은 『수호지』를 흉내 낸 것 같기도 해요. 거기서 유격전술을 창안하고 해방구 정권을 수립한 거죠. 모택동은 토굴 속에서 '신민주주의론'이라는 이론체계를 정립했어요. 자기가 하는 혁명은 소련식 무산계급 사회주의 혁명도 아니고 서구식 부르주아 시민혁명도 아닌 제3형태의 혁명이라는 거죠."

"그 핵심이 뭐죠?" 김상협 교수가 물었다.

"모택동은 혁명의 주체를 노동자·농민으로 협소하게 한정하지 않고 민족자본가와 지식인층을 광범위하게 포용했죠. 그리고 미국 등 외국에 대해서는 민주국가의 보통의 정당같이 부드럽게 보인 겁니다. 민주주의 원칙을 수호하면서 농촌개량을 추구하는 정당으로 느슨하게 만든 겁니다."

"그래도 마르크스·레닌주의의 원칙은 노동자의 계급투쟁 아닙니까?" 김상협 교수가 다시 물었다.

"모택동은 계급투쟁이 아니라 민족투쟁이 먼저라고 주장했죠. 일본 군대가 쳐들어 와서 점령하고 있는데 중국 민족이 그들을 물리쳐야지 자기 민족끼리 싸워서 되겠느냐는 거죠. 모택동의 그런 현실주의가 중국에 먹혀들어 간 겁니다. 정치는 현실에 따라 그렇게 변용되면서 움직여야 하는 겁니다. 북한의 김일성도 마찬가지입니다. 중공과 소련이 서로 다른 노선을 밟으면서 싸우는 걸 보면서 어디도 따르지 않는 주체사상을 만든다고 하지 않아요?"

북한과 중공을 제대로 알아야 할 것 같았다. 그러나 남북 대치 상황에서 적대국인 중공을 연구한다는 것은 불온하게 여겨지는 분위기였다. 통일이나 공산권 연구는 정권의 독점적 영역이었다. 정부에서 나오는 간행물은 반공 이데올로기에 편향된 자료나열 수준에 머물거나 막연한 이념비판이었다. 체계성과 실증성이 없었다. 더구나 중공 연구는 거의 불모상태였다. 김상협 교수는 자신부터 공산주의 연구와 통일론을 치고 나가야겠다고 결심했다. 지주고 자본가 출신인 그가 공산주의자가 아니라는 것은 이 사회에 사는 사람이면 다 알 것 같았다. 《사상계》를 통해 그동안 공산주의 비판을 해왔었다. 또 문교부 장관을 지낸 경력이 있었다. 그라도 길이라도 터놓지 않으면 공산권 연구는 상당히 늦을 것 같다는 생각이 들었다.

그는 일본어판『모택동 선집』과『유소기 주요저작집』을 구해 기본으로 삼고 그 외 미국 학자의 연구서 그리고 대만 학자들의 책을 참고해『모택동 사상』이라는 글을 쓰기 시작했다. 공산권을 학문적으로 분석하고 우리의 갈 길을 제시한 것이다. 책이 나오자 그는 책마다 앞 장에 사랑하는 제자들의 이름을 직접 써서 보내주었다. 전문서적이지만 책 이름 자체부터 독자들의 시선을 끌었다.『모택동 사상』이 지식인 사회의 선풍적인 화제를 불러일으켰다. 중앙정보부 차장 보좌관으로 근무하던 이종찬은 이 책을 구입해서 노트필기를 해가며 정독했다.『모택동 사상』은 중국을 공부하려는 사람과 이 시대의 흐름을 다소라도 민감하게 알려는 사람에게는 필독서였다. 후일 정치인이 되고 대통령 후보 경선에까지 간 이종찬 씨는 그가 전혀 모르던 김상협 교수의『기독교 민주주의, 사회민주주의, 교도민주주의』와『모택동 사상』이란 두 책을 교과서같이 서재의 중요한 재산으로 꽂아두었다고 했다. 책을 읽은 독자들 사이에 모택동 개인에 매료되는 사람들이 생기는 파문이 일고 있었다. 많은 욕이 쏟아지고 협박도 있었다. 어느 날 친한 변호사가 김상협 교수를 찾아와 이렇게 알려주었다.

"중앙정보부에서 김 교수를 미행하고 있어요. 책 내용 중에 모택동 사상의 승리라는 부분이 있는데 승리라는 말 자체가 나쁘다는 거예요. 장개석은 잘못되었고 모택동은 잘했다고 쓴 것도 사상이 이상한 사람 아니냐는

『모택동 사상』을 강의하는 모습.

거지."

　김상협이 쓴『모택동 사상』이 불온서적으로 분류됐다. 운동권 학생들이 이 책을 소지했다는 이유로 반공법으로 몰리기도 했다. 재판 과정에서도『모택동 사상』이란 책의 불온성이 쟁점을 이루고 있었다. 학생들 사이에는 어느새 김상협과 모택동의 이미지를 일치시켜 생각하는 현상이 번져가고 있었다. 김상협의 중후한 풍모가 그렇고 그 과묵한 언동과 언어구사가 그대로 모택동을 연상시켜 김상협 대통령론에 연결시키고 있었다. 어느 날 제자들이 찾아와 물었다.

　"선생님이 모택동과 비슷한 환경에서 자랐다면 혁명을 하지 않았겠습니까?"

　책을 읽은 학생들의 뇌리에는 그런 이미지가 형성되고 있었다.

　"그런 말을 많이 들었지만 내가 혁명을 한다면 이상주의적 혁명을 하겠지 그 이상은 못 해."

관념과 사상에 자신을 한정하려는 의미를 담은 말이었다.

"혁명을 할 수 없는 환경적 요인 때문에 그 열정이 모택동 사상으로 분출한 건 아닙니까?"

"누가 뭔가 하자고 하면 난 총 쏘는 걸 몰라서 안 된다고 대답해왔어. 내가 뭘 한다면 평양시장은 내가 맡지."

한번 해보자는 것은 대권 도전을 의미했다. 그 말이 나올 때면 김상협은 그렇게 '평양시장론'으로 우회적으로 거절했다. 그는 철학에 심취한 자유로운 학자가 되고 싶은 것이지 권력을 잡고 싶은 게 아니었다. 김상협 대통령론에 대한 정권의 견제가 들어오고 김상협 교수는 심한 압박감을 느꼈다.

♟ 김 교 수 의 저 항

1963년 12월 17일, 박정희 정권이 출범했다. 1964년 3월 24일 서울 시내에서는 한일회담을 반대하는 4·19 이후 가장 큰 학생시위가 벌어졌다. 서울대·고려대·연세대와 대광고교 학생들 수천 명이 한일회담 반대시위를 벌이는 동안 일부 시민들도 가세했고 야당과 재야세력이 이를 응원했다. 시위는 25일엔 서울에서 11개 대학과 4개 고교, 그리고 지방의 6개 대학이 참여하는 전국 시위로 확대되었다. 언론도 시위에 호의적이었다. 박정희 대통령은 시위가 번지는 도중인 4월 21일에 이런 훈령을 내렸다.

정부는 앞으로 언론의 무책임한 보도들에 대하여 냉엄히 그 책임을 추궁하는 바가 있어야 할 것이며, 이는 정부에 부하된 임무임을 깊이 인식해야 할 것입니다. 학원의 자유가 무제한 방종의 개념으로 착각하고, 또 학생이 스스로 헌법과 정부 위에 위치하는 양, 정부의 명령이나 학교 당국의 지시도 듣지 않는, 오늘의 학생기풍은 확실히 국가 장래를 위해 극히 염려스러운 일이라 아니할 수 없습니다. 학교가 학생을 선도하지 못하면 학교의 존재가치는 무의미한 것이라 아니할 수 없으며 학원의 질서를 바로잡고 학풍의 쇄신을 기하기 위하여 문교정책에 전반적인 재검토가 있어야 할 것입니다. 특히 학교 책임자는 그 학생들의 불법 데모 등 범법을 막는 데 최선의 노력을 다해야 할 것이며 또 범법 학생은 퇴학 처분 등 응분의 조치를 취하는 엄한 교칙으로 다스려야 할 것입니다. 이러한 학생들에 대한 조치를 게을리할 때에는 그 학교 책임자에게 책임을 추궁하는 등 학교에 대한 정부 감독이 그 어느 때보다 강조되어야 할 것입니다. 오늘의 우리 문교정책이 너무나 현실을 도외시한 이상론에 기초를 두었음을 반성하지 않을 수 없습니다.

1964년 5월 23일경 《사상계》 발행인 장준하는 《조선일보》 기고문을 통해 이렇게 맞받아쳤다.

대통령 박정희 씨! 당신이 그렇게 거짓말과 실정을 거듭하면서도 대통령이 될 수 있었던 것, 당신들 집권자들의 부정과 부패가 그렇게 창일하였으면서도 계속 집권할 수 있는 것, 민생이 이렇게까지 파탄에 빠졌는데도 아직 당신들이 큰소리칠 수 있는 것, 이 모든 것이 한국 언론들이 당신을 길러준 덕이 아닌가요. 당신들과 정사(情死)를 할 것 같던 한국 언론은 소용돌이치는 국민의 원성과 압력에 못 이겨 이제 깊은 악몽에서 깨어난 것입니다. 여보시오, 접대부의 치맛자락 같은 붓글을 휘둘러가며 당신을 도와, 당신을 대통령으로 만든 것이 한국의 언론 아니겠소. 고마운 줄이나 아시오! 그 청렴하다고 소문이 높던, 그 강직하다고 정평이 있던 그 육군 소장 박정희 씨라면 오늘의 이 사태를 정시하며 무엇을 할 수 있으리라고 생각해본 일이 있는가요. 슬픕니다. 오늘에 그때 당신과 같은 용기를 가진 그런 사나이가 없음이.

김상협 교수는 1965년 1월 1일자 「시론」을 통해 이렇게 현실에 대한 자신의 입장을 표명했다.

우리 정치는 자유와 질서 사이의 균형을 한 번도 올바르게 잡지 못하고 무정부상태와 독재 사이의 양극만을 무수히 오갔다. 이런 악순환 속에서 집권세력은 조국의 근대화보다 부정부패의 근대화에 더욱 공헌, 이를 확대 재생산하고 있다. 관권과 결탁하여 약탈이득만을 노리는 특혜세력, 인플레의 횡재만을 쫓는 투기세력, 외국자본의 앞잡이 노릇만 하는 매판세력 등 반민족적·반사회적 기생세력을 제외한 모든 건설적 산업세력의 대동단결과 각성 참여를 통해 이 정치적 악순환을 극복해나가야 할 것이다.

서울 일원에 위수령이 발동되고 대학에 휴업령이 내려졌다. 고려대에서는 김상협과 제일 친한 친구인 김성식 교수 등 몇몇이 정치교수로 지목되어 학교에서 쫓겨났다. 김상협 교수의 걱정과 예견대로 1966년에는 재벌의 밀수사건이 폭로되어 경제개발의 뒷전에서 갖가지 특혜를 누리며 성장해 온 재벌의 치부가 드러났다.

1968년 1월 1일 김상협은 《조선일보》 신년호 제1면을 통해서 공화당에 대해 이렇게 규탄했다.

공화당은 점차 당내 귀족이 생겨나면서 달라져 가고 있다. 너도 한몫 나도 한몫 나눠 먹기 식으로 되어가고 있다. 앞으로 100년이 가도 이 나라는 우리 것이라는 기분이 도는 것 같다. 그러니 공신들에게 훈록도 내려주고 봉토도 하고 왕권정치 비슷하게 되어가고 있다.

3선 개헌에 의한 박 정권의 영구집권 기도가 표면화되기 직전이었다. 1969년에 들어서자 3선개헌 문제가 대두됐다. 박정희 대통령은 헌법을 개정하여 세 번 연임할 수 있도록 함으로써 1971년 대통령 선거에 출마할 수 있는 길을 여는 작업에 착수한다. 3선 개헌안은 1969년 9월 14일 국회 제3별관에서 변칙적으로 통과되었다. 6월 하순부터 개헌반대시위가 끊임없이 계속됐다. 김상협은 1969년 10월 26일자 《주간조선》 논설을 통해 이렇게 역설했다.

지난 25년 동안 전개된 한국정치는 성격이 다른 두 개의 드라마였다. 제1드라마는 궁중정치와 왕당파적 1인정치의 주역 이승만에 대항한 공화파 야당과 대중이 조역이 되어 고전적 민주주의원칙과 명분론을 주제로 하여 대결을 펼치는 줄거리로 4·19 민주혁명으로 대단원의 막을 내린다. 그 피날레에 감격한 관중들의 열광과 갈채의 소란이 극도의 혼란으로 치닫자 극장붕괴의 위험을 경고하고 나선 과격한 일부 관객이 새로운 무대를 차리고 제2 드라마의 막을 올리면서 또 하나의 혼돈이 시작된다. 5·16 군사집단 주연의 이 제2 드라마의 주제는 공업화·근대화다. 그들은 독립운동 같은 명분대신에 실리적 물량적 공세를 펴면서 이전 드라마 출연진들의 산만한 주장과 즉흥적 행동을 치밀한 조직과 계획으로 대치시키고 배경음악과 조명과 무대장치를 바꾸어 전혀 무대분위기를 연출하면서 박진감 넘치는 새로운 스토리를 전개한다. 결국 군부 독주하에 중심부만 형성되고 견제와 균형으로써 조화를 이루어나가야 할 주변부는 형성되지 못하고 있다. 야당이 존재하지만 정치역학적으로 1당 압도체제로 굳어져 고속질주를 하고 있는 것이다. 그러나 앞으로 조직화된 인텔리를 비롯한 봉급생활자, 산업노동자층이 대두될 것이다. 1970년대는 그들과 어떻게 결합하여 성숙된 민주체제를 만들어낼 것인가가 최대과업이 될 것이다. 만약 그게 실패할 경우 또다시 시간만 낭비하고 민주주의의 발아를 훨씬 뒤로 늦추는 역사의 퇴행과 불행으로 기록될 것이다.

김상협 교수의 무서울 정도로 정확한 예언이었다. 그는 월남전 종결을 서두르지 않을 수 없는 미국의 정치적 배경에 대해 1968년 6월 3일 《월간 중앙》을 통해 이렇게 적시하고 있었다.

존슨 집권 후 만 명 정도에 지나지 않던 월남전 참전병력이 어느 틈에 무려 50만 명까지 급증해서 미국민으로서는 도저히 이해할 수 없는 전쟁이 되어버렸다. 월남전에 승리해봤자 세계 대세를 결정짓는 것도 아니니 미국민은 존슨 정부를 믿을 수 없게 된 것이다. 이 전쟁으로 인해 달러 위기가 오고 사상자도 많이 나왔다. 이런 무의미한 전쟁을 계속해야 할 이유가 무엇인가를 근본적으로 회의하는 여론의 압력에 존슨이 굴복할 것이다.

김상협은 틈나는 대로 해직된 교수들과 함께 낚시도 하고 술자리도 만들어 그들을 위로했다. 친구 김성식 교수에게는 소리 없이 생활비를 대주기도 했다.

♟ 지 성 과 야 성

1970년 10월 2일 김상협은 고려대학교 총장이 된다. 그는 취임하면서
7000명의 제자 앞에서 이렇게 외쳤다.

　오늘의 우리는 도대체 어디에서 왔는지, 그리고 앞날의 우리는 과연 어디
로 갈 것인지 그 진로를 따져보아야 할 것입니다. 어느 누구도 자기 혼자만
의 사명감이나 절대성이나 정당성을, 동등한 발언권을 가진 다른 사람들에
게 무조건 강요할 수는 없습니다. 이 세상에는 각양각색의 세계관과 가치체
계가 있습니다. 각양각색의 가설과 학설, 이들 사이에 벌어지는 치열한 경
쟁, 일체의 기성에 대한 과감한 도전, 일체의 기성에 대한 가차 없는 비판,
이러한 개방과 자유의 전당 속에서 새로운 진리의 창조가 이루어져야 할 것
입니다.

독재정권의 획일주의에 대한 우회적인 저항 선언이었다. 김상협 총장의
말이 계속됐다.

　그러면 새 시대의 지도자는 어떤 인간형이어야 하겠습니까? 첫째로, 새로
운 지도자는 치밀한 지성과 아울러 대담한 야성을 한 몸에 지니면서도 능히
그 조화를 이루어낼 수 있는 높은 차원의 전인적 인간이어야 하겠습니다.
미래사회에서 그 구성원은 누구나 합리주의적 사고에 바탕을 둔 치밀한 지
성의 소유자이어야 합니다. 동시에 인간상실의 공백을 메우기 위해서 인간
성에 바탕을 둔 대담한 야성의 소유자이기도 하여야 합니다. 지성과 아울러
야성, 서양과 아울러 동양, 현대와 아울러 원시, 이 양극들을 초월적 입장에

서 능란하게 조화·통합해나갈 수 있는 새로운 인간이 되어야 합니다. 둘째로, 새로운 지도자는 주체성에 뿌리박은 민족의 일원이면서도 국제시민의 일원으로도 될 수 있는 세계적 인간이어야 하겠습니다. 주체성과 아울러 국제성 한국과 아울러 세계 이 이원공간을 대승적 견지에서 자유자재로 왕복할 수 있는 새로운 슈퍼네이션을 우리는 만들어야 합니다.

그는 새로운 인간형을 제시하고 있었다. 그의 화두 같은 말들은 '지성과 야성'론이 되어 돌풍같이 지식인 사회의 정신세계를 휩쓸었다. 동시에 전국적인 반독재운동의 이념이 된다.

1970년 10월 어느 날, 고등학교 3학년인 이강식은 고려대학교 신임 총장의 사진을 신문에서 봤다.
'참 호랑이같이 생겼네.'
그는 혼자서 그렇게 생각했다. 큼직한 두상과 두툼한 코 그리고 양 볼을 가르는 팔자 주름은 영락없이 호랑이의 웃는 모습 그대로였다. 호랑이 총장의 미소는 그를 고려대로 부르는 것 같은 느낌을 받았다. 다음 해 3월 2일, 고려대에 첫발을 디디는 신입생들의 입학식이었다. 기온이 영하로 급강하하고 진눈깨비가 내리고 있었다. 1600여 명의 학생과 학부형을 앞에 놓고 김상협 총장이 이렇게 말했다.

대학은 인간형성을 위한 도장입니다. 남에게 끌려만 다니는 추종자의 무리가 아니라 남을 영도해나가는 지도적 인물, 역사의 흐름 속에 수동적으로 매몰되는 객체가 아니라 역사의 흐름을 능동적으로 이끌어나가는 주체, 부정, 불의 속에서 헤어나지 못하고 아무런 주관 없이 따라만 다니는 부화뇌

동의 천박한 소인배가 아니라 정의에 앞장설 수 있는 사명감에 불타는 대인을 만들어내는 인간수련의 장소입니다. 이런 인간수련을 위해서 때로는 방황, 때로는 좌절, 때로는 절망의 쓰라린 여러 곤경을 스쳐가면서도 끝끝내 예지와 자존과 활력으로 줄기차게 자기완성, 자기수양, 자기 도야의 길을 모색해나가야 하겠습니다.

그는 신입생들에게 다시 한 번 '지성과 야성'을 가진 인간상을 제시하면서 이런 설명을 덧붙였다.

여러분, 미국 국민이 왜 위대한 줄 아십니까? 민주주의와 독립선언문이 있기 때문만이 아닙니다. 그들에게는 날카로운 지성에 바탕을 둔 현대의 합리주의 정신이 있는 동시에 끈질긴 야성에 바탕을 둔 원시에 가까운 개척정신이 있기 때문입니다. 여러분, 러시아 국민이 왜 무서운 줄 아십니까? 그 공산주의 체제, 독재주의 정치체제 때문만은 아닙니다. 그들에게는 서구적 지성에 바탕을 둔 인텔리겐치아의 정신이 있는 동시에 러시아 민족 고유의 동물에 가까운 야성에 바탕을 둔 팽창주의적 야욕이 있기 때문입니다.

이제 막 20대 청년기에 들어선 신입생들에게 그의 한마디 한마디는 그때까지 경험해보지 못한 새로운 충격이었다. 그것은 희망의 복음이자 감동의 전율이었다. 그들이 김상협 교주의 열렬한 신도가 되는 순간이었다.

1970년 광주에서 올라와 고려대 입학시험을 치른 박종열은 고려대 총장실로 전화를 걸어 김상협 총장 집의 주소와 전화번호를 물었다. 한번 직접 만나볼 생각이었다. 그가 중학교 2학년 때 학교 선생님 집에 갔다가 우연

총장 재임 시절 혜화동 서재에서.

히 책장에 꽂힌 『모택동 사상』이란 책을 보았다. 그는 호기심으로 선생님에게 이런 책이 문제가 없느냐고 물었다. 그의 중학교 선생님은 저자인 김상협 교수가 앞으로 큰 인물이 될 분이라고 알려주었다. 그 후 고등학생 박종열은 도서관에서 『모택동 사상』을 읽고, 그 책을 펴낸 고려대학교 교수 김상협이란 인물이 모택동과 유사점도 많고 극단적으로 상이점도 많은 사람이라고 생각하게 됐다. 그 확인을 위해 집 주소와 전화번호를 물어본 것이다. 그는 주소에 적힌 대로 혜화동 로터리의 우체국에서 뒷골목으로 걸어 들어가 석축을 쌓아올린 김상협 교수의 집 돌계단을 올라갔다. 송아지만 한 셰퍼드가 짖는 바람에 기겁을 하기도 했다. 김상협 총장은 아직 젖비린내가 나는 소년을 친절하게 맞아들여 시골 소년의 시국담을 다 들어주었다. 그 이후 그 소년은 김상협 문하의 맨 막내 제자가 된다.

김상협 총장의 집에는 수제자 20여 명이 신년 초와 선생의 생일에 정기적으로 모였다. 신년 초 혜화동 김상협 교수의 집에서는 점심으로 개성식 조랑떡국이 보쌈김치와 젓갈, 전, 편육 등과 함께 나왔다. 점심이 끝나면 거실 뒷방에서 섯다 판이 벌어졌다. 선생은 제자들에게 밑천까지 대주면서 신년재운 점치기 놀이판도 벌이곤 했다. 생일날 모인 제자들에게 대접하는 특별메뉴는 곱게 칼질한 떡갈비였다. 취흥이 도도해지면 제자들의 이승만 대통령의 성대모사와 정치풍자가 시작된다. 그리고 마지막은 김상협이 1930년대 젊은 시절 들었던 가요 '비 오는 거리에서 외로운 부두에서'(「외로운 가로등」)를 애상에 잠겨 부르는 것으로 말미를 장식하기도 했다.

♟ 김 상 협 의 한 국 진 단

1971년 고려대학교 졸업식에서 김상협 총장은 이렇게 말했다.

우리의 근대화 공업화의 추진과정에서 그 부작용으로 뜻하지 않게 온갖 부조리한 사태, 그리고 신구 질서, 신구 세력, 신구 산업 사이의 좀처럼 접근 동화할 수 없는 심각한 격차와 단절, 이들로 말미암아 가지가지 걷잡을 수 없는 일들로 우리 사회는 혼미상태에 있기도 합니다. 움츠리는 엄동이 깊어지면 반드시 활개 치는 부드러운 봄이 멀지 않듯이 오늘의 답답한 시대는 필경 머지않아 밝아올 내일의 시원한 시대를 낳기 위해 없어서는 안 될 희생적인 산고라고 보아야 할 것입니다. 비록 일진일퇴는 있을망정 신흥 산업세력의 형성 확장과 더불어 지금의 혼미는 언젠가는 후련하게 해소될 것이 확실합니다. 그때에 보수는 혁신으로, 혼미는 안정으로, 그리고 마침내 소수인의 특권은 다수인의 복지로 승화하는 그날이 반드시 찾아오게 될 것입니다.

이처럼 시원스러운 귀결들은 설사 지금까지 불가능의 좁은 벽 속에 억지로 갇혀만 살아온 오늘의 기성인들에게는 한낱 부질없고 실현 가능성 없는 망상에 지나지 못할는지 모르나 내일을 사는 무한정의 잠재적 가능을 잉태하고 있는 여러분에게는 오히려 당연한 현실 또는 실천일 것입니다.

김상협 총장이 피를 짜내 쓴 연설문의 일부였다. 그의 연설문 하나하나는 부조리한 현실과 앞날의 희망을 얘기하고 있었다. 그는 항상 대국적으로 세상을 보고 긍정적인 낙관을 했다. 그는 통일의 꿈을 이렇게 덧붙였다.

그 정확한 시기는 어느 누구도 예언할 수 없으나 결국에 가서는 오랫동안 끌어온 국토분단, 민족분열의 쓰라린 비극에 최종의 막이 내려지고 그 대신 하나의 국민, 하나의 국토, 하나의 통치를 줄거리로 하는 이른바 '하나의 한국'의 새로운 민족 드라마가 그 서막을 올리는 날도 오고야 말 것입니다. 지금부터 여러분은 새 역사 창조의 수동적 객체가 아니라 능동적 주체이며 새 사회 발전의 책임 없는 주변부가 아니라 책임 있는 중심부며 새 민족 성장의 힘없는 추종자가 아니라 힘 있는 지도자라는 점을 한시도 잊어서는 안 되겠습니다. 새 시대의 새로운 지도자로서 젊은 여러분들은 동서남북을 가리지 않고 자신만만하게 세계로 뻗어나가 위대한 꿈을 지구 방방곡곡에 펼쳐나가야 하겠습니다.

그는 남북이 합치면 국토는 영국과 같게 되고 인구 역시 불란서나 독일에 뒤지지 않는 강국이 된다고 보고 있었다. 국방력과 경제력을 키워 세계에서 몇 위의 대국이 될 수 있다는 희망을 가지고 있었다.

1971년 4월 25일, 서울 장충단 공원에서 박정희 후보는 이틀 후에 있을 제7대 대통령 선거를 위한 마지막 연설을 했다. 박 대통령은 이렇게 말을 시작했다.

요즈음, 우리나라 야당 사람들이 나에 대한 인신공격을 하는 가운데서 이런 소리를 하고 있는 것 같습니다. '이번에 또다시 박 대통령을 뽑아주면 총통제를 만들어 앞으로 박 대통령이 죽을 때까지 대통령을 해먹을 것이다' 이렇게 얘기합니다. 유권자 여러분! 오늘 이 자리에서 분명히 말씀드리거니와 내가 이런 자리에 나와서 여러분에게 '나를 한 번 더 뽑아주시오' 하는 정치 연설은 이것이 마지막이라는 것을 확실히 말씀드립니다.

그날의 연설을 분석하면 그건 사실이었다. 박 대통령은 이미 헌정을 중단시켜 다시는 한 번 더 뽑아달라고 부탁하지 않을 결심을 하고 있었다. 혁명보다 무서운 폭풍이 불어 닥칠 기세였다.

얼마 후 총학생회장인 김병수, 정세균 등이 혜화동에 있는 김상협 총장의 집을 방문했다. 그들은 전국의 대학이 연대하여 투쟁할 계획임을 알렸다. 김상협 총장은 학생대표들의 말을 귀를 기울여 끝까지 들어주었다. 자신이 이미 알고 있는 문제도 중복이 되는 질문도 하찮은 불만도 중간에 끊거나 잘라버리지 않았다. 때로는 투정 같은 주장도 열심히 경청하는 모습이었다. 학생들은 신이 나서 열심히 그리고 구체적으로 말했다. 나중에야 학생들은 김상협 총장이 모든 걸 알고 있었음을 알고는 무안해하기도 했다. 김상협 총장은 그 자신이 아니라 다른 학생들이 알게 하기 위해 그런 태도를 취한 것이다. 김상협 총장은 절대로 학생들의 잘못을 꾸짖지 않았다. 잘못은 용서하고 잘한 것은 더욱 잘하도록 격려했다. 학생들은 김상협 총장의 그런 모습을 보며 존경하지 않을 수 없었다. 끝까지 침착하게 듣고 있던 김상협 총장이 한마디 했다.

"이 사람들아, 모택동 전법을 쓰게. 세가 유리할 때 나아가고 세가 불리할 때 물러나는 것이 모택동 전법일세."

김상협 총장은 소리 없이 다가오고 있는 위기의 먹구름을 감지했다. 그리고 학생들이 그런 시대의 위기를 감당해내기 힘들다는 것도 감지했다.

전국의 대학가가 술렁대고 있었다. 3000명의 고려대생이 참가하는 대규모 시위에 경찰은 헬기까지 동원해 최루탄을 쏘고 진압작전을 폈다. 안암동 일대는 최루탄 연기로 덮였다. 독성 냄새에 사람들은 눈물 콧물을 쏟아냈고 점포들은 문을 굳게 닫고 있었다. 학생들의 데모는 격렬해졌다. 데모의 생리상 보다 극한투쟁을 벌여야 한다는 주장이 대세를 이루었다. 학생들은 거리 진출을 시도했다. 경찰 역시 결사적으로 막았다. 학생들의 전열을 가다듬는 성토대회가 대강당에서 연일 불을 뿜고 있었다. 그 자리에 불쑥 김상협 총장이 나타났다. 한껏 열이 올라 있던 2000여 명의 학생들이 잠시 당황하면서 겸연쩍어하는 모습이었다. 다른 대학에서도 학생데모 때 총장이 현장에서 시위를 만류하거나 제지하는 일이 있었는데 그때마다 학생들로부터 야유를 당하거나 수모를 겪는 일이 많았다. 격렬하고 거친 데모로 유명하던 고려대에서 이변이 일어났다. 학생들이 김상협 총장 앞에서 갑자기 양같이 순해진 것이다. 김상협 총장이 입을 열었다.

민주수호도 중요합니다. 그러나 학원수호도 중요합니다. 66년의 역사를 가진 고려대학교는 하루도 쉼이 없는 불멸의 생명체입니다. 이것이 혹시 이성을 잃은 행동에 의해서 그 생명이 끊어지는 날이 있으면 나로서는 여러분의 앞에 나설 의욕을 잃게 됩니다. 학교가 문을 닫는 날 그날은 학교에 커다란 오점이 찍히는 날, 그날 나는 학교를 떠나는 날입니다. 내일부터 정상수업에 돌아와 주시기 바랍니다. 고려대 전 가족의 일치단결을 기대합니다.

특별한 말이 아니었다. 격렬하던 데모자들이 가득 차 있는데도 어느 누구하나 반론을 제기하거나 시비를 걸지 않았다. 짧은 시간에 핏발 선 눈들이 수그러들고 있었다. 김상협 총장의 실체를 확인하는 순간이었다. 총장에 대한 신뢰와 일체감만이 학생들 사이에 맴돌고 있었다. 총장의 한마디에 학생들은 데모를 중지하고 정상수업으로 들어갔다. 전국의 대학 중 고려대 한 학교뿐이었다. 김상협 총장은 절대적인 지도자였다.

1971년 9월 28일 김상협 총장은 학생들이 주최하는 강연회에 나가 이렇게 말했다.

여러분, 미국을 어떻게 봅니까? 미국은 용광로의 신화를 가지고 있습니다. 세계의 여러 민족이 흘러들어 가 미국이라는 커다란 용광로에 들어가면 새로운 아메리카네이션이 된다는 '멜팅 팟'의 신화입니다. 그렇게 생각하십니까? 미국은 지금 흑인과 백인이 한 용광로에 들어가지 않고 한 나라의 국민이 되지 않고 있습니다. 그뿐만 아니라 앵글로색슨과 기타 인종이 한 용광로에 들어가지를 않습니다.
여러분, 『러브스토리』 읽으셨죠? 이 소설이 바로 용광로의 기능 마비를 이야기한 것입니다. 앵글로색슨 명문대학의 남학생과 미천한 이태리 이민의 후예인 여학생이 순정으로 맺어졌지만 다른 집안이라는 거리 때문에 여학생이 고민하다가 결국 병에 걸려 죽고 만다는 비극을 묘사하고 있습니다.

미국의 민주주의에 대한 신화가 없어지고 있습니다. 미국 국민이 세계에서 가장 건강한 국민이라는 신화도 없어지고 있습니다. 미국 국민은 건강을 상실해가고 있습니다. 젊은 학생층의 30~40퍼센트가 환각제를 피우고 있다고 합니다. 정신적으로나 육체적으로 불건전한 이 환각제가 미군에도 퍼져 있습니다. 미국은 세계 제1이 아니라 강대국 중의 하나입니다. 인류 역사를 돌이켜 볼 때 제국은 반드시 망하고 맙니다. 로마제국이 그렇고 수많은 제국들이 그렇습니다. 이제 미국이 그 전철을 밟을지도 모릅니다. 미국은 후진국에 가서 그 사회의 토착제도를 전근대적이라고 하여 파괴해놓고 이에 대체되는 신질서를 만들지 못해 혼미상태를 일으키고 있습니다. 또 후진국가에 많은 물자를 퍼뜨려 분에 넘치는 사치풍조를 만들기도 했습니다. 미국은 후진국들의 민족주의를 이해하지 못합니다. 호지명의 월맹은 그 기저에는 민족주의가 강하게 깔려 있습니다. 그걸 간과한 것입니다. 미국은 월남을 사수해야 한다고 하면서 도미노 이론을 얘기했습니다. 그러나 도미노 이론은 장기판에서만 통용됩니다. 월남이 무너져도 라오스도 태국도 크메르도 그대로 있을 수 있습니다. 미국은 쓸데없이 세계를 지킨다는 십자군 정신에 불타고 있습니다. 미국의 퓨리터니즘도 문제입니다. 흑이 아니면 백이다, 천사가 아니면 악마다 하는 것도 퓨리터니즘의 결벽증일지도 모릅니다. 이런 주장들은 한때 대학 총장을 지낸 미국 상원 풀브라이트 의원의 생각들이기도 합니다.

냉철한 미국 비판이었다. 그는 이어서 소련에 대해 평가했다.

소련도 더는 팽창의 여지가 없어졌습니다. 2차 대전 후 소련은 동구를 다차지하고 그것도 부족해서 그리스, 터키에 공산혁명을 기도했지만 실패했

습니다. 그뿐만 아니라 동구 위성국들의 끈질긴 자율성 요구로 크렘린의 일
원적 지배는 차츰 흐려져 가고 있습니다. 이제 과거 같은 세계혁명론이 더
는 통하지 않고 있습니다. 소련 내부에는 새로운 기술자, 인텔리들이 많이
생겨나 기업체, 각종 행정기관, 군부, 학교에 점차로 만연해서 중견의 지위
를 차지하고 있습니다. 이 사람들은 이른바 부르주아적 지위를 지닌 자들인
데 이들의 비위를 맞추려면 자유화를 인정하지 않을 수 없습니다. 그래서
흐루시초프는 구체적 현실을 알아야 한다면서 핵전쟁을 하면 적이고 아군
이고 모두 망한다고 하고 있습니다. 소련이 수정주의를 택한 배경입니다.
이데올로기와 국제정치의 현실은 엄연히 구분되어야 한다는 것입니다.

　마르크스의 『자본론』을 보면 자본주의가 진전됨에 따라 노동계급은 상
대적으로나 절대적으로 더욱 빈곤해진다는 게 노동자계급의 궁핍화 이론입
니다. 그리고 자본주의의 진전에 따라 중산계급은 모조리 몰락하고 만다고
합니다. 그리고 극소수의 거대 자본가와 국민 대부분의 무산대중으로 양극
화해간다는 이론입니다. 그러나 현실은 어떻습니까? 자본주의가 진전되어
감에 따라 노동자계급은 오히려 절대적 상대적으로 여유를 얻게 됩니다. 중
산계급이 몰락한다고 하지만 기술자나 전문가 같은 중간 중산계급이 새로
생기고 더 많아지고 있습니다. 양극화 현상도 중산계급이 대두됨에 따라 점
차 흐려져 갑니다. 무산자의 폭력혁명이 아니라 의회민주주의와 각종의 사
회개량을 통해 제도가 바뀌고 있습니다. 흐루시초프는 종전의 중앙집권적
통제경제를 지방분권화하고 과거에 없던 공장장의 권한을 늘려 자유 재량
권을 줬습니다. 기술자에게도 창의를 인정하고 이윤제도를 채택하여 생산
관리의 합리성을 찾도록 했습니다. 필요하다면 자본주의의 장점을 얼마든
지 따서 쓰고 시장경제를 인정하고 시장경제의 자율적 조정적인 기능을 활
용하겠다는 것입니다. 흐루시초프는 소설가 솔제니친이 쓴 『이반 데니소비

치의 하루』라는 소설을 발표시켰습니다. 그 소설은 영하 30도의 시베리아 빙판에서 강제노동을 당하는 소련 사람들의 참상을 그린 소설입니다. 과거 스탈린의 망령을 없애자는 것이죠. 흐루시초프는 심지어 스탈린의 묘까지 파서 하급 묘지로 옮겨버렸습니다. 이런 흐루시초프의 정책은 브레즈네프 이후에도 그대로 이어지고 있습니다.

학생들은 미동도 하지 않고 듣고 있었다. 눈이 열리고 귀가 뜨이는 것 같은 느낌들이었다. 그가 계속했다.

그러면 중공은 어떨까요? 1949년 중국공산당이 중국천하를 통일하기 이전에도 모택동의 이론에는 수정주의적이고 현실주의적인 요소가 다분히 섞여 있었습니다. 모택동은 '혁명은 직선으로만 가는 것이 아니라 때에 따라서 우회선으로도 간다. 그러니 너무 서두르지 말고 망동하지 말라'고 하고 있습니다. 모택동은 이렇게 말합니다. '도박꾼에게는 밑천이 있어야 한다. 가진 돈을 한 번에 몽땅 걸고 운이 나빠 실패하면 다시는 도박을 못 하게 되지 않는가. 도박을 영구히 계속하려면 밑천이 영구히 남아야 한다. 그러니 혁명을 할 때에도 마찬가지로 밑천을 남겨놓아야 한다. 전쟁을 할 때는 더욱더 밑천을 남겨놓아야 한다.' 모택동의 공산당은 강경한 말만 씁니다. 그러나 행동은 신중합니다. 이것이 오늘날의 중공의 방향입니다. 지금의 세계가 이런 성격을 가졌다는 것을 전제로 할 때 그런 국제적 환경 속에서 한국이 가야 할 좌표는 어떤 것이냐 하는 문제를 생각해보아야 할 것입니다.

한국을 둘러싼 미국·소련·중공은 우리의 현상 고착을 바라고 있습니다. 통일이 되기를 원하지 않는 것입니다. 그렇다고 남북 간 합의에 의한 통일도 불가능합니다. 남쪽은 남쪽대로 자유민주주의라는 고유의 성역이 있고 북은 북대로 공산주의라는 성역을 가지고 있어서 피차 이를 자진포기할 리가 만무한 것입니다. 남북의 접근과 공존은 가능해도 통일합의는 불가능한 것입니다. 그렇다고 한반도가 중립화 통일을 할 수 있을까요? 중립이란 국제적인 중립을 의미하는 것이기 때문에 혼자 중립을 선언해봤자 주위의 이해관계가 있는 국가들이 인정을 하지 않으면 소용이 없는 것입니다. 즉 주변 국가들이 그 국가의 중립화가 자국의 득이 된다, 적어도 손실은 보지 않는다는 판단이 섰을 때 이루어지는 것입니다.

이런 국제적 환경 속에서 우리가 미래를 내다보고 전진해야 하는 광장이 있습니다. 그것은 바로 자유복지사회라는 광장입니다. 소련이 점차로 해빙이 되고 자유화하여 한 걸음 한 걸음 자유복지사회로 가지 않을 수 없고 중공도 소련보다 늦기는 하지만 역시 그 길을 가지 않을 수 없을 것입니다. 동구제국도 유고슬라비아를 필두로 이 방향으로 달리고 있습니다. 지금 우리는 새로운 개항기에 들어서고 있습니다. 지금까지는 서방세계에 대해서만 문호를 개방했는데 앞으로는 소련, 중공, 체코, 폴란드 이렇게 모든 나라에 대해 문을 열어야 할 것입니다. 과거에는 100년에 이루어지던 것이 요즈음은 20년에도 이루어집니다. 여러분, 함께 좋은 세상을 기다려봅시다. 나도 백발이 되기 전에 '뉴 네이션 빌딩'이 이루어지기를 고대해봅니다.

그는 박정희 대통령이 통일을 명분으로 독재를 강화하는 데 대해 현실을 정확히 알려주는 예언자의 사명을 수행하고 있었다.

♟ 열 성 총 장

정국의 혼란 속에서도 김상협 총장은 대학의 발전에 최선을 다했다. 김상협 총장은 의대가 없는 고려대학교에 우석대학교를 인수하고 싶었다. 그러나 보사부가 완강하게 반대했다. 고려대의 격렬한 반정부 시위와 그 뒤에 있는 김상협 총장을 곱게 보지 않았기 때문이다. 인수신청서조차 낼 형편이 못 됐다. 우석대학은 재단의 운영부실로 관선이사체제로 유지하고 있었다. 관선이사회에서는 우석대학을 이미 영동재단에 넘기기로 결정하고 있었다. 어느 날 김상협 총장이 문교부 장관실로 들이닥쳐 소리쳤다.

"고려대학교에 의대를 신설하려고 하는데 보사부가 완강히 반대해서 지켜보고 있었는데 어떻게 그런 결정이 났어?"

평소 그답지 않게 화가 난 어조였다. 친구인 민관식 장관이 맞받아쳤다.

"이 친구, 동경대 법학부 헛 나왔군. 이미 이사회가 최종결정한 사안을 나보고 번복하라고? 이봐, 알 만한 사람이 어떻게 그런 부탁을 하나? 더구나 신청서도 내지 않았으면서."

김상협 총장은 민관식 장관과는 일본 유학 시절부터 잘 아는 사이였다.

"이봐, 민 장관! 배짱 있는 사람답게 한번 뒤집어봐."

김상협 총장이 밀어붙였다. 박정희 대통령에게 가서 강하게 얘기해보라는 뜻이었다. 다음 날 민관식 장관이 박정희 대통령 집무실을 찾아가서 말했다.

"각하, 우석대학은 아무래도 고려대학에 인수시켜야 좋을 듯싶습니다."

박정희 대통령은 아무 이야기 없이 문교부 장관을 보고 있었다. 민관식 장관이 얘기를 계속했다.

"고려대는 그간 학생문제는 많았지만 그래도 우석대 교수진과 학생의 장래를 위해서도 고려대에 맡기는 것이 합리적인 결정이라고 생각합니다. 부디 제 건의를 들어주십시오."

한동안 창밖을 응시하며 묵묵히 있던 박 대통령이 한마디 했다.

"임자가 정히 그리하겠다면 임자 뜻대로 해봐."

민관식 장관은 대통령의 방을 나오면서 김상협 총장의 아버지인 김연수 회장을 떠올렸다. 경도제국대학 선배인 김연수 회장이 2차 대전 어려운 시절 후배들을 찾아와 푸짐한 회식을 베풀어주곤 했다. 우석대학의 인수가 결정되자 김상협 총장이 청와대에 들어가 박정희 대통령에게 감사의 인사를 했다. 비판은 비판이고 또 인사는 인사였다.

"요즈음도 아버님이 약주를 많이 드시오? 정종은 몸에 별로 좋지 않다고들 그러는데 조금 드시려면 위스키가 더 낫지. 없으면 좀 보내드릴까?"

박정희 대통령이 싱긋 웃으며 말했다.

김상협 총장은 작은 일에도 정성을 기울였다. 한번은 총장실에 들린 경제학전공의 김윤환 교수가 책상에서 주판을 놓고 결재서류 중의 숫자를 계산하는 김상협 총장을 봤다. 철학과 신일철 교수도 김상협 총장이 입시에서 채점하는 걸 합산하는 데 와서 주판으로 합산하는 걸 돕는 걸 보기도 했다. 김상협 총장은 교수 가운데 주산실력이 최고였다. 일본 눈 덮인 산속의 공장에서 경리 여직원에게 배운 실력이었다. 신일철 교수는 김상협 총장이 무슨 일이나 대충 하는 적당주의가 없고 대인다운 풍모에 걸맞지 않게 섬세하고 정교한 완벽주의자라고 평가했다. 김상협 총장은 매일 매캐한 최루탄 냄새가 나는 속에서도 대학을 구석구석 돌아보았다. 교문을 세우는 데도 도면을 보고 또 보고 그래도 마음이 놓이지 않아 실물 높이의 나무를 세워 관측하는 정성을 기울였다. 틈틈이 박대선 연세대 총장, 김옥길 이화여대 총장과 만나 이런저런 얘기들을 나누기도 했다. 이는 대학끼리 내면적으로 공동보조를 취하는 모임이기도 했다. 세 사람이 만날 때마다 김상협 총장은 양주 두 병을 가지고 가서 이렇게 말했다.

"김 총장과 박 총장은 술을 못하니까 포도주를 드십시오. 나는 스카치로 하겠습니다. 성경에도 예수님이 물을 포도주로 만들어서 손님들을 대접하지 않았습니까?"

얼어붙은 시국에도 분위기를 화기애애하게 만들려는 김상협 총장의 위트였다. 그는 두 대학의 총장을 종종 자신의 혜화동 집에 불러 식사를 대접하기도 했다. 응접실에 걸려 있던 서화를 감상하던 김옥길 총장이 보던 그림을 그 자리에서 주기도 했다. 그런 자리에 종종 함께했던 김동길 교수는 김상협 총장을 두고 한 시대의 두드러진 선비면서 서민적인 체취가 풍겨 때로는 동네 아저씨처럼 느껴졌다고 했다. 김상협 총장은 온유 그 자체였다. 아랫사람이 잘못이 있어도 면박을 주는 일이 없었다. 한평생 타인을 자기 앞에서 얼굴을 붉히게 만든 일이 없었다. 남을 평할 때도 언제나 장점만을 말하는 성격이다. 아무에게도 마음의 상처를 주지 않았다. 김상협 총장은 인간을 적대시하고 미워하는 성격이 아니었다. 언젠가 김상협 총장이 음식점에서 나오다 헛디뎌 다리를 다쳤다. 한동안 지팡이를 짚고 다니는 걸 본 김동길 교수가 농담을 했다.

"선생님, 윈스턴 처칠이 다 되셨습니다."

그 말을 들은 김상협은 부끄러워했다. 소년 같은 순수함과 수줍음이었다. 처칠이 아니라 사람들은 김상협 총장을 미국의 28대 윌슨 대통령과 비교했다. 윌슨 역시 명문 프린스턴 대학의 교수와 총장을 지냈다. 그 기간 동안 윌슨은 20세기 초 미국의 정치와 경제 현실을 직시하고 정치의 부패, 날로 심화된 독점자본주의의 폐단, 이에 따른 심한 빈부격차 등을 미국 민주주의 발전의 심각한 위기로 보고 이를 시정하기 위한 대안을 제시했다. 그것은 한마디로 신민주주의였다. 윌슨의 신민주주의는 정치적 민주주의와 더불어 경제 민주화를 동시에 실천해야 된다는 것이다. 관직을 정당정치의 전리품으로 생각하던 폐단을 시정하기 위해 윌슨은 행정의 중립성을 주장했다. 독점기업을 규제하고 공정한 거래를 보장하고 근로자와 서민층의 생활을 향상시켜야 된다고 주장했었다.

♟ 역 사 신 의 제 사 장

1971년 10월 4일, 고려대 학생회관 앞 돌벤치 게시판에 「부정부패의 원흉을 처단하라」는 대자보가 붙었다. 그 명단 중에 수도경비사령관 윤필용이 포함되어 있었다. 다음 날 새벽 1시 30분경, 수도경비사령부 제5헌병대 소속 장교와 사병들 30여 명이 잠긴 교문을 넘어 들어와 학생회관에 난입했다. 군인들은 회관 안에 있던 학생들을 부대로 끌고 가 혹독한 집단 폭행을 가했다.

10월 15일 12시 48분, 수업 중인 교정의 정적을 깨뜨리며 섬뜩한 사이렌 소리가 울려 퍼졌다. 곧이어 APC 장갑차가 모습을 드러내더니 그 뒤에 20여 대의 군 트럭에 가득 찬 수경사 병력이 완전무장을 하고 들이닥쳤다. 군인들은 트럭에서 뛰어내리자마자 눈에 뜨이는 학생들부터 잡아 곤봉으로 까고 엎어지면 군화로 밟고 개머리판으로 내리찍기 시작했다. 학생들이 놀라서 정신없이 도망쳤다. 군인들은 상황판에 그려진 캠퍼스의 배치도를 보고 교정 구석구석을 뒤지기 시작했다. 군인들은 건물마다 그 속에 있던 학생들을 끌어내어 무릎을 꿇린 후 깍지 낀 손으로 뒷머리를 감싸 쥐게 한 채 머리통을 바닥에 쑤셔 박게 했다. 군인들이 학생회관으로 진입했다. 학생회관에서는 향후 학생운동의 방향을 모색하는 대의원총회가 열리고 있었다. 문을 부수고 들어간 무장병력은 닥치는 대로 곤봉으로 까고 여학생들의 머리채를 잡고 질질 끌고 다녔다. 서관 건물 앞에서는 군인들이 최루탄을 쏘아댔다. 학생 2명이 3층에서 뛰어내리다 중상을 입었다. 수업이 진행 중인 강의실이나 연구실도 예외가 아니었다. 문을 박차고 들어가 개머리판을 휘두르고 도서관에도 최루탄을 쏘았다. 교양학부 여학생 휴게실 쪽에서 불길이 일었다. 밖에서 기다리던 군인들은 쫓겨나오는 학생들을 무참하게 유린했다. 최루탄 터지는 소리, 유리창 깨지는 소리, 처절한 비명소리와 고함이 섞였다. 머리가 터져 피투성이가 된 학생이 끌려가고 옷을 발가벗긴 채 트럭에 던져지는 학생도 있었다. 캠퍼스 곳곳에 학생들이 몇십 명씩 땅바닥에 머리를 박은 채 트럭에 실려 갈 차례를 기다렸다. 굴비두름같이 몇 겹으로 적재함에 실린 학생들의 머리 위로 군화발이 다시 날아들었다. 그날 수경사 연병장에는 끌려간 학생들 1500명가량이 트럭에서 내던져졌다. 연병장 앞에 선 인솔 장교가 날카로운 목소리로 소리쳤다.

"모두 대가리 박아."

연병장 곳곳에 배치되어 있던 군인들이 곤봉을 휘둘렀다. 그날 밤 늦게까지 학생들에 대한 집단폭행과 기합이 계속됐다. 폭행을 지휘하던 수경사 장교가 학생들에게 협박했다.

"너희가 끌려온 곳은 죽어서야 나갈 수 있는 곳이다."

학생들은 대부분 반죽음 상태가 되어 있었다. 이어서 고려대에 무기휴업령이 내려졌다. 학교 내 일체 출입이 금지됐다.

그 무렵 서울에 모인 전국 대학생 대표들은 이상한 조짐을 느꼈다. 군인들이 밤에 학교에 난입해서 학생들을 잡아다 심하게 때린 후 돌려보내고 있었다. 고려대 학생회장 김병수는 정권이 뒤에서 학생들을 일부러 자극하는 게 아닐까 하는 의심이 들었다. 그는 김상협 총장이 모택동 전법을 쓰라고 한 말이 떠올랐다. 그는 전국의 대학생회에 모든 대학이 일제히 반정부 시위투쟁을 당분간 유보할 것을 호소했다. 학생운동을 하는 간부들에 대한 체포령이 내렸다. 김병수는 1971년 10월 15일 성북서 형사들에게 연행되어 보안사 서빙고 대공 분실에 끌려갔다. 단번에 각목과 발길질이 날아들었다. 그는 바로 콘크리트 바닥에 쭉 뻗어버렸다.

"저 새끼는 최고 악질이니 죽여버려도 좋다는 대통령의 특명이야."

군복을 입은 보안사 요원의 목소리가 아스라이 들렸다. 그는 매일 고문을 당하고 신문을 받으면서 지하 감방에 있었다. 그가 서울시경에 인계되어 서대문교도소에 수감되자 김상협 총장의 구명운동이 펼쳐졌다. 김상협 총장은 학생회장 김병수를 보석으로 석방시키고 학생회관 개관식에 참석시켰다. 테이프를 함께 끊으면서 김상협 총장이 말했다.

"형무소가 아니라 이게 네 집이니 먼저 들어가."

긴급 국방위가 소집됐다. 유재흥 국방장관이 출석했다. 그 자리에서 국회의원들의 질문이 이어졌다.

"무장공비가 쳐들어왔습니까? 아니면 북괴가 남침했습니까? 고려대에 위수령이 떨어진 이유를 말해주세요."

이철승 의원이 목소리를 높였다.

"고려대에 난입한 군인들의 난동으로 박 정권은 조종을 울리고 말 것입니다. 장관의 인책을 요구합니다."

국방위가 끝난 후 윤필용 수경사령관이 문책 경질됐다.

위수령 기간 동안 교무처와 학생처의 직원들은 교문 앞에서 텐트를 치고 사무를 보았다. 공포분위기를 조성하던 위수령이 풀렸다. 위수군이 철수하자 소식을 듣고 몰려온 학생들이 만세를 외쳤다. 이어서 무장 군인들이 들어올 때 두고 간 책과 책가방, 소지품들을 찾아가는 모습이 보였다. 김상협 총장은 세상에 대해 할 말을 준비해나가고 있었다. 원고지를 앞에 놓고 한 줄 썼다가 지우고 다시 한 줄을 썼다가 지웠다. 속의 분노를 누르기가 힘들었다. 1971년 11월 11일 오전 10시, 고려대학교가 다시 개강이 되는 날 수천 명의 학생들이 침묵 속에 강당 쪽으로 몰려들고 있었다. 침통한 표정의 김상협 총장은 이렇게 입을 열었다.

지난 27일 동안 불명예스럽게도 거의 죽음에 가까운 질식 상태에 빠져 있었습니다. 마의 날인 10월 15일에, 우리 캠퍼스 안에서 벌어진 일련의 불행한 사태를 지금도 생생하게 기억하고 있습니다. 사람의 눈으로는 차마 볼 수 없고 사람의 말로는 차마 옮길 수 없는 그 비참한 광경들, 그리고 학생제군들이 그 속에서 불의에 당한 모진 곤욕들을 아무리 애써 보아도 도저히 망각할 수 없습니다. 하늘을 쳐다보고 물어봅시다. 차마 이럴 수가 있습니까? 땅을 치고 울어봅시다. 차마 이럴 수가 있겠습니까? 목을 빼고 통곡해 봅시다. 차마 이럴 수가 있겠습니까?

그러나 여러분, 남에게 맞을 바에야 어설피 가볍게 맞을 게 아니라 철저하게 사정없이 맞는 편이 도리어 좋을는지도 모릅니다. 철저하게 맞는 자에게는 그늘지지 않는 후련함이 있고 새로운 축복이 있을 것입니다. 옛날부터 큰 제(祭)를 올릴 때는 일정한 희생제물을 제단에 바쳤습니다. 필요하다면 오늘 제가 역사의 제단에 희생이 되겠습니다.

듣는 학생들의 볼에 하얀 눈물이 흘러내리고 있었다. 김상협 총장의 울분에 떨리는 목소리가 장내에 퍼져나갔다.

봄은 언제 찾아올는지 짐작조차 할 수 없는 상태입니다. 우리의 앞길은 참으로 암담합니다. 그러나 우리에게도 봄은 반드시 오고야 말 것입니다. 우리에겐 오늘만이 있는 것이 아니라 내일도 있고 또 그 내일도 있다는 것을 잊어서는 안 되겠습니다.

영구좌절은 없습니다. 칠전팔기의 전진만이 있을 뿐입니다. 나는 역사의 신을 굳게 믿습니다. 이렇게 착잡하게 엇갈린 속에서도 결국 세계사의 진전은 인간 자유의 확대, 사회복지의 실현 방향으로 도도히 흘러가고 있습니다. 현재의 곤경을 참고 견디어나갑시다. 그러나 정의의 힘만으로 모든 일이 성공적으로 이루어지는 것은 아닙니다. 때를 알아보고 시기를 잘 맞추어 융통성 있게 일을 처리해나가는 지혜도 있어야 합니다. 여러분은 진짜 때를 가릴 줄 아는 호랑이가 되어주기 바랍니다.

연단 위도 강당 빽빽이 들어선 학생들도, 창밖에 몰려서서 발돋움을 하고 들여다보고 있었다. 김상협 총장의 개강 담화가 실린 《고대신문》 배포 창구에는 긴 줄이 겹겹으로 늘어서고 인촌동산을 비롯한 캠퍼스 곳곳에는 삼삼오오 《고대신문》을 펼쳐놓고 학생들이 열띤 토론을 하고 있었다.

♟ 유 신 비 판

1972년 여름. 박정희 대통령은 인도네시아 수하르토 대통령이 운영하던 국가시스템에 관심을 집중하고 있었다. 인도네시아의 국회의원 500명 정원 중 100명은 대통령이 현역 군인으로 임명했다. 대통령이 소속된 여당과는 별도로 국민협의회가 대통령을 선출하고 헌법을 제정하며 국책사업을 확정했다. 대의원의 절반은 국회의원을 겸임하며 나머지 절반은 대통령이 임명했다. 박정희 대통령은 최규하 특보에게 여러 국가의 헌정제도를 연구하게 했다. 실무 작업은 이후락 지휘하의 정보부 팀이 맡고 있었다. 그렇게 유신헌법이 태어났다. 핵심은 통일주체국민회의를 국가기관의 정상에 놓고 여기서 대통령을 간선한다는 것이다. 대통령 후보의 정견 발표와 찬반토론도 없었다. 박정희 정권은 유신헌법 발표 시기를 저울질하고 있었다. 그 무렵 미국은 닉슨 대통령이 재선을 노리고 막판 선거전에 돌입한 시점이었다. 닉슨은 월남전 휴전협상에 골몰하고 있었다. 필리핀의 마르코스 대통령이 이미 비상계엄령을 선포하고 헌정질서를 중단시켰지만 바쁜 미국은 개입할 수 없었다. 1972년 10월 16일 김종필 국무총리는 하비브 주한 미국 대사에게 다음 날 박 대통령이 발표할 비상조치의 내용을 통보했다. 김 총리는 이 내용을 24시간 비밀에 부쳐줄 것을 요청했다. 그 사실을 안 하비브는 미 국무성으로 이런 내용의 긴급 전문을 보냈다.

'이 비상조치는 박 대통령에게 적어도 12년을 더 현직에 머물게 하기 위해 만들어진 것이며 만약 이 조치가 시행된다면 한국은 완전한 권위주의 정부로 변모할 것이다.'

1972년 10월 17일, 박정희 대통령은 헌정을 중단시키고 국회를 해산하며 정치활동을 금지시킨다는 특별조치를 발표했다. 그 배경은 남북통일이었다. 박정희 대통령은 민족의 통일제단에 한 목숨을 바치겠다고 비장한 각오를 밝혔다. 이어서 언론을 통한 설득작업이 전개됐다. 1972년 11월 2일 《서울신문》 사설은 이랬다.

우리는 남북대화가 끝내는 조국의 평화통일로 이어져야 한다고 굳게 믿고 있기 때문에 이 대화를 뒷받침하는 오늘의 유신개혁을 적극 지지한다. 우리가 이 체제개혁을 성공적으로 달성하지 못한다면 조국의 평화통일도 그만큼 지연될 것이다. 국가기구의 정상에 설치될 통일주체국민회의는 조국통일의 신성한 사명을 가질 것이다.

III · 역사신의 제사장

이렇게 하면 곧바로 통일이 이루어지기라도 할 것 같은 사회분위기가 형성되고 있었다.

정권의 통일론에 이의를 제기하는 김상협 총장의 의견이 나오고 있었다. 김상협 총장은 동아일보가 마련한 편집국장 박권상과의 대담에서 이렇게 말했다.

한반도를 둘러싼 강대국들 간의 세력균형이 깨지지 않는 한 현상고착은 계속될 것입니다. 전쟁위험을 얘기하는데 김일성은 섣불리 전쟁책동을 하지 못할 것입니다. 정권에서 큰 의미를 부여한 7·4 남북공동성명도 남북대화의 시작 정도로만 봅니다.

김상협 총장은 남북통일을 핑계 삼아 유신을 선포한 허위를 지적하고 있었다. 집권세력에서는 민족의 통일열망에 찬물을 끼얹는다며 비난했다. 김상협 총장은 그런 비난에 대해 "뜨거운 물을 끼얹어서 통일이 된다면 좋겠지만 말로 떠들어서 통일이 이룩되는 것은 아니다"라며 유신적 통일관에 맞섰다.

유신철폐를 주장하는 대학가의 반정부시위가 일어났다. 거의 전국 대학가는 마비상태에 빠졌다. 고려대학교에 계엄군이 진주했다. 고려대에 진주한 계엄군 대장은 전두환이었고 장세동과 민병돈이 예하장병을 지휘하고 있었다. 학생들의 대정부 투쟁이 지하화했다. 야생화라는 이름의 반체제 유인물 배포사건이 고려대에서 발생하고 관련 학생들이 지하서클 조직 등의 혐의로 감옥에 갔다. 《사상계》를 발행하던 장준하가 긴급조치 위반으로 구속됐다.

김상협 총장의 뇌리에는 몇 년 전 들렀던 대만의 모습이 떠올랐다. 대만은 정치적 후진성과 독재의 일그러진 형태 그 자체였다. 어디에도 장개석 총통의 사진과 함께 '옹호영수(擁護領袖)'라는 글귀가 붙어 있었다. 장개석 총통이 국가 보다 위에 올라섰고 총통에 대한 무조건 충성 하나만 존재했다. 민주척도를 가늠케 하는 어둡고 서글픈 구호라고 생각했었다. 박정희 대통령이 그 모습을 따라가는 것이다.

1974년 1월 18일, 박정희 대통령은 연두기자회견에서 이렇게 서두를 꺼냈다.

북한의 행태는 그야말로 양두구육(羊頭狗肉) 격입니다. 양머리를 내놓고 뒷전으로는 개고기를 판다 그런 얘기가 있는데, 평화 평화 해놓고 뒷전으로는 음모를 꾸미고 있습니다.

이어서 박 대통령은 학생들의 시위에 대해서도 이렇게 단호한 의견을 나타냈다.

시위학생들이 매판자본이다, 예속경제다 하는 것을 도저히 이해할 수 없습니다. 확실히 알고 하는 소리인지, 덩달아서 떠드는 것인지 나는 잘 모르겠습니다. 우리 경제가 이렇게 성장이 되고 커나갈수록 한국 경제의 자립도가 높아지고 의존도가 줄어드는 것입니다. 예속이란 있을 수 없습니다.

박 대통령은 학생들의 시위 동기를 아주 냉소적으로 이렇게 보고 있었다.

딴 대학이 데모를 하기 때문에 학교 체면을 위해서 데모를 하는 그런 대학도 있고, 데모를 했는데 이튿날 보니까 신문에 보도가 안 됐다, 한 번 더

하자, 그런 데모도 있습니다. 학생들의 행동은 법을 무시해도 좋은 애국적인 행동이다, 이렇게 아부하고 영합하는 것은 위선이요 자기기만이라고 나는 지적합니다. 학생들은 내일의 주인공이지 오늘의 주인공은 아닙니다. 우리 기성세대가 오늘의 주인공인데 왜 문제를 해결하지 않고 학생들을 앞장 세워 해결하려고 하느냐 이겁니다.

박 대통령은 학생들의 천박을 맹공했다.

학생들은 교과서에서 배운 극히 제한된 일부분을 알고 있는 것이며, 자신은 아직 미완성품이라는 것을 인식해야 합니다. 더 깊이 알기 위해서는 공부를 열심히 해야 합니다. 국토분단, 민족분열의 준전시하에 살고 있는 우리의 민족적 고민이 무엇인가 하는 것도 대학생들이 좀 알아야 합니다. 우리의 자유를 뺏으려고 외부의 침략자가 왔을 때 데모만 해가지고 막을 수 있습니까. 국력이 커져야 자유를 지켜냅니다.

공포로 사회가 얼어붙었다. 온 세상이 말문을 닫고 움츠린 세월이 됐다. 언론 역시 자기 목소리를 내지 못하고 웅크리고 있었다. 겨울공화국의 세월이 흘러가고 있었다.
1974년 11월 19일경 김상협 총장은 전체 교수회의를 소집했다. 그는 회의석상에서 이렇게 말했다.

오늘의 학원사태에 대하여 내 나름대로의 견해에 관해 말하고자 합니다. 학생들의 움직임은 소수가 아니라 다수의 소요이며 이유 있는 동요입니다. 학생의 동요는 사회 전체의 불평불만 기운이 캠퍼스 안으로 투영되어 들어오기 때문에 발생하는 것으로 생각합니다.

이 한마디는 집권자를 향해 그 독선과 아집을 정면으로 지적하는 폭탄이었다. 침통한 분위기 속에 그의 말이 이어졌다.

무한 이슈의 전면공해 속에서 대학의 하늘에만 맑은 공기가 솟아오르기를 기대한다는 것은 무리입니다. 이런 상황에서 정부가 보고도 못 본 체 듣고도 못 들은 체 학생의 현실비판, 현실참여를 인정하지 않으며 오히려 나쁜 버릇을 고치겠다고 합니다. 독재정권의 영구집권 획책에 대한 학생으로서의 저항이 그들을 더욱 희생의 제물로 만들까 걱정입니다. 이 기약 없는 악순환의 구렁텅이를 언제까지 헤매기만 할 것입니까.

호재가 생기자 언론들이 일제히 그 말을 보도했다. 《동아일보》에 이어 《한국일보》 등 일간지와 방송이 '소수 아닌 다수의 이유 있는 저항'이라는 제목으로 보도했다. 얼어붙었던 사회에 폭발적인 기운이 감돌았다. 대통령의 진노가 있고 김상협 총장이 구속된다는 말이 권력의 주변에서 돌았다. 김상협 교수가 다시 총장으로 정부에 제청될 무렵이었다. 문교부 장관은 김상협이 다시 고려대 총장이 되는 걸 거부하고 다른 인사를 추천하려고 했다. 그 무렵 야당 당수인 이철승 의원이 박정희 대통령을 만나는 자리였다.

"위수령과 긴급조치로 불편한 관계에 있는 고려대를 다스리려면 김상협 총장밖에 없습니다."

이철승 의원은 박정희 대통령에게 여러 가지 이야기를 했다. 투쟁을 하는 한편 협력할 것은 협력하는 게 야당 당수인 그의 입장이었다. 박정희 대통령은 문교부 장관이 추천한 인물을 묵살하고 김상협 교수를 다시 고려대 총장에 임명하게 했다.

♟ 김상협식 통일론

김상협 총장은 이따금씩 제자들을 그의 지축리 농장에 불러 '삼해주'를 함께 마셨다. 지축리 농장은 땅값이 쌌던 1960년대 노후를 생각해서 사둔 땅이었다. 그곳에 있던 농가를 개축해서 휴식 공간으로 만들어놓았다. 거기서 시음회를 가진 삼해주란 고려대 교수의 부인이 조선 왕실 전통주인 삼해주의 비법을 알아 교수 가족들 사이에 전해지고 있는 술이었다. 3개월 간 정월, 2월, 3월의 첫 해(亥)일에 3단계에 걸쳐 술을 빚어 담근다고 해서 삼해주라고 했다. 제자들의 가정마다 빚어온 술들을 일일이 맛을 보며 재미로 심사하는 자리였다. 이 자리에서 제자 중 한 사람이 물었다.

"선생님이 제기하시는 통일론이 무엇입니까?"

조국통일을 유신정권에서 명분으로 삼는 것을 김상협은 기만으로 보고 있었다. 김상협은 큰 그릇 하나를 그 앞으로 가져오라고 했다. 그러고는 제자들의 집에서 가져온 여러 가지 술을 큰 그릇에 모두 모아서 쏟아 부으면서 말했다.

"이것이 최고의 삼해주야, 우리의 통일도 이렇게 하는 거야."

남북이 우열 가리기로 시간을 잃지 말고 민족이라는 용광로 속에서 단숨에 하나로 용해되는 길을 모색하자는 은유적인 표현이었다. 잠시 후 그가 이렇게 제자들에게 설명했다.

"지금 아무리 떠들어도 이 상태에서는 통일이 불가능합니다. 우리나라가 저만큼 목적지에 먼저 가 있으면서 북에게 따라오라고 손짓해서 합쳐지는 그런 모습의 신(新)통일이 우리의 진정한 평화통일이지 지금 통일하자고 해서 되는 통일은 결코 통일이 아닙니다. 통일은 재통일이 아닌 신통일이어야 합니다."

그는 한 그릇에 모인 삼해주를 한잔씩 돌리고 자신도 마신 후 말했다.

"어, 좋다. 이게 최고군. 이 술이 1등이야. 우리 비빔밥이나 서양식 칵테일의 묘미는 여기에 있는 거야."

유신의 무거운 분위기 속에서 김상협 총장은 제자들에게 우회적으로 국제사회의 현실을 알리면서 그 속에서 우리의 위치를 알게 하려고 애를 썼다. 그는 자칭 '일일 교수'라는 이름으로 제자들에게 한해에 한 번씩 그가 가진 지혜를 알려주곤 했다. 그가 학생회의 초청으로 한 강연내용 중에 이런 내용도 있었다.

또다시 교수의 자격으로 돌아와 여러분 앞에 나서서 강연을 하게 되어 퍽 즐겁습니다. 저는 요즈음 시간이 두렵고 시간이 흘러가는 것이 무섭다는 생각에 이따금 사로잡히곤 합니다. 변화는 역사 속에서 일어나고 역사는 바로 시간 위에서 이루어지고 있음을 실감하기 때문입니다.

서두를 그렇게 뗀 김상협 총장은 먼저 세계를 이끌어가는 미국의 내면에 대한 정확한 진단부터 시작했다.

월남전은 미국이 그 막대한 인적 물적 출혈에도 불구하고 뜻도 없고 보람도 없고 승부도 내지 못하고 전쟁도 평화도 아닌 허술한 전쟁입니다. 미국의 자신감 상실은 월남전에서 시동됐습니다. 달러는 세계 공통의 화폐였습니다. 세계 어디를 가도 달러만 지니고 있으면 만사형통입니다. 그런 만능의 위력을 부렸던 달러가 월남전을 치르는 동안 너무 헤프게 써버렸기 때문에 가치폭락의 비운을 맞게 됐습니다. 미국 내에서 물가가 폭등하고 물자부족이 나타나 이제는 쩨쩨하게 농산물 수출을 금지하고 경제비상조치를 연발하는가 하면 대외원조도 대량으로 삭감하고 있습니다. 그야말로 풍성하고 인심 좋던 미국은 점차로 없어져 가고 있습니다. 설상가상으로 워터게이트 사건이 터져 누구도 백악관을 믿지 않고 아무도 닉슨 대통령을 두려워하지 않게 됐습니다.

김상협의 미국 비판이 계속됐다.

풍요한 사회라고 자부하고 있는 미국 사회도 역시 고도의 자본집중, 고도의 계급사회에 지나지 않습니다. 노예들이 조금 생활형편이 나아지고 다소 살기가 편해졌다고 예속상태에서 벗어난 것은 아닙니다. 미국인들은 자신들의 노예상태를 의식하지 못하고 자족하는 비굴한 몰골입니다. 다소 안락한 지위에 있는 노비, 다소 자유의지를 지닐 수 있는 종복인 것입니다. 미국 사회는 과학기술에 의한 대량생산을 통해서 대중의 물질적 문화적 욕망을 충족시켜줌으로써 대중이 완전히 체제에 복종하도록 마비, 훈련, 조작, 교화시켜 놓았습니다. 약간의 임금개선에 오금을 펴지 못하고 주인에 의해 쉽게 마비되고 조작되는 저급한 욕망, 비굴한 만족의 노동자계급이 되고 있습니다. 마르쿠제는 이런 상황을 벗어나기 위해 새로운 형의 인간이 나와야 한다고 합니다. 그런 인간은 인간의 저급화된 욕망, 더러워지고 비굴해진 만족의 인간에서 벗어나 새로운 자유인간이 나와야 한다는 것입니다. 새로운 욕망, 새로운 만족, 새로운 감각으로 정화되지 않는 한 아무리 크고 획기적인 사회제도의 변혁이 이루어진다고 하더라도 그것은 하나의 예속제를 또 다른 예속체제로 교체시킬 뿐이라고 단정하고 있습니다. 또한 마르쿠제는 이 새로운 자유인간의 새로운 욕망과 새로운 만족의 대두를 사회제도 변혁의 단순한 부산물, 단순한 결과로 보아서는 안 된다고 설명하면서 새로운 욕망을 가진 새로운 인간에 의해서만 새로운 제도가 만들어져야 한다고 합니다. 활기차고 생명력이 넘치고 정력적으로 새로운 자유와 해방을 구가하는 새로운 형의 인간이 사회에 충만하고 그 사회를 지배하는 상태가 되어야 한다고 합니다. 이러한 새로운 형의 인간에 의해 이룩되는 사회는 유토피아의 성격이 가미된 것이어야 한다고 마르쿠제는 말합니다.

이어서 그는 공산권에 대해서도 비판하기 시작했다.

마르크스와 엥겔스의 「공산당 선언」으로부터 100년이 지난 지금 마르크스의 적중하지 않은 예언이 몇 가지 있습니다. 공산주의자들의 단결 아닌 극한분열, 특히 중소의 극한대립이 그 두드러진 예일 것입니다. 원래 마르크스주의자들의 입장에서 보면 전 세계의 노동자들은 단결이 있을 뿐입니다. 그런데 중국은 소련을 썩은 놈이라고 하고 소련은 중국을 미친놈이라고 합니다. 주은래는 미·소 양대 초강국이 각기 중국을 먹어버리려 하지만 중국은 깨물기에는 너무 질기다는 것을 알게 될 것이라고 합니다. 소련의 가장 큰 고통은 중공과의 대결입니다. 사실 중공은 무섭습니다. 중공 그 8억의 엄청난 개미떼가 슬금슬금 국경을 넘어 기어 들어온다면 소련은 생각만 해도 소름이 끼칠 정도로 공포심과 증오를 가지게 될 것입니다. 외국에 가보면 알겠지만 세계 어디를 가도 '중국인촌'이 형성되어 있고 중국 음식점이 있습니다. 중국 사람들은 북극이나 남극의 혹한지대에 가서도 번성할 수 있고 남양의 열대지방이나 아프리카의 열사위에 버려놓아도 여전히 번창하고 잘 살 수 있는 이상체질의 강인한 국민성을 가지고 있습니다. 그러니 겁이 안 날 수 없습니다. 중국 사람의 입장에서 볼 때 모택동은 왕도와 패도를 집대성한 금세기에 다시 있을 수 없는 거대한 인물입니다. 미국도 소련도 중공도 적과 동지를 엄격히 따지고 구분하며 이데올로기에 집착한 시대에서 벗어나 오직 자국의 실리만을 추구하는 나라가 됐습니다. 이런 국제적 환경 속에서 우리는 한국 문제를 생각해보아야 할 것입니다.

그는 본론으로 들어갔다.

한국 통일의 가능성에 대해 미국과 소련, 중국의 입장을 살펴보겠습니다. 미국이 남에서 북으로 밀고 올라가는 것을 찬성할까요? 절대로 그렇지 않습니다. 미국은 중국과 소련을 서로 갈라놓고 자기네끼리 다투게 하는 전략을 쓰고 있습니다. 남에서 북으로 올라가는 행위는 견원지간으로 만들었던 소련과 중공이 손을 잡는 계기가 되기 때문에 미국은 북진통일을 전혀 희망하지 않는 것입니다. 소련과 중공의 입장에서도 북한이 없어지면 하나의 공산국가가 사라지고 직접 자유진영과 국경을 마주하게 되는 모습이라 그걸 승인할 리가 없습니다. 반대로 다시 북이 남으로 밀고 내려오는 것을 가상해보겠습니다. 미국은 한반도라는 발판을 잃게 되고 그만큼 동남아 전체가 불안해지니 그걸 용인할 리가 없습니다. 소련과 중국은 미국의 긴장강화의 경직된 방향을 싫어할 것입니다. 또 북한이 중국과 소련 두 상전 중 어느 편에 가담할지 모르는 불확실한 상황입니다. 이런 상황에 세계 여론은 어떤 이유건 간에 무력통일을 받아들이지 않을 것입니다.

그런 상황에서 지금 남북대화가 이루어지고 있습니다. 그런데 남북대화라는 게 서로 정을 붙이기 위해 있는 것인지 정을 떼기 위해 있는 것인지 모르겠습니다. 공식적으로는 정을 붙이기 위해 있는 것으로 말들은 하고 있습니다. 그렇지만 남쪽에서 올라가면 〈피바다〉라는 가극이라든지 김일성 출생지라는 만경대를 보여주고 북쪽에서 내려오면 워커힐이라든지 나이트클럽을 보여주어 서로 질색을 하는 면만 보여주니, 사실 진의가 의심스럽습니다. 저는 과거로 돌아가는 복고적 통일 개념이나 현재를 단순히 연장하는 모자이크식 통일 개념은 안 되고 통일의 개념을 일대 전환해야 할 것으로 생각합니다. 그런 통일이 어떤 것이냐 하면, 나는 남북에서 통과해야 하는 대광장이 있다고 생각합니다. 세계의 모든 국가들이 빠르고 늦은 차이는 나겠지만 치열한 경쟁을 벌이면서 복지사회로 가고 있습니다. 우리 남북한도 이 새로운 경쟁을 치열하게 벌여야 할 것입니다. 그런 다음에야 통일이 있을 수 있습니다. 가능하면 북한보다 우리가 앞서 그 광장에 도착하여 기다리는 것이 통일의 첩경이지 무슨 교묘한 술책이나 요행에 의해 통일이 성취되는 것은 아닙니다.

그가 말을 잠시 쉬었다가 계속했다.

여기서 아마 의문이 제시될 것입니다. 자본주의와 사회주의는 상극적인 경제체제인데 인류 공통의 복지사회라는 광장에서 만난다는 게 말처럼 그렇게 간단하고 쉽게 융화가 이루어질 수 있겠느냐고. 나는 미래의 체제는 자본주의, 사회주의 양 체제가 단순히 혼합·통합되는 것이 아니라 서로 해체되어 각자 새로운 모습으로 참여하는 새로운 체제로 변화할 가능성이 있다고 생각을 가져봅니다. 양 체제가 일치점을 향해 수렴하는 것이 아니라 새로운 창조의 방향으로 발산되는 상태를 그려보는 것입니다. 남북한은 새 역사창조를 위한 치열한 경쟁을 거친 다음에 통일이 있어야 합니다. 그런

경쟁을 벌이다 보면 서로 지나치게 상대방을 의식하고 그러다 보면 잡음이 생겨 서로 험담을 하는 것이 보통입니다. 이 점에서 우리는 서독 수상 빌리 브란트의 의연하고 거시적인 아량을 본받아야 하겠습니다. 우리는 보통 나는 잘되어가고 있는데 저쪽은 그 반대라고 해야 통쾌감을 맛볼 수 있습니다. 그러나 브란트 수상은 그가 수상직에 오른 직후 기자가 동독의 경제사정을 물었을 때 동독의 경제가 급속히 성장을 해서 서독에 육박하고 있으니 나의 마음은 매우 든든하다고 대답할 정도로 훌륭한 태도를 보였습니다. 너도나도 못살아도 좋으니 통일만 하자는 것이 아니라 너도나도 서로 다른 길을 갈지언정 각자의 길을 걸으면서 힘도 세어지고 부도 축적하여 언젠가는 합칠 날이 올 것이니 기왕이면 잘사는 상태에서 통일을 이룩하면 더욱 좋지 않겠느냐는 것입니다.

저는 남북이 같은 언어를 쓰는 이상 통일의 날이 반드시 찾아올 것이라는 희망을 굳게 간직하고 있습니다. 사실 언어란 미묘한 것입니다. 이데올로기도 동일언어를 이질언어로 바꿀 수 없고 합리주의적 계산으로는 언어를 분리시킬 수는 없습니다. 언어는 단순한 기능이나 기호가 아닙니다. 거기에는 인간의 정감이 스며 있고 민족의 역사가 담겨 있고 거기 민족의 숨결이 영원히 고동치는 무엇으로도 끊을 수 없고 어떤 가혹한 단절 뒤에도 기어이 이어지고 마는 불멸의 맥입니다. 따라서 언어를 함께하고 있는 이상 우리에게도 언젠가 통일의 감격이 찾아올 것입니다.

그러면 통일의 신호가 어느 방향에서 나타날 것이냐가 흥미로운 점일 것입니다. 여러분은 저보고 점을 쳐보라고 할 것입니다. 여러분은 통일의 기운이 휴전선에서 피어오를 것이라고 생각할 겁니다. 그러나 그것은 대세를 소극적으로 미시적으로 보는 것입니다. 엉뚱한 소리 같지만 저는 통일의 기운이 한민족의 근원지라는 알타이 지방에서 신호가 오를지도 모른다는 감상에 젖어봅니다.

김상협 총장은 남북통일과 미래의 국가에 대한 명확한 청사진을 제시했다. 그가 마지막으로 체제문제에 대해 이렇게 결론을 지었다.

저는 요즈음 대중대량소비사회를 꿈꾸고 있습니다. 소비라는 말이 나와서 퇴폐적이고 이상하게 들릴지 모르겠습니다. 소비가 소수인에 의해서만 향락될 때 그것은 사치와 특권과 착취가 되고 맙니다. 그러나 이 소비가 다수인에게 돌아갈 때 그 소수의 사치와 특권은 다수의 복지와 권리로 또 소수의 착취와 억압은 인간존엄의 정의로 승화되는 것입니다. 세계의 모든 국가들이 빠르고 늦은 차이는 나겠지만 소수의 낭비를 다수의 소비로 이끌기 위한 치열한 경쟁을 벌이면서 인류 전체가 반드시 통과해야 할 공통의 광장, 대중대량소비사회로 가고 있는 것입니다. 자본주의와 사회주의는 상극적인 경제체제이지만 인류 공통의 광장에서 만날 것이라고 생각합니다. 나는 미래의 새로운 경제체제는 자본주의·사회주의 양 체제가 단순히 혼합·통합되는 것이 아니라 서로 해체되어 각자 새로운 모습으로 참여하는 새로운 체제로 변화할 가능성이 있다는 생각을 가져봅니다. 양 체제가 일치점을 향해 수렴하는 것이 아니라 모두 새로운 창조의 방향으로 발산되는 상태를 그려보는 것입니다.

♟ 상수와 변수

1975년 2월 12일, 국민투표에서 유신헌법 유지에 대한 찬성안이 통과하자 박정희 대통령은 그 여세를 몰아 정국의 주도권을 장악하기 위한 일련의 조치를 취해갔다. 이때 월남의 패망과정이 겹쳤다. 월남이 미군 철수 이후의 내부 분열로 망해가는 과정이 언론을 통해 매일 중계방송되듯이 소개되면서 야당·재야·학생·종교계에서 추진하던 유신헌법 개정운동이 약화되고 있었다. 박 대통령은 거의 모든 연설에서 유신조치를 합리화하는 사례로 월남 사태를 들었다.

1975년 4월 8일, 박정희 대통령은 긴급조치 7호를 발령했다. 그 내용은 고려대학교의 휴업을 명하며 일체의 시위를 금지한다, 그것을 방지하기 위해 교내에 병력을 동원할 수 있다는 것이었다. 한 대학에 불과한 고려대학만을 상대로 긴급조치를 내린 것은 김상협 총장의 반정부적 발언이 괘씸죄에 걸린 것이라고 사람들은 보고 있었다. 동토의 왕국같이 얼어붙었던 시절 어떤 언론이나 정당사회단체들도 살기 위해서는 숨을 죽이고 현실을 외면할 수밖에 없었다. 그런 분위기에서 김상협 총장은 자신의 이념과 사상을 용감히 말하고 있었다. 다음은 1974년경 「상수와 변수」라는 제목으로 그가 말한 내용의 일부다.

절대와 무조건은 이제 어느 곳에서든 통해서는 안 될 것입니다. 요즈음은 무슨 일이든지 남을 대신 시켜서 하는 것을 싫어합니다. 스스로 직접 보고 듣고 만져보아야 성이 차는 시대입니다. 왜 정당을 시켜서, 왜 국회를 시켜서, 왜 대통령을 시켜서 정치를 해야 하는가 하는 의문들이 있습니다. 왜 그렇게 됐을까요? 평화라는 푸른 초원 위에는 얌전한 비둘기만 날아드는 것이 아니라 온갖 극성스런 잡새들, 잡짐승까지 몰려들어 오는 것입니다. 전쟁에는 전쟁의 문제가 있듯 평화에도 평화의 심각한 문제가 있는 것입니다.

그는 의미를 둔 비유를 통해 말하고 있었다.

서구의 현대인들은 1년에 4주 동안 즐길 수 있는 여름휴가를 위해 묵묵히 일을 하고 있다고 해도 지나친 말은 아닐 것입니다. 그들은 기나긴 일상의 단조로운 권태로부터 벗어나 그리스의 푸른 바다, 스페인의 맑은 하늘, 그리고 지중해의 매혹적인 태양을 볼 수 있는 4주 동안의 낭만을 가슴 조이며 기다리는 희망과 유혹이 있기 때문에 일상의 틀 속을 무모하게 일탈하지 않는 것입니다. 선진 서방제국을 보면 자본주의 경제체제하에 평화적 정권교체의 대의민주주의를 실행해왔습니다. 감정보다는 이성에 호소하는 합리주의, 그리고 실력행사보다는 법에 위임하는 법치주의를 실행했습니다.

자유의 제1단계는 그런 정치적 자유입니다. 사람들은 그것에 만족하지 않고 직접 참여하고 싶은 욕구가 분출합니다. 국가는 국민의 그 욕구를 어떻게 받아들이고 수용했을까요? 정부는 여론의 존중, 언론자유의 대폭적인 허용 그리고 온갖 민권의 대대적인 확장을 통해 그것들을 흡수, 동화시켰습니다. 그리고 자본주의경제체제에 반대하는 사회주의 세력들의 불만에 대해서는 경영참여뿐 아니라 소유참여에까지 문호를 개방함으로써 그것들을 용해시켰습니다. 자유의 제2단계는 정치적 자유를 포함해서 사회적으로 자기를 실현하고 인간적 활동의지를 자유화할 수 있는 그런 사회적 해방입니다. 그리고 자유의 제3단계는 인간해방, 즉 인간의 있는 그대로를 보장하는 문화적 자유입니다. 시민들의 감정폭발 그리고 실력행사에 호소하려는 각종 욕구에 대해 국가는 각종의 문화시설, 체육·오락시설을 통해 기분전환을 유도하고 심지어는 환각제 사용금지조치까지 완화해서 저항심리를 풀어주고 있습니다. 그게 서구사회가 각종 대중의 불만과 욕구를 기술적으로 처리해온 과정입니다.

먼 장래를 내다볼 때 외부세계와의 접촉은 서구개념의 제1, 제2, 제3 자유의 파도를 동반하고 있기 때문에 우리의 어떤 방파제도 극단의 통제도 결국은 붕괴될 것입니다. 어제의 황제가 오늘의 죄인이 되어버린 나라도 있습니다.

그는 숨 막히는 현실을 정확하게 지적하면서 밀려오는 자유의 물결을 예고하고 있었다. 그가 직격탄을 날리기 시작했다.

우리 같은 정치후진지역의 문제점은 무엇일까요? 극단의 반동적 현상고수와 급진적 현상타파의 혁명 기운이 엇갈리고, 제도보다는 격정적이고 극렬한 행동이 앞설 뿐 아니라 부분개량보다는 전면개조를 아우성치고 있는 세상입니다. 제1, 제2, 제3 자유의 동시 태풍이 한꺼번에 내습할 듯한 전면폭발의 전야를 항상 표류하는 형세라고 할 수 있습니다. 현대적 인간상실은 우리의 고독을 심화시켜 주고 있습니다. 남을 불신하는 정도가 아니라 자기 자신까지 불신하는 인간망실이 우리의 외로움에 비가를 들려주고 있습니다. 혈연, 지연, 학벌 등 끈을 배제한 개체는 허망할 정도로 고독한 초현대인으로 분화되기도 합니다. 그런 속에서 허무주의·찰나주의가 나오고 정신적유랑의 풍조가 만연해 있습니다. 우리에게는 뭔가 획기적인 전환이, 그것도 일시적 즉흥적이 아닌 장기적 계획적인 전환이 필요합니다. 그리고 그것을 담당할 수 있는 새 지도층의 양성이 반드시 뒤따라야 할 것입니다.

이윽고 본론이 나오고 있었다.

우리는 미·소 냉전의 산물인 국토분단 민족분열 속에 있습니다. 남북의 상호 폐쇄적 군사대치는 언제까지 계속될지 모르며 이러한 요소로부터 네오밀리터리즘, 즉 신(新)군사주의가 나타나 장기화할 공산마저 보이고 있습니다. 힘이면 최고다 하는 의식이 팽배하고 있습니다. 외자에 의존해서 경제성장을 추구하다 보니 권력과 결탁된 신중상주의가 판을 치고 있습니다. 해방 당시 일본인 소유의 기업과 토지 재물을 받아 자본형성의 시발로 삼은 사람들은 공짜 관념이 있습니다. 수단과 방법을 가리지 않고 돈이 최고라는 금전만능주의 타락 풍조가 우리의 의식세계를 지배하고 있습니다. 벼락부자가 나오고 벼락감투도 생기고 벼락 성장에 벼락 사치, 벼락 퇴폐까지 발생하게 됐습니다.

거기다 우리 한민족은 외롭습니다. 서구의 여러 나라들은 대등한 입장에서 각자 주권을 주장하면서 문화공동체, 경제공동체를 형성할 수 있었습니다. 아프리카의 미개민족도 아프리카 국제주의를 부르짖을 수 있는 대단위 광장이 있습니다. 또 아랍 민족은 그들대로 아랍 통합이라는 꿈과 희망을 가질 수 있습니다. 반면 우리의 주변 강대국을 보면 대등한 입장에서 파트너십을 유지할 수 있는 조건이 하나도 없습니다. 영토건 인구건 빈부건 대등한 입장에서 공동체를 함께 형성할 수 없으니 외로운 것이고 거기서 우리의 무력감이 나오기도 합니다. 이 점은 북한도 마찬가지일 것입니다.

어떤 민족이든 위대한 꿈을 그릴 때는 정신분열증을 경험하게 마련입니다. 1860년 비스마르크가 독일 통일의 웅도를 펼쳤을 때도 정신분열증이라고 비꼬는 소리가 높았지만 끝내 실현을 보았습니다. 또 19세기 말까지만 해도 미래의 복지사회를 꿈꾸는 사람을 정신이상자들의 환상이라고 몰아붙였지만 오늘날 서구 사회는 그것이 현실로 나타났습니다. 지금의 환상은 내일의 현실입니다. 환상을 현실로 밀고 가는 집요한 추구가 있어야 하겠습니다.

역사는 빠릅니다. 너무나 걷잡을 수 없는 혼돈의 시대에 우리는 살고 있기 때문에 엉뚱하게 우리에게 유리한 변수가 뛰쳐나올 가능성이 전무한 것이 아닙니다. 자유·평화·번영·복지의 민족통일이 우리의 궁극적인 목표입니다.

세상을 보는 눈을 활짝 열어주는 그의 명강의였다. 1975년 2월 김상협 총장은 떠나보내는 2500여 명의 제자들에게 이렇게 외쳤다.

우리 대한민국 국민은 해방 후 30년을 맞이하는 오늘의 이날에 이르기까지 국토분단과 남북대치로 말미암아 불가피하게 취해진 신군사주의, 자체 자본 없이 고도성장에로 지향하는 방책으로서 채택된 신중상주의, 그리고 낙후된 상태 속에서 근대화 작업을 강력히 추진하기 위해서 교묘하게 짜인 신관방주의(新管房主義), 이런 한국적 특수한 좁은 틀 속에 얽매어 그 부조리의 현실을 말없이 감내하는 고통을 겪어왔습니다. 언제 우리 땅에도 이러한 긴장과 편중과 통제의 차가운 삭풍이 지나가고 훈훈한 봄바람이 찾아올 수 있을지 답답하기만 합니다. 개인에게나 민족에게나 역사의 진행 과정은 온갖 좌절과 실의를 넘어서 결국은 자유 정의 진리의 정해진 방향으로 일보 일보 꾸준히 접근해가고 있음을 명심해야 하겠습니다. 우리는 이와 같은 역사의 신을 굳게 믿고 정진해주기 바랍니다. 우리에게는 기필코 자유복지사회를 이루어야 합니다. 또 민족의 사명이며 운명인 통일을 맞이해야 할 것입니다.

그의 말이 있을 때마다 언론은 대서특필했다. 그의 말은 정권을 향한 바른 소리와 세계사의 흐름을 바로 알려주는 선각자의 예언이었다. 김상협 총장은 서서히 밀려드는 박해의 물결을 느끼면서 대학 시절 스승인 동경대학의 난바라 교수를 떠올렸다. 난바라 교수는 평생 자기 시대의 문제와

대결하는 삶을 살았다. 난바라 교수가 요시다 수상과 정면 대결했듯이 그
또한 박정희 대통령과 맞선 것이다. 아버지 김연수 회장이 그에게 말했다.

"그 사람 보통사람이 아닌데, 나가야 할 것 같다. 나가라면 나가줘야지."

그 사람이란 박정희 대통령을 의미했다. 김상협은 총장직을 그만두고
학교를 떠나게 됐다.

♟ 미 국 의 본 심

김상협은 총장직에서 물러난 후 북한산 자락의 지축리 농장에서 독서와
산책으로 시간을 보냈다. 위궤양 증세에 혈당치가 높다는 진단이 나왔다.
그는 하루 두 갑을 피우던 담배를 끊고 좋아하던 술도 줄였다. 그는 세계
정세에서 잠시도 눈을 뗄 수 없었다. 《뉴스위크》지와 격월간 학술저널《공
산주의의 제 문제》는 그가 끊임없이 읽는 잡지였다. 그는 서재에 파묻혀
그동안 돌보지 못했던 저서 『모택동 사상』을 틈틈이 손보고 있었다. 문화
대혁명 이후 중국이 싫건 좋건 실용주의적 개량노선을 걷지 않을 수 없을
것이라는 생각이 들었다. 그는 월남 패망의 배경을 살펴보면서 한국의 안
보가 걱정되었다.

그가 알게 된 월남 패망의 배경은 대충 이랬다. 미국의 여론은 전쟁 반
대고 월남의 독재자 티우 대통령에 대해 인상이 좋지 않았다. 미국 대통령
선거 직전이었다. 그런 상황에서 월맹은 월남 정부를 배제한 채 미국과 직
접 파리에서 평화협상을 하자고 제의했다. 월맹은 닉슨 대통령의 휴전안
을 수용한다고 파격적인 제의를 했다. 미국의 여론은 이를 받아들여야 한
다는 방향으로 돌았다. 미국의 반전 운동가들은 미국의 외교정책은 부패
한 사회의 오만이라고 몰아붙이면서 여론을 부추겼다. 여론과 언론이 전

쟁 반대 쪽으로 돌아섰다. 의회는 미 군사력을 인도차이나의 육상이나 상공에서 사용하는 것을 금지하는 법안을 통과시켰다. 월남에 대한 군사원조액도 깎아버렸다. 월남에 있던 미군이 철수를 개시했다. 한때 50만 명에 달하던 병력이 3만 명으로 줄었다. 그뿐만 아니라 육상전투에는 참여하지 않았다. 당시 대통령 보좌관 키신저는 다급해졌다. 얼마 후로 닥친 대통령 선거에서 닉슨이 반전평화운동세력의 지지를 받는 민주당의 조지 맥거번을 꺾기 위해서는 일단 월맹과 휴전협정을 맺어야 했다. 키신저는 월남 대통령 티우를 압박했다. 월남의 티우 대통령이 그를 방문한 키신저에게 항의했다.

"귀하는 월남을 팔아넘길 작정인가? 우리는 공산당과 직접 대화하지 않고 귀하가 중계했는데 귀하는 누구 편인가? 왜 적에게는 호의적이고 우방을 희생시키려 드는가?"

6·25 전쟁 당시 미국은 어땠을까. 이승만 대통령은 미국이 북한과 서둘러 휴전협정을 맺고 한국에서 물러나려는 기색이 보일 때 북진통일 선언과 반공포로 석방으로 미국을 압박했다. 미국은 이승만 정부를 달래기 위해 한미상호방위조약, 국군 현대화 계획, 주한 미군 유지 등을 약속했다. 월남의 티우 대통령은 닉슨을 상대로 그렇게 할 수 없었다. 무능해서가 아니라 미국의 여론과 언론이 티우 자체를 싫어하기 때문이었다. 미국 안에서 월남에 대한 지지세력이 없었다. 닉슨은 티우를 위협했다. 만약 티우가 휴전협정안에 동의하지 않으면 미국과 월맹이 조약을 강행하고 티우를 평화반대자로 발표하겠다고 했다. 결국 티우가 굴복했다. 휴전협정이 파리에서 조인됐다.

월맹은 13만 명의 월맹정규군과 함께 탱크, 장갑차, 로켓포, 장거리포, 대공포를 동원해 남쪽으로 침공하기 시작했다. 휴전협정 위반이었다. 월맹의 지휘부는 월남에 대한 총공세를 시작해도 미국이 개입하기 힘들 것으로 판단했다. 월맹 공산당 서기장은 이렇게 큰소리쳤다.

"미국 행정부의 내부갈등과 정당 사이의 분열이 깊어지고 있다. 워터게이트 사건은 미국 전체를 혼란에 빠뜨렸다. 미국은 사이공 정권의 파멸을 막을 수 없을 것이다."

그의 말대로 미국의 국론은 분열되어 월남 상황을 방관했다.

주한 미국대사 하비브는 1972년 10월 21일경 키신저에게 들은 월맹과 미국과의 휴전협정에 대한 구체적인 사항을 박정희 대통령에게 알려주었다. 그 자리에서 박정희 대통령은 월맹과 미국의 휴전협정안 속에 미군은 철수하겠다고 하면서 월남에 침투해 있던 월맹 정규군의 철수에 대한 규정은 없느냐고 따졌다. 협상 당시 약 14만 명의 월맹군이 월남에 들어와 베트콩으로 위장하여 싸우고 있었다. 국제적 감시도 불가능한 상황에서 월남 침투 월맹군에 대해서는 잔류를 허용하고 주월 미군은 철수시키는 협정이 무엇을 의미하느냐는 게 박정희 대통령의 날카로운 질문이었다.

1975년 4월 29일, 박정희 대통령은 텔레비전과 라디오가 전국에 중계하는 가운데 특별담화를 발표했다. 사이공이 월맹군에 포위되고 탄손누트 공항이 포격을 받고 있으며 주월 한국대사관이 문을 닫고 교민들이 철수선을 타고 귀환 중인 시점에서 나온 박 대통령의 담화의 내용은 이랬다.

우리에게 어떤 약점이 생기거나 우리가 약하다고 그들이 보았을 때는 지금까지 체결한 협정이니 하는 것은 하루아침에 휴지처럼 내동댕이치고 무력을 가지고 덤벼드는 것이 바로 공산주의자들입니다. 병력이나 장비가 우세했던 월남은 집안싸움만 하다가 패전을 당한 것입니다. 만약에 앞으로 북한 공산집단이 전쟁을 도발해 온다면 우리가 사는 수도 서울은 절대로 철수를 해서는 안 됩니다. 전 시민이 이 자리에 남아서 사수해야 합니다. 국민들은 제각기 내 고장, 내 마을, 내 가정을 사수해야 합니다. 우리는 이 중대한 시국을 에누리 없이 인식해야 하겠습니다.

1975년 7월, 미국 메릴랜드 주 포트미드의 국가안전보장국 사무실에서 정보분석관 존 암스트롱은 북한군 탱크들을 항공 촬영한 사진들을 살펴보다가 이상한 느낌을 받았다. 기존 자료와 비교해볼 때 탱크 수가 엄청나게 늘어난 것이다. 비무장지대 북쪽 계곡에 전에는 없던 전차사단이 등장했고 그 규모는 전차 270대, 장갑차량 100대 규모였다. 암스트롱은 북한군의 전차가 기존 정보판단보다도 약 80%가 증강되었다는 결론을 내리고 이를 상부에 보고했다. 놀란 국방부는 35명의 분석팀을 새로 만들어 북한군 전력에 대한 종합적인 재평가작업에 들어갔다.

1975년 11월 9일, 김상협은 미 국무성의 초청으로 워싱턴으로 갔다. 워싱턴에서 그는 전 주한 미국대사 그레그와 하비브를 만나 대화를 나누었다. 그 자리에서 그레그는 이런 말을 했다.

"앞으로 3년 후에 있을 박정희의 재집권 기도는 그 자신을 위해서나 한국의 장래를 위해서나 불행한 일일 것입니다. 박정희 대통령 본인은 물론 한국에도 일대 파국이 올 것으로 봅니다. 지금 흐름은 그 방향으로 가고 있습니다. 김상협 교수께서는 당분간 매사를 관망하면서 은인자중함이 바람직합니다."

그는 하비브 전 주한 미 대사도 만났다. 그는 김상협 총장에게 이렇게 말했다.

"제3세계 때문에 난장판이 되어버린 유엔에서 미국은 득표능력이 저하됐습니다. 대(對)유엔 외교가 난관에 봉착한 겁니다. 그 때문에 한국 문제

처리도 계속 어렵게 전개되리라고 보입니다."

김상협은 미국이 한국 문제에 대해서는 피곤을 느끼고 언급조차 하기 싫은 체념상태인 것을 느꼈다. 김상협 총장은 그 외에도 많은 미국의 요인들을 만났다. 미국 내 리버럴리스트들은 한국의 독재정치를 비판하면서 비민주적이라는 점에서 남과 북이 다를 바 없으므로 한국을 도와줄 필요가 없다고 했다. 박정희 대통령에 대한 미국의 인상이 좋지 않았다. 그들은 월남의 티우 대통령보다 더 박정희를 싫어하는 것 같았다. 김상협 교수는 만약 미국이 북한과 직접 평화협정을 맺을 경우 월남 패망에 비추어 한국은 어떨 것인가를 떠올렸다. 유사할 것 같았다. 북한의 김일성은 유고슬라비아의 티토 대통령 등을 통해 미국에 벌써 손짓을 하고 있다는 소리도 들렸다.

김상협 총장은 로스토 교수도 만났다. 로스토는 한국의 경제발전을 언급했다. 한국은 기본 동력인 우수인력에 기대를 걸 수 있기 때문에 이제부터 전자·정밀공업, 자원절약형 두뇌산업으로 발전해나가면 희망적일 것이라고 했다. 그는 김상협에게 부유층에 많은 세금을 물려 그 재원으로 의료·교육 사회사업에 충당해서 기회균등을 기하면서 부패 일소에 힘써나가야 한다고 권유했다.

김상협 총장은 통일 문제에 대한 미국의 시각도 살폈다. 한반도의 통일은 남과 북 어느 쪽에 의해서건 통일이 주변국에 위협이 되기 때문에 4강은 현상고착을 바란다는 걸 재확인했다. 김상협은 미국 방문에서 미국인들의 단면을 발견하기도 했다. 미국인들은 언제든지 등을 돌릴 수 있는 변덕이 있었다. 미국에게 월남전은 잠시 판단 착오로 빠져든 전쟁이었다. 미국은 쉽고 빠르게 월남을 망각하는 것 같았다. 한국에 대해서도 언제 어떻게 마음이 바뀔지 모른다는 생각이 들었다. 6·25 전쟁 시 미국이 참전했지만 휴전협정은 사실상 미국의 패배라고 생각했다. 그리고 중공의 자존심을 한껏 높인 결과가 되었다. 중공군이 직접 미국과 싸워 승리를 지킨 것이 되었기 때문이다. 미국 사람들은 누구에게나 뜻 없는 미소를 잘 짓는 모습이었다. 그것은 되도록 싫은 소리를 하지 않으려는 미국적 삶의 방식의 일면일 뿐이었다. 그걸 항구적인 호의나 절대적 호감으로 오해해서는 안 될 것 같았다. 한국의 민주화와 안보의 관계에 대해 그는 생각했다. 안보가 확보되어야 민주화도 가능한 것이다. 동시에 안보가 불확실해지면 그걸 구실로 독재가 더욱 강화될 수도 있었다. 월남 패망의 충격과 미국의 믿을 수 없는 변심, 그리고 국내의 전 영역에 걸친 긴급조치의 암울한 현실 속에서 그는 미국이 한국을 포기하지 않기를 기원했다. 그러나 위기는 바로 앞에까지 다가와 있었다.

♟ 카터의 압력

1976년 미국 대통령 선거가 있었다. 카터 후보는 후보연설에서 한국의 인권문제 해결과 미군 철수를 공약으로 내세우면서 이렇게 폭로했다.

"한국엔 700개의 핵폭탄이 있다. 나는 단 한 개라도 왜 거기에 있어야 하는지 알 수 없다."

실제로 당시 한국엔 683개의 핵폭탄이 있었다. 카터는 박정희 대통령을 싫어했다. 미국 의회에 김형욱 등 반(反)박정희 인물들이 한국의 인권을 고발하면서 한국지도자에 대한 인상이 더욱 나빠졌기 때문이다. 카터 후보의 지지층은 월남전 반대 운동과 워터게이트 사건을 일으키면서 미국 사회의 흐름을 주도하고 있던 진보 세력이었다. 그런 카터가 선거에서 승리했다. 대통령에 취임하자마자 카터는 박정희 대통령에게 정치범을 석방하라고 요구했다. 카터는 이어서 한국 내의 핵무기 및 주한 미군의 철수를 추진하기 시작했다. 박정희 대통령이 지지 않고 노골적으로 맞받아쳤다.

"월남 패망 때부터 내 이럴 줄 짐작했어요. 카터는 땅콩 장사만 해서 그런지 경륜이 없다더군. 한국에 어떤 인권문제가 있느냐고 미국 사람들에게 구체적으로 물으면 아무도 대답을 못 합니다. 인권침해란 법에 의하지 않고 재판도 하지 않고 탄압하는 것을 말하는 것이지, 헌법에 따라 3심을 거치고 그것도 공개리에 외국 기자들한테까지 방청을 시키면서 법으로 확정해서 처벌하는 것을 어떻게 인권침해라고 할 수 있는가 말이오. 반체제 사람들이 콧대를 높이는 것도 바로 미국 사람들 때문이야. 미국이 도움이 안 된다고 느낄 때라야 감옥에 들어가 있는 사람들도 생각이 달라질 것이고 그렇게 되면 놓아줄 수 있지. 이 기회에 그 사람들의 사대 근성을 뿌리 뽑아야 됩니다. 외세에 의존하는 근성을 버리지 않고는 진정한 자주독립 국민이라고 할 수 없어요. 그동안 미국에서 반정부운동을 하던 한국 사람들의 말을 미국 언론은 그대로 셀어줬단 말이야. 우리는 이제 미국에 더는 구걸하지 않아요. 내년에 불란서에서 장갑차 150대를 도입하고 가을에는 서해에서 미사일 시험발사도 할 것입니다. 핵을 가져가겠다면 가져가라지. 그들이 철수하고 나면 우리는 직접 핵을 개발할 생각이오."

박정희 대통령이 비서관 회의와 주변에 한 말이다. 1977년 5월 5일, 카터는 주한 미군 전체를 철수한다고 결정을 대통령지시각서 12호에 담아 미 합동참모본부에 내려 보냈다. 한미 간의 마찰과 위기가 다가와 있었다.

1977년의 겨울 같은 봄이 돌아왔다. 북한산 자락에 진달래가 가슴 서늘한 빛으로 피어났다. 그 색깔은 김상협의 마음까지 물들이는 것 같았다. 그는 어느새 세월이 갔다는 걸 느꼈다. 아무 일도 할 수 없었다. 이따금씩 낚시터로 갔다. 그는 낚싯대 두 대를 펼쳐놓고 바위같이 앉아 명상 속에 빠져들었다. 지나가는 낚시꾼은 고기가 잡히지 않아도 움직이는 법이 없는 그를 보면서 물가의 바위 같다고 생각했다. 김옥길, 김동길 교수 남매가 더러 찾아왔다. 김상협은 그들과 더러 우래옥에 들러 냉면에 소주잔을 기울이면서 대화를 나누었다. 그 무렵 그는 일기에 이런 독백을 했다.

'곰곰이 생각하면 나의 인생도 이제 15년, 기껏 해봤자 20년밖에 남지 않았는데 여기저기 길이 막혀 있으니… 나머지 인생을 어떻게 보내야 좋을지.'

수명에 대한 그의 예측은 정확했다. 그때가 수명이 20년 남은 시점이었다. 김상협은 낚싯대를 드리우며 조용한 중에도 그의 지적 순례는 쉬지 않았다. 북한산 자락의 농장에서 매주 미 대사관의 참사관급 직원인 드래고니라는 미국인을 불러 얘기를 들었다. 그를 통해 그때그때 발생하는 문제에 대한 미국의 마음을 읽으려고 한 것이다. 김상협은 카터의 진의가 인권에 있는지, 주한 미군의 철군에 있는지를 정확히 알고 싶었다. 칩거하고 있다고 하지만 제자들을 비롯해서 찾아오는 사람들이 많았다. 미국, 일본, 서독, 영국, 캐나다, 자유중국 대사 등 주한 외교사절들이 찾아오기도 했다. 미 국무부 차관 하비브가 특사 자격으로 방한해서 대통령과 대담을 한 후 김상협을 만나 대통령과 대화한 얘기를 전해주기도 했다. 하비브는 한국 내의 인권문제를 거론하는 카터의 정치적 입장을 대통령에게 설명했다고 전했다.

그 무렵 글라이스틴 대사는 박 대통령을 만나 한미 정상이 직접 만나 얘기해보는 것이 어떠냐는 제안을 했다. 박 대통령은 정상회담은 할 수 있지만 인권개선을 전제조건으로 거는 건 불쾌하다고 거부반응을 보였다. 글라이스틴 대사는 미국 선교사인 아버지 덕분에 북경에서 태어나 중국에서 자란 사람이었다. 예일 대학교를 졸업한 이후 직업외교관이 되었고 동아시아를 전공했다. 그는 아시아 사람을 다루는 방법을 알고 있었다. 글라이스틴 대사는 인권개선의 필요성을 박 대통령에게 건의할 수 있는 인물들과 자주 접촉했다. 정상회담의 성공을 위해서 긴급조치 9호를 해제하고 구금자를 석방하면 주한 미군 철수 문제에서 호의적인 성과가 있을 것임을 얘기했다. 카터의 인권문제 거론도 미국 내의 진보세력을 의식한 정치적인 행동이라는 설명도 있었다. 그 무렵인 1976년경부터 김일성은 카터에게 편지를 보내 직접 접촉할 것을 제의했다. 한국을 제외하고 직접 미국과 대화하자는 내용이었다. 1977년 7월, 주한 미군의 헬리콥터가 비행 실수로 북측 비무장지대 상공으로 들어갔다가 격추되어 미군 세 명이 죽고 한명은 억류되었다. 북한은 이례적으로 사흘 만에 유해와 생존 미군을 돌려주었다. 김일성은 유고슬라비아의 티토 대통령을 통해서도 카터에게 편지를 보내 미·북 직접 대화를 제의했다. 월맹이 미국과 직접 협상을 벌인 것과 흡사한 과정이었다. 북한은 대포와 전투기를 배로 늘렸고 장갑차는 세 배로, 수륙 양용차와 수송기는 네 배로 증강시키고 휴전선 가까이 공군 기지를 만들었다. 북한의 모든 병력은 전진 배치되고 공격대형이었다. 《워싱턴 포스트》지는 주한 미군사령관 베시의 참모장인 싱글러브의 말을 인용해서 주한 미군을 철수하면 한국에서 전쟁이 일어날 것이라고 예고했다. 주한 미군 사령관 베시도 미군이 철수하면 한국 내에서 전쟁이 발생하리라는 의견을 한국 중앙정보부장에게 알려주었다. 한미 정상회담이 준비되고 있었다. 미국의 요구는 한국의 민주화였다. 미국의 정계 주변에서는 한국의 대통령이 정치범을 석방하고 민주화에 대한 구체적인 계획을 밝히라고 했다.

III · 역사신의 제사장

♟ 김 총 장 의 한 국 민 주 화 계 획

1977년 8월 18일, 김상협은 다시 고려대 총장으로 복귀했다. 물고기가 물을 만난 듯했다. 다음 해 2월 그는 졸업하는 2700명의 제자들 앞에서 한국의 꿈을 얘기하기 시작했다.

근대화 공업화의 실행과정에서 그 부작용으로 온갖 부조리와 빈부격차, 인간경시의 풍조가 생겨나고 자칫 잘못하다가는 우리 사회 전체를 파멸의 위기로 몰아넣을 수 있는 상황입니다.

언제 이런 난제들이 말끔히 해결되어 소수의 특권이 다수의 복지로 승화하는 날이 올지 묘연하기만 합니다. 1975년의 월남 공산화 이후 그런 실책과 비극이 한반도에서 일어날 수 있다는 우려들이 생겨나고 있습니다. 국제적 평화장치로서의 동맹은 일시에 무너질 수도 있습니다. 어느 나라도 다른 나라에 대하여 무조건 항구적으로 동맹국일 수 없는 오늘의 매정한 국제사회입니다.

이렇듯 위기의 현실을 예리하게 지적한 그는, 1979년 7월 12일에는 아산재단의 심포지엄에서 한국이 나아가야 할 대안을 연설을 통해 제시했다.

저는 오늘 여러분에게 우리가 어떤 나라가 되어야 하는가, 그 희망을 말씀드려보고 싶습니다. 갑자기 치부한 부유층이 사치와 낭비 그리고 그 위세를 과시하는 현상이 나타나고 있습니다. 그런 현상은 국민에게 상대적 박탈감과 함께 심리적인 소득격차를 더욱 크게 합니다. 아무리 국민대중의 실질소득이 향상되었다고 하더라도 부유층의 몰지각한 행위들은 국민에게 '풍요 속의 빈곤'과 '성장 속의 소외'라는 감정을 일으키고 정신적 실향민이 되게 하고 있습니다. 경제성장의 열매는 전체 국민이 다 함께 땀 흘려 일한 공동노력의 결과입니다. 그렇다면 그 분배는 대기업뿐만이 아니라 중소기업에도, 근로자에게도 공정하게 이루어져야 합니다. 그러려면 어떻게 해야 할까요? 우선 돈이 없으면 공부를 할 수 없습니다. 공부를 해서 좋은 학교 졸업장을 얻지 못하면 좋은 곳에 취직하거나 자격증을 얻을 수 없습니다. 공부를 못하면 사회 밑바닥으로 추락하고 가난이 대물림됩니다. 또 공부를 한다고 해도 일자리가 없어 실업이 늘어나고 많은 청년들이 가정을 이룰 수 없는 경우가 있습니다. 점차 홀로 사는 사람들이 늘어나 이 사회에서 가정이라는 제도가 파괴될지도 모른다는 불안감이 엄습하고 있습니다. 이런 사회적인 고민을 어떻게 해결해야 할까요?

그의 질문은 계속되고 있었다.

많은 사람이 암에 걸려 죽음을 맞이합니다. 치료비가 많이 들고 가족이 그 비용을 부담하기 불가능한 사태가 되기도 합니다. 우리에게는 푸른 하늘과 깨끗한 공기와 맑은 물조차 사라지고 있습니다. 스웨덴이나 덴마크 같은 높은 수준의 사회보장제도를 갖게 된 북구 제국이 복지사회를 실현시킬 수 있었던 것은 과거 150년 가까운 동안 전쟁다운 전쟁을 한 번도 치른 일이 없었고 따라서 과중한 국방비 지출이 복지 지출을 압박한 적이 없기 때문입니다. 자원은 풍부하고 인구는 얼마 안 되고 게다가 오랫동안 협동조합운동으로 사회적 연대의식이 확고한 유리한 조건들이 갖추어져 있었습니다. 이에 비해 우리는 어떻습니까? 우리 한반도의 휴전선은 단순한 군사분계선이 아니고 남과 북은 치열한 군비 경쟁 속에 있습니다. 국방비가 지상명제로 되어 있고 날로 심화되는 자원부족과 인플레이션이 복지 실현에 역작용을 하고 있습니다. 이런 현실 속에서 나라의 미래는 어떨까요?.

이어서 그가 오랫동안 고심한 구체적인 방향이 나오고 있었다.

어려운 환경 속에서도 상품수출과 인력진출은 지난날 우리 민족의 악몽이었던 기아와 침체를 극복하고 만성적 실업사태를 해소하는 데 공헌했습니다. 이제 우리도 노력하면 당당한 선진공업국이 될 수 있다는 민족적 긍지마저도 느낍니다. 이제부터는 고급 지식인력의 대량 양성을 통해 고도산업화 과정을 조속히 추진하고 이에 따르는 두뇌산업의 국제적 대량 진출이라는 선진국 방식의 발전방향으로 가면 될 것입니다. 동시에 경제성장에만 치중하던 종래의 입장을 넘어서서 복지사회 건설의 새로운 이정표를 구상해보아야 할 시점입니다. 그동안의 현대적 자본형성 과정에서 빈부격차, 도시화에서 일어나는 온갖 정신적·신체적 공해현상, 거기에다 인간상실과 여기서 비롯되는 정신적 실향민의 풍조 등은 자칫 잘못하다가는 우리 사회 전체를 파멸의 위기로 몰아넣을 수 있습니다. 우리가 살고 있는 이 시간과 공간은 항상 괴로운 것, 어두운 것으로 가득 차 있는 것 같지만 그 속에서도 점차로 밝은 것, 즐거운 것도 늘어나고 있다는 사실 또한 잊어서는 안 될 것입니다. 그리고 이런 진보, 이런 개선에로의 전진은 바로 우리 자신의 노력에 의해 더욱 빨리 촉진될 수 있는 것입니다.

인류가 사회를 형성하고 살아온 이래 항상 가난한 자와 불행한 자 그리고 약한 자를 도우려는 연민의 정이 있었으며 이것이 복지에 대한 관심의 밑바탕이라고 할 수 있습니다. 그러나 제가 말하는 복지는 거대 기업이 사회적 책임을 인정하고 그동안 기업 과실의 일부를 되돌려주는 것과는 다른 차원의 체제적인 성격의 것입니다. 우리나라에서는 예로부터 가난은 나라도 구하지 못한다는 속담이 있습니다. 그러나 이제는 가난도 질병도 재해의 복구도 모두 나라와 사회의 연대책임이 되어야 할 것입니다. 현대적 의미의 사회복지의 이념은 강한 자의 동정이나 자선과는 전혀 다른 차원의 구상입니다. 복지사회는 대중들을 현혹하기 위한 막연한 이데올로기의 청사진이 아니라 과학적 분석과 예측에 바탕을 둔 점진적 사회개선의 구체적 방안이어야 하며, 결코 급진적 혁명가의 독선적 유토피아가 아니어야 할 것입니다.

그가 추구하는 나라가 윤곽을 드러내고 있었다.

지금의 현실은 극단적으로 가정의 해체를 넘어서서 부부의 해체가 문제되는 판국입니다. 일부일처로 100년을 같이 늙어갈 것이 아니라 다부다처로 인습에 얽매이지 말고 시원시원하게 해치우자는 데까지 발전하고 있습니다. 사회복지의 기지로서 우리는 무엇보다 건강한 가정의 존립과 육성에 힘을 기울여야 합니다. 몸과 마음의 고향으로서의 가정은 재발견되어야 할 것입니다. 가정을 위해서 국가의 특별배려가 필요합니다. 1가족 1주택의 주거공간을 소유할 권리를 누리고 취업권의 보장을 통해 가정유지에 충분한 소득을 확보할 수 있어야 합니다. 조세나 보조금 부양금 양노금도 개인본위가 아니라 가정을 고려해서 결정해야 합니다. 가정은 사람을 낳고 기르고 가르치고 돌보아주고 사랑을 확인하는 삶과 보람의 원천이기 때문입니다.

그의 대안은 아주 구체적이었다. 그가 노사문제로 방향을 바꾸었다.

노사문제를 근본적으로 해결하는 것은 근로자를 사슬밖에 없는 무산자가 아니라 잃을 것이 많은 대등한 참가자로 만드는 길밖에 없습니다. 산업의 평화가 생산성 향상으로 이어지고 그 위에 국민적 일체감이 생기게 해야 합니다. 그렇게 하기 위해서는 노동자의 이익 균점과 경영 참가, 소유 참가로 복지국가의 새로운 길을 모색해야 합니다. 제가 말하는 사회는 무소유의 공산주의가 아닙니다. 오히려 정반대로 만인에게 사유재산권을 형성해주도록 진력한다는 점입니다. 경제성장의 열매는 전체 국민이 다 함께 땀 흘려 일한 공동노력의 성과입니다. 그 분배는 대기업뿐 아니라 중소기업도 근로자에게도 공정하게 이루어져야 합니다. 그들을 이른바 '멍에밖에는 아무것도 잃을 게 없는 무산자'가 아니라 잃을 것이 많은 대등한 참가자로 만들어야 한다는 것입니다. 노동자를 대등한 참가자로 만들기 위해서는 무엇보다도 교육이 담당하는 역할을 중시해야 합니다. 개인적으로 의무교육을 연장하고 개인적으로 진학의 기회를 상실하고 학비부족으로 좌절하는 청소년이 없도록 대학까지 능력 본위의 완전 장학사회를 만들어야 합니다. 모든 국민에게 소득수준에 상관없이 건강한 참가자가 되도록 의료보험제가 전 국민에게 보편화되어야 할 뿐 아니라 중병으로 인해 사회적 낙오자가 되는 위기에서 국민을 해방시킬 수 있는 무료 의료서비스제가 확립되어야 합니다. 개인주의적 자본주의적 경제에서 새로 생겨난 소득의 심한 격차를 개인의 책임이 아니라 사회적·제도적 책임으로 인식하고 그것을 사회정의의 입장에서 시정해보려는 사회적 노력과 법제적 작업을 시도해야 할 것입니다. 인간다운 생활의 최저수준을 보장하는 사회보장과 일할 권리와 일터를 마련해주는 완전고용과 각 방면으로 자기실현의 기회와 가능을 모든 국민에게 모두 부여하는 기회균등이야말로 복지사회 건설의 3대 지주입니다. 복지사회는 인간의 존엄, 사회의 연대, 대등한 참가 세 가지가 원칙이어야 합니다. 이 원칙 아래서 모든 국민이 자기실현의 기회와 가능성을 열어갈 수 있도록 해야 합니다.

이런 복지사회를 향유하고 실현할 수 있는 인간상은 어떤 사람일까요? 근면과 성실과 능력으로 자기 생활을 자주적으로 영위할 수 있는 주체적 인간, 대등한 참여로 자기주장 자기실현을 관철할 수 있는 민주적 인간, 그리고 복지적 연대와 책임을 다할 줄 아는 사회적 인간일 것입니다. 전체 국민사이에 정신적 실향민이 생겨나지 않도록 동질의식을 길러나가는 것이 중요합니다. 복지사회 건설이야말로 이데올로기를 초월해서 민족적 동질성을 증대시키고 이질체제와의 대립을 흡수·동화해낼 수 있는 민족통일의 명분과 실력의 원천이 되는 것이며, 우리가 복지사회 건설을 지향해야 하는 이유와 당위가 바로 여기에 있는 것입니다. 인류사의 전개과정을 보면 모든 나라가 중간결산단계로서 반드시 통과해야 하는 공통의 광장이 있었습니다. 그것이 자유복지사회인 것입니다. 활력 있는 자유복지사회가 되어야 합니다. 그것이 인류사가 발전해가는 필지(必至)의 방향입니다. 우여곡절을 겪으면서도 서구의 선진사회가 이미 이 길을 통과하고 있고 미국이 가고 소련 동구 중공도 그 길로 향해 가고 있습니다. 세계대세가 그렇고 북한도 시간이 걸릴 뿐이지 그 길로 가지 않을 수 없을 것입니다. 따라서 인류의 공통의 광장인 자유복지사회 건설이야말로 미래지향적 민족통일의 광장이 된다는 것입니다.

그의 국가경륜의 철학과 계획이 담긴 연설이었다. 그의 이런 주장을 각 일간지는 크게 받으면서 조명했다. 1979년 4월 20일, 그는 자신의 사상이 담긴 글들을 모아 『지성과 야성』이라는 책을 발행했다. 그것은 글이 아니라 그가 세상에 내놓은 당당한 정론이고 활자화된 목소리였다. 1000명이 몰린 세종문화회관의 출판기념회에서 유진오 씨는 이렇게 평했다.

김상협 총장은 대학의 총장으로만 모시기에는 아까운 분입니다. 우리나라는 정세가 너무 험난해서 커다란 임무를 맡길 경우 다른 사람 같으면 야단법석을 떨 일도 김상협 총장은 순탄하게 처리할 능력이 있는 사람입니다. 정치정세가 어려운데 김 총장에게 좀 더 큰일을 맡길 날이 오기를 바라마지 않습니다.

김상협 총장이 유진오 전 신민당 당수의 추천을 받아 대통령으로 출마한다는 소문이 퍼졌다. 《경향신문》이 김상협 대통령 대망론을 보도했다. 정권에서는 김상협이 출판기념회를 열어 세상의 이목을 끌어 모으는 이유를 민감하게 보고 있었다.

♟ 창 당 준 비 위 원 장 거 절

1979년 10월 26일, 박정희 대통령이 피격되어 사망했다. 총으로 잡은 정권이 몇 발의 총성으로 사라진 것이다. 김상협 총장은 박정희 대통령의 영결식의 추모사에서 유신이란 말이 한마디도 나오지 않는 것이 이상했다. 박정희 대통령의 은혜를 입은 저명인사들은 울지 않고 가두의 부인네들은 슬프게 울었다. 초등학생들은 울고 대학생들의 애도행렬은 볼 수 없었다. 11월 10일에 있었던 최규하 대통령 권한대행의 중대발표를 듣던 김상협 총장은 그가 후임 대통령이 되고 싶어 하는 것 같았다. 사람들은 그 담화의 진의와 본색을 읽어내지 못하거나 일부러 외면했다. 최규하의 미봉적 수습책은 민주발전을 또다시 후퇴내지 지연시킬 게 틀림없었다. 최규하는 가짜고 뒤에 진짜가 있는 것 같았다.

12월 12일, 용산 쪽에서 총격전이 일어나고 계엄사령관 정승화가 체포

됐다. 다음 날 아침 6시, 김상협 총장은 육군 30사단 병력 1500명이 고려대에 진주했다는 보고를 받았다. 군의 대학 점거는 5·16 후 상습화된 정치과정이었다. 박정희 대통령이 시해된 10·26 사태와 12·12 군내 충돌의 성격에 대해 김상협은 전자는 불발 쿠데타로, 후자는 전두환의 진행형 미완성 쿠데타로 분석했다. 12·12를 선의로 해석하면 정규 육사 출신들이 비육사 출신들을 청소하는 하극상에 의한 일종의 숙군 작업이었고 군은 아직 정권장악 의지를 드러낼 만큼 일원적 통솔력이나 결집력이 없는 것 같았다. 시간이 지남에 따라 박정희 대통령의 총애를 받던 정치군인인 하나회 멤버들이 군을 주도하고 그 영수격인 전두환의 지휘하에 굳게 결속되어가고 있었다. 카터를 비롯한 미 행정부 측은 전두환에 대해 불쾌하게 여겼다. 특히 한미연합사령관 위컴은 자기 휘하의 병력을 멋대로 움직여 군사행동을 감행한 전두환을 군령이탈자로 규정하면서 몹시 화를 내고 있다는 걸 알았다. 그러나 정치적 혼란이 수습불능 상태에 이르면 미국도 어쩔 수 없이 군에 맡기게 될 것 같았다.

12월 21일, 대통령 취임식이 장충체육관에서 거행되었다. 최규하는 취임사에서 필요 이상으로 위기를 강조하고 위기관리정부를 자처하고 있었다. 헌법 개정에 1년씩이나 준비기간을 잡고 '특별한 사정이 없는 한'이라는 단서까지 단 걸 보고 김상협 총장은 최규하가 잔여임기 2년을 채우려는 욕심을 가지고 있다고 짐작했다.

1980년 1월 26일, 김상협 총장은 미국으로 갔다. 한국에서 벌어지는 정치적 격동을 미국은 어떻게 보는지 궁금했다. 그는 전 주한 미국 대사 그레그의 집을 방문했다. 그레그는 박정희 대통령에게 불행이 닥칠 것이라고 5년 전 예언을 한 적이 있었다. 찾아간 그레그의 집에는 전 유엔군 사령관 스틸웰, 전 국무차관 하비브, 울브라이트 등이 있었다. 그레그는 한국의 군부통치를 막기 위한 김종필 또는 최규하의 집권 가능성을 알고 싶어 했다. 그 자리에서 그레그는 '김재규는 대단히 성실한 사람이었다'고 좋게 평가했다. 김대중은 경원하는 입장이고 김영삼은 별로 문제시하지 않는 것 같았다. 전 주한 미 부대사 스턴은 수개월 내 군부에서 또 한 차례 소동이 있을지도 모른다고 예측했다. 워싱턴에 머무는 동안 김상협은 국무부를 방문하여 하비브를 만났다. 하비브는 이렇게 자신의 의견을 말했다.

"한국에서 조기개헌, 조기선거가 이루어지고 군은 완전히 정치에서 떠나가야 한다고 미국은 생각합니다. 민간인에 의한 민주제도의 확립이 중요하지 누가 대통령이 되느냐는 큰 문제가 아니라고 생각합니다."

그들은 지금 한국에서 군민 간의 교량역이 없다는 사실이 위험요소라고 지적했다. 김상협 총장은 펜타곤에 가서 참모차장이 된 전 미 8군 사령관 베시를 만나 미국의 입장을 듣기도 했다. 김상협 총장은 한국의 정치상황을 궁금해하는 미국의 요인들에게 이렇게 자신의 시국관을 얘기했다.

"현재 한국의 상황은 모든 게 불확실하고 불투명해서 앞을 예측할 수 없습니다. 최규하 정부는 새 역사를 내세우고 있지만 과연 새것인지 헌 것인지 알 수 없어요. 그리고 최 대통령이 진짜 대통령인지 대리 대통령인지도 잘 모르겠습니다. 극심한 인플레이션과 실업이 증가하고 국제수지가 더욱 악화되고 있습니다. 북쪽은 군부의 단일성이 결핍된 점과 그리고 한미 간의 동맹이 느슨해진 걸 이용하려 하고 있습니다. 한국내의 도덕성의 상실, 신뢰의 상실이 문제입니다. 한국의 앞날은 최규하 대통령이 고난을 무릅쓰고 용기 있게 국민에게 공약한 대로 총선거를 통해 평화적 정부이양을 실천하느냐 못 하느냐에 달려 있습니다. 최규하 정부가 정치발전 공약을 조기 실행할 태세를 보이면 학생들은 조용할 것입니다."

그 말에 베시 전 사령관이 자신의 의견을 이렇게 제시했다.

"조기 계엄 해제, 조기 선거 실시를 통해 조기 안정을 찾기를 바랍니다. 신정권의 안정, 군의 단결, 한미동맹 관계의 견지, 경제회복이 절실히 요청됩니다."

미국에서 만난 전 주한 미 대사 스나이더는 이렇게 말했다.

"여러 세력들이 자기 이익만 고집하지 말고 인내성 있게 자제하는 길밖에 없습니다. 김대중의 집권은 군부가 용납하지 않을 것입니다. 앞으로 2년간 한국민은 정치적·경제적·사회적으로 곤란한 처지에 있겠지만 이를 극복할 수 있을 정도로 성숙해 있음을 신뢰합니다."

김상협은 기자들로부터 이런 얘기들을 듣기도 했다.

"미국 정부는 세계적인 여러 가지 일로 분주하여 한국 정세에 대해서는 일정한 정책이 없습니다. 12·12 사태는 현상 그대로를 인정할 수밖에 없고 내정의 혼란과 혼돈이 계속되는 경우 군사통치까지 묵인하게 될 것입니다. 한반도에서의 자국의 이익 때문에 한국방위는 포기하지 않을 것이며 북한의 남침 가능성은 전무합니다."

한국에서는 정치 일정이 진행되고 있었다. 김영삼·김대중 등 정치인들의 복권이 있었고 양 김 씨의 행보가 뉴스의 초점이 되었다. 귀국한 김상협은 신현확 총리의 간청으로 헌법개정심의위원회 위원이 됐다. 회의에 참석한 김상협은 뭔가 잘못되어가고 있다고 느꼈다. 최규하 대통령이 직선제 개헌을 기피하는 듯한 표현을 쓰고 있었기 때문이다. 모인 사람들도 유신세력 일색이었다. 전두환 보안사령관이 중앙정보부장을 겸임하면서 권력을 집중적으로 장악했다. 군부는 김대중·김영삼·김종필의 집권은 반대하고 있으면서 누구를 내세울 것인지는 미정 상태였다. 그런 와중에 김상협 총장을 대통령으로 내세우려고 한다는 소문이 다시 돌기 시작했다. 김영삼이 고려대학교로 김상협 총장을 만나러 왔다. 김영삼은 자신과 김대중과의 합작이 완전히 성공할 것이라고 낙관하고 있었다. 김상협 총장은 김영삼이 순진한 사람이라고 느꼈다. 5월 7일, 김상협은 김대중과 외교구락부에서 만나 저녁을 함께했다. 그 자리에서 김대중은 국민운동을 하면서 적극 투쟁할 것을 얘기하면서 김영삼 씨는 자신과 시국관이 다르다고 했다. 김상협 총장은 김대중과 김영삼이 전혀 다른 생각을 하고 있음을 알았다.

학생들의 반정부 데모가 본격화하기 시작했다. 5월 1일을 기점으로 학생들의 대대적인 시위가 있었다. 학생소요에는 그것을 이용하려는 세력이 배후에서 작용하는 것 같았다. 김상협은 신현확 총리를 만났다. 그 자리에서 신 총리는 이렇게 말했다.

"지금의 학생시위가 단순한 민주발전을 위한 것이 아니라 전면적인 사회혁명을 목표로 하고 있고 월남 공산화의 초기 단계를 꿈꾸고 있는 것 같습니다. 계엄 해제, 유신 잔당 일소를 외치고 있지만 시위는 혼란만 더하게 할 겁니다."

고려대생 4000명이 신현확 축출을 외치며 도심으로 진출했다. 김상협 총장은 계엄 철폐와 신현확 총리 사퇴, 전두환의 남산부장 겸직 포기가 실현되어야 학원가는 조용해질 것이라고 판단했다. 그는 정부와 학생 간 벌어지고 있는 대결을 전두환의 영남과 김대중의 호남의 대결로 파악하고 아직은 무승부로 보고 있었다. 이 시기에 서울과 워싱턴을 오간 카터 행정부의 '비밀 전문'은 최규하와 그의 정부를 '교활한 방임주의자'로 단정했다. 교활이란 정권의 횡재를 끝까지 배제하지 않는 기회주의적 의도를 묘사한 단어였다.

5월 18일, 아침에 일어난 김상협은 세상이 또 한 번 완전히 뒤집힌 걸 알았다. 비상계엄의 전국 확대조치와 함께 대학에 군이 진주했고 학생·노동자의 배후세력으로 김대중, 문익환, 김동길 등이 검거됐다. 20일 광주사태 소식이 들려왔다. 초헌법적 헌법기관인 국가보위 비상대책위원회가 생겼다. 그것은 전두환의 군사정권을 의미했다. 이어서 모든 신문들의 전두환 영웅 만들기가 광적으로 연출되는 가운데 전두환의 집권을 기정사실화 하고 있었다. 11대 국회의원선거를 앞두고 민정당의 윤곽이 국민 앞에 모습을 드러냈다.

1980년 12월, 창당준비위원회 대변인이던 박경석 의원이 김상협 총장을 찾아왔다. 1967년경 동아일보 정치부 기자이던 박경석은 국회의 정당 반장이었다. 기자 시절 그는 김상협 교수와 종로 1가의 백조그릴 등에서 종종 만나 얘기를 나눈 적이 있었다. 김상협 교수는 정치부 기자인 그에게 다각적이고 깊이 있는 질문을 했었다. 그는 김상협 교수의 질문이나 설명을 듣는 모습이 지극히 진지했던 것을 기억하고 있었다. 박경석 의원은 김상협 총장에게 민정당 창당준비위원회 위원장이 되셨으면 좋겠다고 요청했다. 김상협 총장은 거절했다. 그 얼마 후 이재형 씨가 창당준비위원장이 됐다.

♟ 국무총리

1981년 1월 23일, 김대중에게 사형 판결이 선도됐다. 2월 25일에는 전두환 대통령이 대통령 선거인단에 의해 당선됐다. 국민들의 정권에 대한 불신은 사회분위기를 냉소적으로 만들었다. 1982년 중반에 접어들면서 이철희·장영자 사건이 터졌다. 엄청난 금융비리 사건이고 대통령의 처삼촌이 연루되었다는 말이 돌았다. 민심의 이반이 폭발적이었고 그런 분위기 속에서 정권은 민심을 수습할 인물을 찾고 있었다. 시위가 그치지 않았고 거리에는 최루탄 안개가 자욱한 한 해였다.

1982년 6월 22일 아침 6시 30분경, 장세동 대통령 경호실장한테서 김상협 총장에게 전화가 걸려왔다.

"각하께서 보자고 하십니다."

경호실장이 힘이 들어간 어조로 덧붙였다.

"저녁 6시 20분경 삼청동 북악터널 입구 쪽의 삼청각 앞을 차를 타고 지나가시면 안내 지프차가 대기하고 있을 겁니다. 따라가시면 됩니다."

그날 저녁 궁정동의 안가에서 김상협은 전두환 대통령과 마주 앉았다. 대통령은 이철희·장영자 사건으로 인한 국정 운영의 고민을 털어놓으면서 "큰일 났다"는 말을 계속했다. 전두환 대통령은 민심 수습을 위한 국면 전환의 필요성을 장황하게 설명하고는 김상협 총장에게 총리를 맡아달라고 부탁했다. 김상협 총장은 잠시 침묵했다가 이렇게 변명했다.

"몇 달 전 발을 헛디뎌서 이렇게 다리를 절룩거리고 요즈음 몸이 성치를 않습니다."

식당 앞에서 넘어져 발목의 인대가 늘어났다.

"지팡이를 짚고 다니면 권위도 있어 보이고 얼마나 멋있습니까?"

전두환 대통령이 빙긋이 웃으며 집요하게 부탁했다.

"저는 정말 못 하겠습니다."

김상협은 다시 간곡히 사양했다. 두 시간에 걸친 이런저런 얘기가 거의 끝날 무렵이었다. 전두환 대통령이 굳은 표정으로 이렇게 말했다.

"김 총장님이 경륜이 있고 덕망이 높다는 건 세상이 다 알고 있습니다. 제가 총리로 모시려는 이유는 그 경륜을 마음껏 펼치시라는 겁니다. 모든 걸 맡기겠습니다. 세상은 저를 욕합니다. 그 욕은 제가 먹으면 되는 것 아니겠습니까?"

전두환 대통령 용병술의 장점이었다. 그는 초창기 자신을 과감히 내려놓을 줄 알았다. 경제전문가들에게도 자신은 잘 모르니 당신들이 해달라고 부탁했다. 그런 행동이 사람들의 마음을 움직이게 하는 요소였다.

다음 날 저녁 9시경, 청와대 함병춘 비서실장이 김상협의 혜화동 자택으로 찾아왔다. 연세대 교수를 하다가 박정희 대통령의 특별보좌관이 됐던 함병춘 실장은 미국의 정치와 역사에 대해 해박한 지식을 가지고 있었다. 그는 한미 관계가 나빠져 가는 과정에서 박정희 대통령을 말리기도 하고 격려하기도 했었다. 그는 미국에 대해 정통한 학자였고 동시에 할 말은 하는 사람이었다. 자신의 인맥이 있어 그 네트워크를 통해서 수집한 정보를 대통령에게 편한 입장에서 건의하던 인물이었다. 전두환 대통령의 심복이던 이학봉 수석이 삼고초려를 해서 끌어들인바 있었다. 함병춘 실장은 김상협 총장과 친한 사이였다. 함병춘 실장은 흐트러진 민심 수습을 위해 총리를 맡아주어야겠다고 권했다. 김대중에 대한 선고로 호남의 민심이 흉흉한 가운데 그걸 무마할 인물은 호남 출신의 김상협 총장밖에 없다는 것이다. 김상협 총장이 동생같이 여기던 김동길 교수도 이렇게 말했다.

"전두환 정권은 대형사고가 잇따라 터져 흔들리고 있습니다. 일각에서는 전두환 대통령 사임설마저 나돌고 있습니다. 김상협 총장을 총리로 기용하는 까닭은 그런 비상시국에 대비하기 위한 것이라고 믿고 있었습니다. 헌법대로 하자면 대통령 유고시에는 국무총리가 직무를 대행하게 되어 있기 때문입니다."

며칠 후 총리 임명 소식이 6시 방송뉴스로 나가고 있었다. 저녁 8시 30분경, 김상협은 혜화동 집 사랑채에서 기자들에게 자신의 입장을 말하고 있었다.

"이 나라는 남의 나라가 아닌 우리나라입니다. 이 사회는 남의 사회가

국무총리 취임식. 왼쪽은 유창순 전 총리.

아닌 우리 사회입니다. 방관이 아니라 참여해야 하고 막힌 데는 뚫을 것입니다."

그 한마디는 언론들의 예민한 보도감각을 자극했다. 김상협 총리의 한마디는 불신으로 가득 찬 당시의 세태와 분위기를 가장 정확하게 표현한 말이었다. 압도적인 국회의 인준을 받은 후 김상협 총리가 청와대에 임명장을 받으러 가는 날이었다. 김상협 총리는 지팡이를 짚고 청와대로 갔다.

"대통령 각하 앞에 지팡이는 가지고 갈 수 없습니다."

청와대 건물 앞에서 경호관이 얘기했다. 국무총리 비서들이 사정해도 소용이 없었다.

"그러면 내가 앞에 가서 설 때까지 대통령이 한참 더 기다리셔야겠지."

그가 껄껄 웃으면서 말했다. 전두환 정권 초 보이지 않는 두꺼운 장벽을 그는 보는 것 같았다. 김상협 총리는 윤보선 전 대통령을 방문했다. 그 자리에서 윤보선 전 대통령은 구속인사들의 석방, 제적학생의 구제, 고문 등의 문제를 중간에서 노력해달라고 당부했다. 바로 김상협 총리가 해야 할 일이었다.

총리가 된 후 그는 제일 먼저 전국을 돌아다니기 시작했다. 지방마다 다니면서 유지들을 만났다. 만남의 자리마다 파격적인 질문이 쏟아져 나왔다. 특히 광주에 갔을 때는 험한 질문이 쏟아지고 민주화에 대한 얘기들도 노골적으로 터져 나왔다. 전의 총리들은 그런 자리가 있으면 몸을 사렸었다. 남덕우 총리는 경제 문제에만 대답을 했다. 유창순 총리도 전공 분야에 한정해서 조심스러운 답변을 했다. 김상협 총리는 경계가 없었다. 정치적인 질문에도 직설적으로 자신의 생각을 솔직히 털어놓았다. 전두환 대통령을 가리키면서 "그 양반, 끝까지 독재하지는 않을 것"이라면서 낙관적으로 앞날을 얘기했다. 그는 그래도 우리가 가는 방향은 경제발전과 민주화라고 생각했다. 그는 대통령이 되는 과정의 흠을 경제로 치유하려는 전두환 대통령의 뜻을 읽고 있었다. 그런데 말하는 도중 대통령을 '그 양반'이라고 지칭하는 말이 정보 계통을 통해 상부에 보고가 됐다. 안전기획부에서 주의하라는 통보가 갔다. 김상협 총리는 개의치 않았다. 오히려 김상협 총리는 카키색의 냄새가 농후한 정부를 민간색으로 고치기 위해 더 애를 썼다.

이재형 민정당 대표를 만나 정치가 새로운 방향으로 가야 할 것이라고 자신의 의견을 얘기했다. 둘 사이의 합의로 학원에 대한 정보기관의 사찰이 중지되고 여야 간의 대화가 시작되는 변화도 일어났다. 김상협 총리는 정치가 꼬일 때 대한극장 뒤의 한정식집 '담소원'에서 고려대 출신 정치인들과 함께 야당을 대표하던 유치송 총재와도 자주 만났다. 비서실장인 함병춘 씨나 김경원 씨와 전공 분야인 국제문제에 대해 의기투합하기도 했다. 함병춘 씨는 한국의 입장을 역사적 관점에서 주체적으로 설명하는 사람이었다. 그는 미국이 한국을 절대 버릴 수 없다고 했다. 왜냐하면 한국은 침몰하지 않는 미국의 항공모함 역할을 하고 있기 때문이라는 것이었다. 그리고 미국이 한국의 인권문제를 거론하는데 미국의 역사를 보면 그럴 자격이 없다고 반론을 제기하기도 했다. 서부 개척 시대에 인디언들에게 한 짓이나 남북 전쟁 때 영장 없이 사람들을 구속한 것, 제2차 세계대전 때 수십만 명의 일본계 미국인들을 수용소로 보낸 일들을 얘기했다. 그는 미국의 정치인·언론인들을 상대로 한국의 입장을 설득하는 역할을 했다. 김상협 총리와 뜻이 맞은 함병춘 실장은 외교 안보에 대해서는 거의 전권을 맡아 지휘하는 입장이었다. 김상협 총리는 대통령이나 민정비서관들을 만나는 자리에서 사상서적도 풀어야 한다고 했다. 사상서적으로 타이틀이 붙어 있어도 그걸 독이 아닌 약으로 받아들일 수 있다는 입장이었다. 읽는 사람의 인격과 소양에 따라 그걸 섭취하는 것이지 일률적으로 금서로 만들면 그 자체가 표현의 자유를 침해한다는 주장이었다.

김상협 총리는 청와대에 들어가 전두환 대통령과 자주 얘기를 나누었다. 학자 출신인 그에게 전두환 대통령은 선생님이라는 호칭까지 쓰면서 경청해주었다. 김상협 총리는 학원 문제에 대해서도 한두 가지의 묘수를 내거나 조급한 대증요법만으로는 학생소요를 근절할 수 없다고 주장했다. 김상협 총리는 학생들의 극한투쟁이 해방 후 좌우 대결에서 비롯된 것으로 보고 있었다. 그리고 그런 극한투쟁은 결국 중도정치가 이 땅에 발을 붙이지 못하는 원인으로 판단했다. 민간정부는 허약해서 무정부 상태를 초래하고 군사정부는 경직되어 융통성이 없다고 봤다. 기자들 사이에 그의 인기가 높아갔다. 권력은 전두환이 잡고 국가는 김상협 총리가 대표하면 괜찮을 것이라는 의견들도 나왔다.

1982년 7월 3일경, 정부가 금융실명제를 발표했다. 그러나 국무총리는 혁명적 금융개혁 조처를 전혀 모르고 있었다. 추진 당사자인 대통령과 경제수석 그리고 재무장관만 알고 있었던 것이다. 김상협 총리는 회의를 느꼈다. 우리나라의 총리란 있어도 그만 없어도 그만, 나쁘게 말하면 소모품이고 좋게 말하면 장식품 이상은 될 수 없다는 생각이 들었다. 그러나 다양한 인맥을 가지고 있고 존경의 대상인 김상협 총리는 개인적인 네트워크가 만만치 않았다. 제자들이나 청와대 비서관들은 총리의 눈이 가려지지 않도록 개인적으로 일어나는 상황을 알려주고 있었다.

금융실명제에 대한 발표가 있고 나서 여당 원내총무인 이종찬 의원이 김상협 총리를 찾아와 의논했다.

"이철희·장영자 사건을 처리하기 위해 정부가 금융실명제를 실시하겠다고 한 것은 명분이나 경제정의라는 측면에서는 당연합니다. 그렇지만 다른 한편으로 경제가 어려울 때 이런 금융의 대수술을 해서 우리의 체질이 견디어낼지 의문입니다."

이종찬 원내총무는 정부가 발표한 금융실명제 법안을 국회에서 통과시켜야 할지 고민하고 있었다. 그가 총리에게 이렇게 보고했다.

"사업을 하는 어떤 분이 제게 돈이란 음물(陰物)이라고 했습니다. 햇볕을 싫어하는 속성을 가지고 있다는 거죠. 그런데 지금 실시하려는 것은 햇볕을 싫어하는 돈을 모두 까발려서 작열하는 오뉴월 태양에 내놓겠다는 것인데, 과연 돈이 다 말라죽은 후 무엇으로 경제의 유동성을 확보하려는가 이런 말입니다. 저는 그 말을 듣고 충격을 받았습니다. 거기에 숨은 진리가 있다고 생각합니다."

김상협 총리는 여당 원내총무의 말을 들으면서 고개를 끄덕였다. 결국

이종찬 원내총무는 금융실명제를 유보시키는 쪽으로 결론을 지었다. 김상협 총리는 인격과 지식으로 사람들을 실질적으로 다스리고 있었다. 당시 장관이나 여당 의원들은 개인적으로 수시로 김상협 총리와 만나 정책을 의논하고 총리의 고견을 들었다.

1982년 7월 하순경, 일본 교과서의 역사왜곡 파동이 일어났다. 김상협 총리는 일본 교과서를 구해오라고 해서 정독을 했다. 누구보다 일본을 잘 아는 사람이었다. 외무·문교·문공부 장관들과 부총리를 불러 대일 차관에 구애받지 말고 국민의 반일감정을 총화단결의 에너지로 몰아가자고 했다. 총리의 시정 요구가 주일 한국대사관에 전달되고 일본은 시정하겠다는 각서를 전달했다. 레바논 파병문제가 대두됐다. 레바논에서 난민학살 사건이 발생한 후 다국적 평화유지군이 파견되고 유엔총회에서 PLO의 진상규명 촉구안이 만장일치로 가결됐다. 레바논 정부가 현지 주재 한국 대사관에 한국군의 참가를 공식 요청해 왔다. 미 국무장관 슐츠 명의로 레바논 정부의 요청을 들어달라는 공한이 왔다. 김상협 총리는 레바논 파병 문제는 무엇보다 경제적 실익이 없다고 생각했다. 오히려 중동 강경국가들의 반발을 불러일으켜 우리 기업의 중동 진출과 비동맹외교에 부담이 될 수 있었다. 그는 난마처럼 얽힌 문제는 오히려 단순하게 처리하는 유연성을 가지고 있었다. 김 총리의 머리에 이제현의 『역옹패설』이 떠올랐다. 고려는 툭 하면 파병을 요청하는 원나라의 요구를 온갖 핑계로 시간을 끌어 해결했다. 김상협 총리는 매일 밤늦게까지 국무회의를 열고 파병 문제를 논의했다. 결론을 내지 않는 회의였다. 얼마 후 미국은 파병을 권하지 않겠다고 통보해왔다. 김상협 총리의 방식이 효과를 본 것이었다.

명성 사건이 터졌다. 콘도 건설로 유명한 명성그룹 회장이 모 은행 명륜동지점의 대리와 공모해서 거액의 회사운영자금을 범죄적 수법으로 변칙

조달하다가 발각된 사건이었다. 범행 금액이 천문학적 숫자인 데다가 항간에서는 회장과 대통령의 장인이 친한 사이인 것으로 알려지고 있었다. 명성 사건은 권력형 비리로 변하고 있었다. 청와대에서 직접 명령할 입장이 아니었다. 김상협 총리는 김석휘 검찰총장으로부터 사건 전모에 관한 수사 경위를 들었다. 대통령과 연루된 사건이지만 진실이 무엇인지 공정한 수사를 해서 국민적 의혹이 없게 하라고 지시했다. 검찰에서 명성그룹의 회장과 은행대리는 물론이고 뇌물을 받은 해당 부처의 담당국장과 장관까지 뇌물죄로 구속했다. 쉬는 날이면 김상협 총리는 김지하 시인의 시선집 『타는 목마름으로』 같은 재야인사들의 책을 많이 읽었다. 그는 브레즈네프 사망 이후의 소련을 체계적으로 점검하기 위해 《뉴스위크》와 《타임》의 관련 기사들을 직접 정독하고 분석하는 걸 그치지 않았다.

그의 총리 시절은 사고의 연속이었다. 1983년 9월 1일 새벽 3시30분경 269명의 승객과 승무원을 태운 KAL기가 사할린 상공에서 소련 전폭기에 피격되어 전원 사망한 사건이 발생했다. 김상협 총리가 중심이 되어 서울운동장에서 합동 위령제를 하고 소련의 만행을 규탄했다. 김상협 총리는 지팡이를 짚고 유가족 한 가정 한 가정의 사람들을 만나면서 진심으로 위로하고 다녔다.

1983년 10월 8일, 전두환 대통령이 각료들과 함께 미얀마 등 6개국 순방길에 올랐다. 다음 날 아침. 아웅산 묘소를 참배하기 위해 행사장에 함께 춘 비서실장과 각료급 수행원들이 조금 먼저 가서 대통령을 기다리고 있었다. 행사장에 폭파장치를 한 테러범들은 조금 떨어져 숨어서 보면서 폭파장치의 스위치를 누를 기회를 노리고 있었다. 그들은 대머리인 전두환 대통령의 하얀 벤츠를 기다리고 있었다. 그런데 미얀마 대사를 태운 하얀색 벤츠가 행사장에 먼저 들어왔을 때 차에서 나온 미얀마 대사도 대머리였다. 멀리서 보면 전두환 대통령으로 착각하기에 충분했다. 미얀마 대사가 함병춘 비서실장보다 하석에 가서 서려고 했다. 겸손한 함병춘 실장이 상석을 양보했다. 서로 상석에 가라고 옥신각신하다 미얀마 대사가 상석에 서게 됐다. 테러범이 멀리서 보기에 비서실장보다 상석에 선 대머리의 남자는 전두환 대통령이 틀림없었다. 테러범은 스위치를 눌렀다. 폭파음이 들리자 그 자리에 서 있던 각료급 수행원들이 허공으로 치솟고 묘소의 건물이 무너져 내렸다.

그 시각 김상협 총리는 지축에 있는 농장에서 아침을 먹고 있었다. 급한 보고가 들어왔다. 버마에서 테러가 일어나 대통령이 서거했다는 소식이었다. 친한 김동길 교수의 생각대로 대통령의 유고가 생겨 국무총리가 대통령의 권한을 대행할 수 있는 상황이었다. 국가위기 상황이라면 김상협 국무총리가 긴급히 국무위원들을 불러 대통령 권한대행으로서 회의를 주재해야 했다. 그러나 김상협 총리는 그런 지시나 움직임을 보이지 않았다. 좀 더 기다려 보자고 하면서 안타까워할 뿐이었다. 그는 권력의지가 없는 사람이었다. 김상협 총리는 장의위원장이 되어 여의도 광장에서 합동 국민장을 거행했다. 그걸 계기로 그는 청와대에 총리직을 더는 못 하겠다고 간곡히 사정했다. 세 번째 제출하는 사표였다. 드디어 그의 사표가 수리되었다. 그는 일기에 '타다 남은 숯으로 돌아왔다'라고 적고 있었다.

전두환 대통령의 임기 초 김상협 국무총리의 역할에는 한계가 있었다. 대통령이 민주화보다 정권 굳히기에 더 치중할 때였다. 권력의 주변, 특히 안기부장은 김상협 총리에 대한 국민적 신뢰나 기대가 커질 것을 우려해서 국가경영에 참여하는 걸 견제했다. 총리에게 구체적으로 어떤 분야의 일이나 권한을 위임하지 못하도록 했다. 처음 임명 때 경륜을 마음대로 이루어보시라는 말들은 공허한 구호가 된 셈이다. 막힌 곳을 뚫겠다고 취임

의지를 비쳤지만 더는 총리로서 할 일이 없었다. 김동길 교수는 그때 김상협 총리 같은 분에게 후임 대통령 자리를 잇게 했더라면 전두환 대통령이 구치소에는 가지 않았을 것이라고 말하기도 했다.

♟ 적십자 총재

자연인으로 돌아온 김상협은 명예총장이라는 자격으로 고려대 중앙도서관 건물 3층에 독서할 방을 얻었다. 자신의 조용한 방에서 문을 닫고 다시 독서와 사색에 침잠하는 생활로 들어갔다. 오랜만에 얻은 여유였다. 1985년 총선을 앞두고 정치 계절이 오자 김대중 신화가 신당 바람을 불러일으켰고 김대중은 한국판 호메이니가 되어 있었다. 선거 때마다 김상협 총장이 정계에 진출한다는 엉뚱한 소문들이 돌고 기정사실처럼 신문에 보도되기도 했다.

김상협 총장은 그런 구설수를 피하기 위해 훌쩍 서울을 떠났다. 두 차례 해외여행을 했다. 총리를 그만둔 직후 오랜만에 홀가분한 기분으로 여행길에 올랐다. 독일 정부와 훔볼트 재단이 초청한 것이다. 독일 본에서 고대 출신 차범근 선수의 집으로 갔다. 연세대로 가려는 차범근 선수를 김씨가에서 찾아가 특별히 스카우트해 온 기억이 떠올랐다. 김상협 총장의 형 상준은 고대 체육부를 거의 도맡아 성장시켰다. 형 상준이 고교 시절 차범근 선수의 집까지 찾아가 그를 데리고 온 것이다. 고대 곳곳에는 집안 식구들의 땀이 배어 있었다. 큰아버지인 인촌 김성수 선생은 고대 건축부터 완공 후 잔디까지 직접 밀짚모자를 쓰고 하나하나 가꾼 분이었다. 김상협 총장은 차범근 선수의 주례를 서기도 했다. 차범근 선수 부부는 두 아이와 함께 열심히 살고 있었다. 아버지 차범근은 밖에서는 에너지가 충만한 축구선수였지만 가정에서는 온순한 남편이고 아버지였다.

이태리에서는 교황 요한 바오로 2세를 만났다. 교황의 접견실은 예상 외로 소박했다. 평범한 나무 테이블을 가운데 놓고 교황과 마주앉아 대화를 나누었다. 교황은 앞으로 한국은 잘될 것이고 남북한 문제도 잘 풀리기를 원하는 기도를 하겠다고 했다. 나선 김에 미국으로 건너가 오랜만에 아들딸 내외들을 불러 모아 가족파티를 열기도 했다. 가는 곳마다 고대 출신 동창들의 따뜻한 환영이 있었다. 한번은 뉴욕에서 고대 동창들의 모임이 있었는데, 김상협 총장이 왔다고 하니까 300명쯤이 모였다. 고대 출신들은 프로그램을 진행하다가 '나 혼자만이 당신을 사랑해'라는 노래의 가사 대신 '김상협 총장을 환영해, 사랑해, 오셔서 고마워'라고 바꾸어 불러주었다. 김상협 총장은 그들의 사랑에 가슴이 뭉클했다. 사회자가 갑자기 이렇게 소리쳤다.

"이 자리에서 제일 큰 선배 나오시오, 그리고 제일 작은 후배도 나오시오."

그 말에 70세가 넘는 보성전문 출신 대선배와 22세의 젊은 후배가 나왔다. 사회자가 다시 외쳤다.

"선배님께 큰절."

어린 후배는 노선배에게 구두를 신은 채로 땅바닥에 엎드려 절했다. 박수가 터져 나왔다. 고려대 출신들의 형제 같은 특이한 분위기였다. 김상협 총장은 그런 모습을 보면서 마음이 흐뭇했다. 제자들을 키우는 게 가장 보람이 있는 삶이었다고 재확인하는 순간이었다. 김상협 총장은 미국에 있는 맏딸 명신과 사위 송상현교수에게 한국학생들을 위해 도움이 되는 역할을 많이 하라고 당부했다.

두 번째 여행은 다시 독일로 갔다. 독일에서 하인리히 빈델렌 장관과 쾰른 대학의 교수 등을 만나 독일 통일에 대한 전망을 듣기도 했다. 독일 통일의 열쇠는 소련이 쥐고 있더라도 실용주의 개방노선으로 가는 소련은 국제적 지위의 유지를 위해서라도 독일통일을 인정할 수밖에 없을 것이라는 얘기를 들었다. 미국 뉴욕의 뉴저지에 사는 아들의 집으로 가서 시간을 보내기도 했다. 손자들과 디즈니랜드에도 갔다. 돌아오는 길에 대만을 방문해서 장경국 총통과 만나 얘기를 했다. 귀국길에 일본에서 야마구치 고교 시절 독일어 교수 다나카 다이조를 만났다. 고교 시절의 하숙집도 들러보았다. 야마구치 고교 시절 일본인 동창들 20명가량이 환영연을 베풀어주었다. 반세기 만에 만나는 일본인 친구들과 음식점 '미산장'에서 술잔을 나누었다. 동경제국대학을 돌아보고 대학 졸업 후 공원으로 들어가 일하던 오마치 공장도 갔다. 그가 일하던 시절의 동료 공원 중 그때까지도 일하는 사람이 있었다. 총리 시절 받았던 스트레스가 독서와 여행을 하면서 풀어지는 것 같았다. 다시 일할 기운이 솟는 것 같았다.

여행에서 돌아온 김상협 총장에게 여러 가지 일이 기다리고 있었다. 젊은 시절부터 누구보다도 애착을 가져온, 자신의 몸같이 사랑하는 학교의 일이었다. 그는 국무총리 시절 추진했던 학교시설 확장을 도왔다. 어느 날 윤보선 전 대통령이 김상협 총장을 불러 월남 이상재 선생의 동상 건립을 부탁하기도 했다. 보람 있는 일이라고 생각했다. 이상재 선생에 관한 책들을 구해 열심히 읽은 후 종묘 앞 녹지광장에 이상재 선생의 동상을 세우는 일을 주도하기도 했다. 그는 오랫동안 쉴 여유는 없는 것 같았다. 대한적십자사 총재 자리가 기다리고 있었다. 평양에서 열리는 남북적십자사 회담을 앞두고 남쪽의 대표로 중량감을 갖는 인물을 필요로 하는 시점이었다. 남북적십자회담은 고도의 정치력을 요구하는 자리이기도 했다. 화려하게 드러내는 게 아니라 소리 없이 조용히 일을 추진하면서 이산가족 문제를 풀어나가는 역할을 해야 하는 자리였다. 그는 적십자 총재 자리에 취임했다. 김상협 총재는 남북 이산가족 찾기를 한국적십자사의 숙원사업으로 규정하고 전념했다.

1985년 9월 20일, 가을비가 소리 없이 내리는 속에서 김상협은 방문단 150명을 인솔하고 판문점을 넘었다. 지학순 주교와 홍성철 전 내무부 장관이 일행 속에 포함되어 있었다. 개성까지 자동차로 가서 열차편으로 갈아타고 평양을 향했다. 차창 밖으로 이따금씩 김일성의 초상화가 보이고 북한 주민들이 힘없이 걷는 모습이 시야에 들어왔다. 헐벗은 산과 들이 스쳐왔다가 지나가고 경지 정리가 안 된 황폐한 들판이 이어졌다. 북한적십자사의 상무위원 서성철과 나란히 앉아 얘기를 나누었다. 그의 말을 들으면서 남과 북이 너무 달라져 있다는 걸 느꼈다. 평양의 고려호텔에 숙소를 정하고 지하철을 타고 광복역, 건설역, 황금벌역을 돌아보았다. 거대한 인민대학습당을 보았다. 그는 수첩에 '참으로 통이 큰 사람들'이라고 메모를 했다. 이산가족들의 모임이 있었다. 김상협 총재는 홍성철 전 장관이 북쪽의 누님과 만나는 장면을 보면서 눈시울이 뜨거워졌다. 그가 수첩에 짧게 묘사한 북한의 모습은 이랬다.

'혈육이면서 혈육이 아닌 듯, 동족이면서도 동족이 아닌 듯, 또 동질이면서 이질, 이질이면서 동질인 듯 이상야릇한 북한 사람들.'

북한에 대한 김상협식의 현실적인 묘사였다. 그는 장기적으로 남과 북이 다시 동질성을 찾는 게 중요하다고 느꼈다. 그러기 위해서는 중간단계로 공존하면서 교류 협력하는 게 필요하다는 생각이었다. 그는 감상을 일기에 다시 이렇게 기록했다.

'오월동주(吳越同舟)라도 꽃 피고 새 우는 가능의 신천지에 도달할 수만 있다면 오죽이나 좋겠는가.'

그는 북한이 동구 사태의 급격한 변화로 충격을 받고 이럴까 저럴까 망설이며 심각한 고민에 빠져 있다고 생각했다. 대세에 따를까, 대세를 거역하고 영원히 고립할까. 그런 북한의 변화를 유도하기 위해서는 무엇보다 그들을 개방된 넓은 세계로 끌어내야 할 것 같았다. 그들이 밖으로 나오지 않으려 하면 이쪽에서 먼저 들어가는 전향적인 자세가 필요하다고 생각했다. 이제 낡은 반공에 집착할 게 아니라 탈공(脫共)의 방향으로 정책을 발전시켜나가야 할 것 같았다. 저쪽도 변하고 우리도 변해야 한다. 저쪽의 체면을 상하게 하면서까지 변하게 하면 곤란할 것 같았다. 절대로 이북 사람의 자존심을 상하게 하면 안 된다는 걸 그는 가서 보고 확인했다. 그들은 도와주고 나서 신문에 사진을 내보내고 공치사를 하는 걸 아주 못마땅해했다. 남북관계의 큰 숙제는 북한의 자존심을 앞으로 어떻게 올려주느냐 하는 문제라고 생각했다. 한국의 많은 정치인들이 실질적인 도움이나 본질보다 북한을 이용하려고 한다는 생각이 들었다. 북한 역시 정치적으로 개입하고 그 대가를 받으려고 하는 것 같았다.

정권이 바뀌면서 그는 적십자사 총재직을 그만두고 내려오게 된다. 오랜 기간은 아니지만 최선을 다한 봉사직이었다. 산만했던 적십자 내부의 개혁과 혈액원 신설 등은 드러나지 않는 그의 공로였다.

♟ 마 지 막 강 의

1993년 5월 20일 아침 7시경, 그의 수명이 채 2년도 남지 않았을 시점이다. 자연인으로 돌아온 노인 김상협은 여의도 63빌딩 55층 티파니룸에서 여당 의원들을 앞에 놓고 가르치고 있었다. 연락간사를 맡은 박세직 의원이 이렇게 그를 소개했다.

"오늘 김상협 박사님을 모셨습니다. 김상협 박사님께서는 지난 세월 우리나라 암흑기와 수난기에 각 분야를 고루 체험하시면서 도전과 시련의 한 시대를 살아오신 덕망 높으신 원로입니다. 오늘 말씀해주실 '역대 대통령론'은 옛것을 알되 잘못된 점을 바르게 객관적으로 알고 우리 현실정치의 의정활동에 도움을 얻을 귀중한 말씀입니다. 옛날이나 다름없으신 명강의를 기대해봅니다."

잠시 후 김상협 박사가 의원들을 보면서 조용한 어조로 입을 열었다.

"이제 나이를 먹어서인지 사람들을 만날 때 칭찬을 많이 하고 험담은 덜하게 됩니다. 제 아버님께서 85세까지 사셨는데 절대로 남의 험담을 하지 않으셨습니다. 누가 잘못했다고 하면 '안됐군' 하셨고 잘했다고 하면 '고맙군'이라고 하셨습니다. 저도 요즈음에 와서 아버님께서 하신 대로 안됐군, 고맙군 하는 식으로 말을 하려고 애를 씁니다."

그는 이미 세상을 초월한 것 같았다. 그가 본론으로 들어갔다.

해방 이후 50년 가까운 세월 우리 국민들을 모두 한 데 태운 대한민국호라는 배는 밖으로는 망망 대해의 거친 파도들과 싸우고 안에서는 승객들 사이에서 일어나는 반목과 혼란을 이겨나가면서 파선되거나 침몰하지 않고 희망의 푸른 동산에 상륙할 수 있는 마지막 단계에 도달했습니다. 그동안 대한민국호가 침몰될 위기가 여러 번 있었습니다. 해방 후 극심한 좌우익의 분열, 대립은 대한민국의 탄생 자체가 불가능할 수 있었습니다. 6·25 전쟁으로 대한민국호는 침몰 직전이었습니다. 4·19 이후의 대혼란 시절 역시 파선의 우려가 있었고 1987년 이후의 노사분규, 학원소요와 민주화 투쟁 역시 총체적 난국이었습니다. 우리 역사를 미시적이고 단기적으로 보면 실패의 연속이지만 거시적이고 장기적으로 바라보면 성공이라고 생각합니다. 그러면 그동안 배를 이끌어온 선장이 어땠나를 보겠습니다.

그는 이어서 역대 대통령에 대한 평가를 시작했다.

해방 후 김구 선생은 우리가 기다리고 또 기다리더라도 북측과 교섭을 해서 한민족이 하나가 되어야 한다고 했습니다. 여운형 선생 같은 분도 좌경화되더라도 한민족이 절대 갈라져서는 안 된다고 했습니다. 순수한 마음을 가진 두 분의 훌륭한 지도자였습니다. 그러나 두 분은 세계가 둘로 갈라져 오랫동안 대결할 것이라는 사실과 또 먼 훗날 자유진영과 공산 진영 간 싸움의 결말이 어떻게 날지 예측하지 못했습니다. 그 무렵 분단된 독일 역시 중립으로 갈 것인가 아니면 자유진영과 공산진영 어느 쪽을 선택해야 할 것인가의 고민이 있었습니다. 일본도 마찬가지였습니다. 서독의 아데나워수상은 중립이 아닌 자유민주주의 편에 가담하고 시장경제를 선택해 라인 강의 기적을 이루어냈습니다. 일본의 요시다 수상 역시 온갖 반대를 무릅쓰고 친미 자본주의 노선을 택해 일본을 경제 강대국으로 재건했습니다. 이승만 박사는 먼 미래를 어떻게 보고 있었을까요. 이승만 박사는 중립은 환상이라고 하면서 국내 지도자들의 완강한 반대를 무릅쓰고 미국 주도의 자유민주진영과 손을 잡았습니다. 그 당시는 이쪽인가, 저쪽인가, 중립인가 중에서 선택해야 하는 시점이었습니다. 반면 동구권 국가들은 소련 쪽 사회주의를 선택한 예이기도 합니다. 제가 헝가리를 방문했을 때 그곳의 지도자들은 대한민국은 첫 줄 서기를 제대로 잘했다면서 이승만 박사의 선견지명을 칭찬하는 걸 봤습니다. 그때 우리가 잘못 선택을 했더라면 동구권이나 소련처럼 허송세월을 했을 것입니다.

6·25 전쟁은 신생 대한민국 침몰의 위기였습니다. 이승만 대통령은 미국과 유엔의 군사적 원조를 재빨리 받아냈습니다. 전쟁 중 미국 대통령을 능수능란하게 조종해나갔습니다. 미국이 휴전회담을 진행하자 북한 출신 반

공포로들을 독단적으로 석방해버리면서 미국을 압박해 한미상호방위조약을 받아냈고 또 막대한 전후 복구 경제원조를 약속받았습니다. 이승만 대통령의 비상한 현실 판단이고 즉각적인 행동이었습니다. 물론 잘못도 있습니다. 부정부패가 있었고 탐관오리의 발호가 있었습니다. 부정선거로 일어난 4·19 혁명으로 이승만 대통령은 85세의 노령으로 자진 하야해서 하와이에서 90세로 별세했습니다. 물러가라고 하니까 순순히 물러갔습니다. 이런 것들 때문에 이승만 대통령을 건국의 은인이라고 불러도 무리가 없을 것입니다.

다음은 박정희 대통령에 대한 평가였다.

박정희 대통령은 과오가 많았습니다. 5·16 군사쿠데타는 좀 심했습니다. 순수하고 심약한 문민 정치지도자 장면 총리를 하룻밤 사이에 축출한 무법자입니다. 군에 원대복귀한다는 연막을 치고 공화당을 사전조직하고 야당 탄압을 하면서 사실상 일당정치를 한 기만정략가입니다. 그것은 사술이었습니다. 유신으로 의회정치를 없앤 것도 심했습니다. 장기집권을 위해 지역감정을 부추기고 '영남 떼부자', '호남 떼거지'란 말이 나올 정도로 영남 편중 인사, 영남 편중 개발을 한 망국적인 지역 반목을 만든 민족분열주의자입니다. 마지막은 부하의 총탄에 의해 술자리에서 살해당한 것도 국제적인 망신인 독재자의 말로였습니다.

그의 비판이 날카로웠다. 그가 계속했다.

그러나 박 대통령은 이런 자기 잘못을 모두 알고 그것을 보상하기 위해서 열심히 경제 대통령 노릇을 했습니다. 한일 국교정상화를 통해 받아낸 배상

금으로 각종의 공업화 정책을 착수해서 울산공업단지나 포철을 건설하는 좋은 성과를 올렸습니다. 새마을운동을 전개하고 산림녹화를 하고 고속도로를 만들고 중동 건설 진출로 막대한 외화를 획득하는 데 성공했습니다. 중국의 최고 실력자인 등소평도 박정희식 개발독재를 그대로 따르고 일본 언론도 박정희식 개발독재를 명치유신 스타일이라고 하면서 극찬하고 있습니다. 박정희 대통령은 빈곤의 추방과 조국의 근대화를 목표로 내세우고 국가개발의 신기원을 이루었으니 우리나라 근대화의 아버지라는 말이 조금도 어색하지 않습니다. 박 대통령 통치시대에 우리 국민은 고통도 많이 받았고 희생도 적지 않게 치렀지만 그래도 우리는 '하면 된다'는 자신감을 얻을 수 있었고 '한강의 기적'도 불가능한 것이 아님을 깨닫게 됐습니다. 우리의 국제적 위상이 그 때문에 한껏 높아진 것은 누구도 부인할 수 없는 사실입니다.

다음은 전두환 대통령이었다.

전두환 대통령도 집권과정에 떳떳하지 못한 것들이 있습니다. 12·12, 5·18은 민주적 정통성에 흠을 남겼습니다. 집권 후 강행된 삼청교육대, 언론통폐합, 정치인들에 대한 규제조치는 합법성에 문제가 있었습니다. 전두환 대통령은 자신의 여러 약점을 보완하기 위해서 무던히도 애를 썼습니다. 박정희 대통령의 경제개발정책의 계승, 국제수지의 흑자실현, 올림픽 유치, 한강개발, 단임공약의 실천과 평화적 정권교체의 실현 등 정규선수는 아니지만 핀치히터로서 국난기 공백을 잘 메웠습니다.

다음은 노태우 대통령에 대한 평가였다.

노태우 대통령은 복이 많은 사람입니다. 양 김 간의 대결 속에 어부지리로 대통령에 당선됐습니다. 그러나 국민 직선으로 됐기 때문에 정통성에 흠이 없습니다. 올림픽 주최국 대통령으로서의 영광과 흑자경제를 이어받았습니다. 시간이 최상의 약이라며 기다렸습니다. 그러자 소련이 자체적으로 붕괴되면서 모든 것들이 저절로 해소되기도 했습니다. 자신의 최대 장기인 참을성을 유감없이 발휘하여 악역도 맡지 않고 부전승으로 목표를 달성, 아무것도 하지 않으면서 오히려 할 수 있었던 행운의 대통령이었습니다. 물대통령이라고 하지만 승리했던 대통령이었습니다.

다음은 새로 당선된 김영삼 대통령에 대한 당부였다.

박수부대가 많다고 해서 칭찬한다고 해서 일이 잘되는 것은 아닙니다. 단번에 모든 문제를 해결하겠다고 조급해서는 안 됩니다. 충격요법도 안 됩니다. 이미 복합체질의 우리 사회가 되었기 때문입니다. 변화와 개혁이라고 해서 회복 불가능한 최후의 심판을 서두르는 우를 범해서는 안 됩니다. 한국병의 치유, 신한국의 창조를 명분으로 즉흥적인 한풀이나 살풀이에 그쳐서는 안 된다는 것입니다. 너도 살고 나도 살아야지 너도 죽고 나도 죽는다는 식의 단세포적 방식으로 치우쳐서는 안 된다는 것입니다.

제가 12년 전 오스트레일리아를 방문했을 때 직접 들은 얘기 하나를 예로 들겠습니다. 공항이나 야외나 가는 곳마다 파리떼가 너무 많기에 그곳 대학 교수에게 왜 그러냐고 물었습니다. 그 나라는 시설도 잘 갖추어진 선진 문명국가이기 때문이었습니다. 그 교수가 하는 말이 퇴치하지 못해서가 아니라 그대로 놔두고 있다는 것입니다. 파리떼를 모조리 퇴치하려면 막대한 양의 살충제를 뿌려야 하는데 그렇게 되면 오스트레일리아의 보물인 목장의 양떼들이 피해를 입기 때문이라는 것이었습니다. 말하자면 양떼를 살리기 위해 파리떼를 공존시키는 나라였습니다. 우리나라도 경제발전 과정에서 파리떼가 생겨났습니다. 그 파리떼를 완전 퇴치하기 위해 살충제를 막 뿌렸을 경우 어떤 피해가 일어날 수 있는지도 지혜를 가지고 보아야 할 것입니다. 김영삼 대통령은 정통성을 완전히 갖춘 문민 대통령입니다. 또 정치의 우등생입니다. 그 말은 책임도 가장 무거운 대통령이라는 것입니다. 김영삼 대통령은 앞으로는 경제의 우등생이 되어야 할 것입니다. 세상은 경제를 외치는 시대로 무섭게 변했습니다. 통일도 명분은 남북 간의 합의지만 결국 돈의 문제로 귀착됩니다. 통일 비용의 적지 않은 부분을 우리 남측에서 부담할 수밖에 다른 방도가 없음을 한시도 잊어서는 안 될 것입니다. 김영삼 대통령은 전임 대통령들에 비해 시간이 부족할 것입니다. 문민 대통령으로서 할 일은 많고 시간은 짧기 때문에 주어진 시간을 최대한 활용하는 데 전심전력을 다해야 할 것입니다. 짧은 시간이므로 한 치의 시행착오도 있어서는 안 될 것입니다. 5년의 집권시간표와 김영삼호가 나아갈 해도를 만들어 수시로 점검·보완해나가야 할 것입니다. 김영삼 대통령은 정말로 필요하게 될 때 꼭 활용해야 할 사람과 돈을 아끼고 또 아껴야 합니다. 미래를 위해서 또 세계화를 위해서 경제를 살려야 합니다.

마치 외환위기의 대한민국의 좌초를 보기라도 한 듯한 예언이었다.

강의가 끝난 후 의원들의 질의가 있었다.

"평생을 대학에서 보내셨는데 대학생들의 문제에 대해 어떻게 생각하십니까?"

한 의원의 질문에 김상협 박사가 이렇게 대답했다.

"제가 1979년도 중동 건설현장을 가 본 적이 있습니다. 그곳 현장에는 1

류대 출신은 거의 없었습니다. 그들은 모두 서울에 있었고 대부분이 2류 대나 그것도 야간부 출신이었습니다. 엘리트라고 하는 사람들이 서울에 앉아서 지휘만 하고 있을 때 중간 기술자들이 나라를 위해 중동에 가서 달러를 벌어들이는 것입니다. 우리는 지금부터 공과대학을 특별히 육성해서 중간기술자들을 길러내야 합니다. 그렇지 않으면 나중에 미국이나 일본에 가서 다섯 배, 열 배의 비싼 돈을 지불하고 사람을 사야만 합니다. 과거 일제의 징병 시절에도 법과대학이나 의과대학은 징병을 했지만 공과대학 학생만은 특혜를 주었습니다. 그렇게 해서 오늘의 일본이 있는 것입니다."

"야당 하시는 분들께도 똑같은 강연을 하실 용의는 없으신지요? 그렇게 하셨을 경우 그분들의 반응은 어떠리라 보십니까?"

다른 의원이 질문했다.

"야당 하는 분들도 각자 나름이라고 생각합니다. 대부분은 비슷한 사관을 가지고 있으리라고 생각합니다. 또 일부는 완전히 다른 생각도 가지고 있을 것입니다. 이 자리에 계시는 분들 중에도 사관이 다른 분들이 있을 것입니다. 기회만 된다면 야당에도 가서 이야기해볼까 합니다." 그의 대답이었다.

이번에는 고려대 출신 제자 의원의 질문이 이어졌다.

"학창 시절 선생님께서는 지프차를 타고 다니셨는데 제자들을 열 명 정도 태우고 통행금지 시간 전까지 제자들과 함께 얘기하다 혜화동 댁으로 들어가시면 우리들은 인근 여관방에서 밤을 새우곤 하던 일도 여러 번 있습니다. 그 당시에 김상협 선생님은 이승만 대통령을 혹독하게 비평하셨는데 오늘 후한 점수를 주시는 걸 보고 놀라지 않을 수 없습니다. 선생님께서는 예견 능력을 가지신 학자이신데 언제쯤 통일이 올 것이라고 보십니까?"

"김영삼 대통령께서 중요한 시기에 일을 하고 있습니다. 지금이야말로 통일 문제가 걸려 있다고 생각합니다."

그는 단정적으로 확신하고 있었다. 김일성이 죽지 않았더라면 어쩌면 그의 예언이 맞았을지도 모른다. 이번에는 다른 의원의 질문이다.

"불란서는 역사적인 인물평을 사후 50년이 지나서 한다고 합니다. 드골 대통령은 아직도 영웅묘지에 묻히지 못하고 있습니다. 이승만 대통령에 대한 일부의 시각은 통일을 역행했다고 보고 있습니다. 박정희 대통령도 일제시대의 군 경력으로 친일 문제가 제기되고 있습니다. 오늘 선생님은 긍정적인 측면에서 역사를 평가하셨는데 그렇다면 부정적인 측면에서 역사적 평가는 어떻게 될 것으로 보시는지요?"

"50년 후에 시장경제가 잘못이고 자유체제가 잘못된 것으로 된다면 모든 것이 달라질 것입니다. 나는 지금의 상황을 이야기하고 있는 겁니다. 만일 오늘의 상황이 공산주의가 흥했다고 한다면 우리 모두가 잘못한 것으로 되는 게 아니겠습니까."

역사관의 상대성을 얘기하는 것 같았다.

♟ 영 원 으 로

자연인 김상협은 혜화동 한옥의 사랑채에서 인생의 말년을 독서와 사색으로 채우고 있었다. 어떻게 생각하면 70 평생을 철없이 바보처럼 살아온 것 같기도 했다. 주역보다는 조역과 단역을 한 인생 같기도 했다. 그는 서재에서 묵묵히 책을 보고 글을 썼다. 그의 독서열은 식지 않았다. 어린 시절 읽었던 조상인 하서의 말씀을 가져다 놓고 다시 음미했다. 그분의 말씀대로 항상 중용을 지키고 물러날 때 물러나려고 애를 썼었다. 사서삼경을

혜화동 자택에서, 주한 미국 대사와 박명환 의원(전)과 함께.

다시 정독했다. 성경을 본격적으로 읽었다. 70 노령에 성서를 읽으니 감개가 무량했다. 고린도전서는 초현세적 혁명적 성격이 넘치는 좋은 가르침이었다. 그는 평생 독서의 바다에 사색의 그물을 던진 진리의 어부였다. 그는 마지막까지 시대의 큰 흐름을 지켜보면서 하루도 거르지 않고 일기를 썼다. 역사를 관장하는 신의 메시지를 찾는 것인지도 모른다. 메모 형태의 초고를 쓰고 다시 이를 정리하여 일기장에 빼곡히 정서를 했다. 매일의 정해진 원고 분량은 800자 정도였다. 반드시 초고를 쓰고 수정, 가필, 재정리 끝에 정서로 마무리 지었다.

함박눈이 내리던 어느 날 총장 시절 비서인 송병국이 노인이 된 김상협을 찾아왔다. 대학원에 가서 공부한다고 인사를 온 것이다. 그가 들어서는 마당의 나뭇가지 끝에 빨간 감 하나가 파란 하늘에서 쏟아지는 상큼한 눈을 맞고 있었다. 그를 맞으러 마루에 나와 섰던 김상협 총장이 그를 보면서 인자한 목소리로 말했다.

"그 감은 먹이를 찾을 길 없는 배고픈 새들을 위한 거라네."

비서 송병국이 옆에서 지켜본 김상협 총장은 자비 그 자체였다. 화가 나면 "음, 안됐구나" 하고 마음이 흡족하면 "음, 좋구나"가 다였다. 그 특유의 표현은 곁에서 모셨던 많은 이들에게 김상협 총장을 지칭하는 상징어였다. 비서들이 젊은 날을 얘기해달라고 하면 김상협 총장은 얼굴을 붉히며 "집에 월급 한 번 제대로 갖다 주지 못하고 아이들 한 번 얼러주지 못했는데"라고 미안해했다. 비서가 뒤늦게 공부를 하게 됐다는 말을 하자 김상협 총장은 이렇게 말해주었다.

"늦은 감이 들 때가 아직도 늦지 않았다는 증거지. 공부란 사명감을 가지고 한 걸음 한 걸음 착실히 평생 하는 거야."

"총장님도 오래오래 사셔야죠."

예전의 비서가 인사를 했다.

"이제 공자의 수명을 넘겼으니 나도 축복받은 사람이지."

노인 김상협이 미소를 지으며 말했다.

1995년 2월 20일 오후 6시경이었다. 김상협 총장은 천안으로 내려가 강의를 하고 돌아오는 길에 논현동에 있는 아들 집에 들렀다. 며느리가 스테이크를 만들어 시아버지 상 위에 놓았다. 아들은 미리 구해둔 아버지가 좋아하는 조니워커 블루를 가지고 와서 아버지 잔에 따랐다. 그 잔을 들어 마신 김상협 총장이 가족들 앞에서 미소를 지으며 말했다.

"맛있다."

김상협 총장은 그윽한 눈으로 식탁에 둘러앉은 가족들을 돌아보았다.

손주들의 재잘거리는 얘기들을 들어주었다. 그가 돌아와 세상을 떠나기 전 쓴 일기에는 이런 내용이 적혀 있었다.

'어젯밤 눈이 조금 왔지만 오늘 아침 따뜻한 햇볕에 모두 녹아 없어졌으니 이제는 정말 새 봄이 다가오기 시작하는 것 같군. 심신이 상쾌하다. 이것을 복이라 하는 거지. 아들내외 손자와 정답게 저녁식사를 했다.'

1995년 2월 21일 새벽 5시경, 죽음의 천사가 그를 찾아왔다. 그의 죽음은 모습과 빛깔이 달랐다. 평화로운 죽음이었다. 의사들은 그의 마지막을 드물게 있는 무통증 심장마비라고 결론지었다.

그 닷새 후 하늘이 유난히도 맑고 추운 날이었다. 그는 계룡산 자락의 국립묘지에 조용히 묻혔다.

IV

순결한
생애

♟ 순 결 한 생 애

2015년 2월 26일, 싸늘한 봄바람 속에 황사가 안개같이 끼어 있다. 김상협이란 인물이 세상을 떠난 지 20년이 흘렀다. 그가 죽기 전에 김영삼 대통령의 앞날을 예견하면서 걱정한 많은 부분이 들어맞은 것 같다. 김영삼 대통령 때 전임 전두환 대통령과 노태우 대통령을 군사반란죄로 법정에 세웠다. 박수를 받기 위한 무리한 개혁도 많았다. 경제 대통령이 되지 못하고 외환위기를 불러와 국가가 침몰할 뻔했다. 김일성을 만나 통일을 논의하려고 했으나 역사의 신은 정상회담 하루 전날 김일성을 데려가 버렸다. 그의 예언이 거의 들어맞았다. 나는 그가 독서와 글을 쓰던 방을 가보았다. 햇빛이 비치는 장지문 안쪽에 경상이 있고 그 뒤에 보료가 깔려 있다. 경상 위에는 김상협 총리가 보던 책들이 그대로 놓여 있었다. 그가 잠시 외출한 것같이 방은 그대로였다. 문갑 위의 김상협 총장의 흉상이 빙긋이 미소를 지으며 나를 보고 있었다. 한옥의 현관에는 김상협 총리가 사용하던 스틱이 몇 개 그대로 통 속에 꽂혀 있었다.

김상협이란 한 인물의 출생에서 죽음까지 그의 말과 행동 그리고 삶에 관해 자료들을 거의 다 살펴보았다. 그는 어떤 인물이었을까. 여러 자료 속에서 그 자료의 필자들은 그가 대통령이 되어 좀 더 경륜을 펴지 못한 걸 아쉬워하기도 했다. 그는 대한민국 미래를 확실히 예견하고 그 길을 명확히 안내할 수 있는 우수한 지도자가 틀림없었다. 차원이 낮은 사람들은 대통령 자체가 목적이었지만 그는 대한민국을 건강한 자유복지사회로 만드는 것이 목적이었다. 그의 위대성은 정치가 아니었다. 대통령에 있는 게 아니었다. 순결한 생애가 그의 위대성이다. 국가와 다른 사람의 이익을 우선적으로 생각하고 자신의 이익을 나중으로 돌리는 생애다. 스스로 만족할 줄 알고 바깥에서 무엇을 구걸하지 않는 생애다. 솔로몬은 자기 마음을 지키는 사람이 나라를 정복하는 자보다 낫다고 했다. 나는 그가 대통령이 되려는 권력의지가 없어서 더 좋았다. 부자이면서도 스스로를 낮추고 낮추어서 바늘귀를 통과할 만큼 작은 사람이 된 모습을 보고 마음이 푸근했다.

　나를 가장 전율하게 한 것은 평생 조역이나 단역을 했다는 독백에서였다. 그는 성자였다. 아니, 그에게서는 이상하게도 선지자나 교주(敎主) 같은 느낌마저 들었다. 그 자신도 역사신의 제사장이라고 한 적이 있었다. 그를 존경하는 제자들은 자칭 김상협교의 신도라고 했다. 그러나 그는 단 위에 올려놓은 인형 같은 우상이 아니었다. 뜨거운 피가 도는 인간이었다. 유머감각이 풍부한 제자들이 조크를 던지면 어린아이처럼 박장대소하는 성품이었다. 설교적이거나 훈계적이지도 않았다. 자유분방하고 낙천적이며 새로운 멋을 추구하는 인물이었다. 사색과 독서에서는 그는 경지에 가 있었다. 영어·일어·독일어의 독해능력에 막힘이 없이 동서양의 고전을 통달했다. 노년에 이르기까지 경전들을 탐독했다. 그는 평생 글밭을 일구며 신의 뜻을 받든 광야의 세례요한 같은 순례자였다. 시대의 격류 속을 흐르는 쪽배 위에서 그는 준엄한 말과 글로 국민의 가슴에 불을 붙였다. 말 한마디, 연설문 한 줄, 글 한 편에도 속에 담아야 할 본질에 대해 치열하게 자신과 싸웠다. 그의 철학을 담은『지성과 야성』은 시대의 예언을 담은 작은 복음이었고『모택동 사상』은 정치사상 연구의 경지였다.

　그의 삶과 행동은 또 다른 텍스트였다. 그의 생활은 정결했다. 평생 어떤 스캔들이나 루머도 없었다. 공직이든 사회봉사든 맡으면 신명을 바쳐서 최선을 다했다. 김상협의 조상 하서와 책을 통해 만났을 때 그는 시간 저쪽에서 이렇게 말했다.

'내가 자손들에게 바란 것은 세상의 부귀영화와 칭찬이 아니네. 자손들이 그저 바른 길을 지켜나가기만을 나는 소망했을 뿐이오. 바른 길이 특별한 건 아니지. 항상 조심하고 방종에 빠지면 안 된 것이지. 참된 공부를 하지 않은 인간은 바로 짐승이지. 그 재주와 힘이 뛰어날수록 문제만 더욱 커지오. 그걸 자손들에게 말해주고 싶었던 거요. 그리고 이런 말을 하는 나는 철학을 하고 싶었던 시인일 뿐이오.'

김상협이란 인물에게서 나는 하서의 환생을 보는 느낌이었다.

이 글을 쓸 기회를 얻게 된 것은 아마도 내가 몇 년간 고창 김씨가의 역사적 명예에 관해 법정에서 그리고 위원회에 가서 치열한 싸움을 벌인 담당 변호사였기 때문인 것 같다. 지주와 자본가 출신의 전형인 김씨가는 특정 사관을 가진 사람들의 집중적인 공격목표였다. 그들이 씌우는 혐의는 친일이었다. 그들은 김씨가가 권력에 유착했다고 매도하기도 했다. 그 근거는 국무총리란 자리였기 때문이다. 많은 논문과 자료 그리고 재판기록들을 보고 그 시대를 살았던 인물들을 만나는 과정에서 나는 오히려 눈을 덮고 있던 비늘이 떨어진 것 같았다. 일제시대는 내가 여태까지 알고 있던 모습이 다가 아니었다. 나도 모르게 세뇌되어 있었다. 특정인들이 일본을 감정적으로 무조건 증오하는 길을 그려준 지도는 진실이 아닌 게 많았다. 이념과 당위를 앞세우고 거기에 적당히 사실을 꿰어 맞춘 작위도 많았다.

그들이 만들어준 엉터리 지도보다 항공사진 같은 근대 자료들을 보았다. 그리고 그 속에서 오히려 김씨가의 개척자적인 생생한 모습을 발견했다. 혼란의 극치였던 조선 말과 일제강점기의 광야 같은 시절 김씨가는 주인을 잃은 조선 민중을 직접 이끄는 모세의 역할을 충실히 해냈다. 동아일보를 세워 국민에게 홍해를 건널 수 있는 정신적 이정표를 제공했다. 경성방직을 성공시켜 민족을 입히고 먹였다. 그런 모든 것들이 의도적으로 외면당하고 있었다. 사마천은 『사기』를 기록하기 위해 궁형의 수모를 감수했다. 글을 쓰는 사람은 그 기록 때문에 자신의 생명을 걸어야 하는 경우도 더러 있다. 나는 몇 년 전부터 김씨가에 관한 글을 혼자서 쓰고 있었다. 그런 중 어쩌다 보니 김씨가의 수많은 인물 중 김상협이란 우뚝 선 산을 먼저 묘사하는 입장이 됐다. 이제부터 나는 필자가 아니라 증인의 입장이 되어야 할 것 같다.

김상협 교수가 국무총리가 된 배경을 알아보기 위해 12·12의 주역이고 전두환 정권을 만든 이학봉 민정수석을 만났었다. 그는 이미 이 세상 사람이 아니다. 김상협 국무총리 시절 항상 함께했던 비서를 만나기도 했다. 그 역시 이제 70대 노인으로 많은 기억은 없었지만 옆에서 본 모습을 정직하게 묘사해주었다. 일제시대 경성방직 신입사원으로 들어가 만주 공장에서 김상협 주임과 함께 고생하던 박인환 씨도 만났었다. 그는 평생 경성방직에서 일하면서 사장까지 올라갔던 공채 출신이었다. 만날 당시 그는 병원에 입원해 있던 80대 말의 아픈 노인이었다. 지금은 생존했는지 아닌지 모르고 연락조차 할 수 없다. 김상협 선생의 친동생인 김상돈 회장도 이미 이 세상을 떠났다. 김상돈 회장의 생존 시 많은 얘기를 들었다. 나누었다. 같은 유치원에 다니고 같은 초등학교 중학교에 다닌 형 김상협에 대한 이런저런 얘기를 해주었다. 삼양사 그룹의 김상하 회장은 형제 중 막내이고 생존한 유일한 인물이다. 그러나 역시 이제 90대를 맞이한 노인이다. 그분이 건강할 때 형과 집안에 대한 적나라한 얘기를 듣기도 했다.

그리고 나는 김상협 총리의 외아들인 김한 회장과 종손인 김병휘 교수가 친일의 혐의를 씌우는 위원회 조사관에게 당당하게 항변하는 자리에 함께한 적이 있었다. 조사관들이 가득한 밀실에서 할아버지를 위해 피를

토해내듯 항변하는 그들의 말을 나 혼자 들었다. 이제는 나 역시 노인 연령에 접어들었다. 이제 그 내용들을 직접 증거로 그리고 진실에 대한 자료로 후반부에 별도로 덧붙여두어야 할 것 같다. 나 아니면 전할 수 없는 얘기이기 때문에 다른 자료들의 내용과 구별하고 싶었다.

♟ 민 정 수 석

2008년 4월 8일 오후 6시경이다. 서초동 뒷골목의 조용한 한정식 집에서 이학봉 씨를 만났다. 전두환 전 대통령도 자주 가는 음식점이라고 했다. 고희의 나이를 넘긴 이학봉 씨는 눈썹까지 희끗희끗한 노인이 되어 있었다. 사람 좋아 보이는 투박한 인상이었다. 그와는 인연이 있었다. 12·12 사태 무렵 나는 수도권과 경기지역 계엄사무소 장교였다. 운동권에서 활동하던 친구가 YWCA 위장결혼 사건으로 보안사로 연행되어 들어갔다. 그의 가족이 사색이 되어 찾아왔다. 그때 친구의 구명을 부탁한 대상이 합수부 수사국장이었던 이학봉 씨였다. 처음 보는 초급장교의 말을 듣고 그 자리에서 풀어주는 배짱이 있는 거물이었다. 그 20년 후쯤 나는 수지 킴 사건으로 피고가 된 그의 변호인이 되어 얼마간의 신세를 갚았다. 그의 정권탈취에 대한 역사적 평가는 별론으로 하고, 그는 정직하고 호방한 성품이었다. 그는 전두환 대통령의 심복이자 실세가 되어 모든 인사에도 관여했다. 나는 그를 만나 여러 얘기를 하는 자리에서 김상협 총장이 총리로 임명된 배경에 대해 알고 싶었다.

"요즈음은 어떻게 세월을 보내십니까?"

내가 일상사를 물었다.

"주위 친구나 후배들을 만나 술 마시고 그렇게 살죠."

"전두환 대통령은 요즈음 어떻게 지내십니까?"

"각하께서는 요즈음도 바쁘죠. 여기저기서 초청을 하는 곳이 줄을 섰으니까요. 지난달에도 진해에서 선거 때 내 사무국장을 하던 사람이 각하를 초청했어요. 전두환 대통령은 어떤 사람이 초청하든 좋으면 두 말 않고 움직여요. 전 대통령과 같이 내려가서 술을 마셨는데 내 선거구 조직원을 많이 부를 수는 없고 여덟 명 정도 합석시켰죠. 술이 여기까지 오르도록 마셨어요."

그는 손가락을 옆으로 눕혀 이마까지 올렸다. 그가 계속했다.

"한 달 후에 사무국장이 병으로 부산의 병원에 입원을 했다고 알려왔어요. 그 소식을 듣더니 각하가 나를 보고 부산에 내려가 봐야 하지 않을까 물으시더라고요. 그래서 내가 그렇게까지 하실 필요는 없고 난 화분이나 하나 보내시죠라고 했어요. 그만큼 소탈하고 사람을 잘 사귀는 분이에요. 그러면서도 군대 시절부터 각하의 특징은 사람 뱃속을 꿰뚫어 보는 데는 귀신이죠. 눈치가 100단쯤 될까."

여자 종업원이 조용히 문을 열고 들어와 음식 접시들을 놓고 갔다. 그는 앞에 놓인 넓적한 술잔을 들어 입속에 탁 털어 넣었다. 그는 젓가락을 들고 전을 하나 집어 우물거리면서 씹었다.

"고창 김씨가의 김상협 고려대 총장이 어떻게 국무총리가 됐습니까? 그 배경이 뭡니까?"

내가 본론으로 들어갔다.

"전두환 장군이 대통령이 되고 미국에 가서 레이건을 독대했죠. 미국 대통령은 간단하게 세 가지를 요구했어요. 첫째는 핵 개발을 하지 말아라였죠. 두 번째는 김대중을 죽이지 말아라, 세 번째는 민주화를 해라였어요. 사실 핵 개발은 미국 몰래 어디 숨어서라도 할까 하는 생각을 했었습니다.

그런데 도저히 미국의 눈을 속일 방법이 없는 거예요. 들키면 덧나는 일이니까요. 전두환 대통령이 핵이 안 되면 경제라도 열심히 발전시키자고 했어요. 김대중 씨는 제가 직접 감옥으로 찾아가서 얘기를 한 후에 조치를 취했습니다. 그다음이 민주화 문제인데, 일단 통금도 풀고 학교의 교복도 자율화하고 대폭 규제를 푸는 일부터 했죠. 그리고 군인정치의 카키색을 중화시키려면 존경받는 인물이 필요하다고 생각했어요. 함병춘 씨가 국제관계에 대해서 정통한 분이었습니다. 미국의 평론가들은 앞으로 세계를 움직일 한국인으로 보았습니다. 그래서 함병춘 씨를 비서실장으로 모시게된 거죠. 안보나 대미관계를 담당하시게 했죠. 안 하겠다는 걸 간신히 모셔왔죠. 그리고 호남 쪽의 험한 민심을 다스릴 수 있는 거물을 찾았는데 그분이 김상협 총장이었어요."

"김상협 총장은 어떻게 알게 되셨나요?"

이학봉 씨가 뭔가 갑자기 떠오른 표정으로 싱긋 웃으면서 이렇게 말했다.

"참, 제가 경주 최부자와 고창 김갑부의 옛날얘기를 해볼까요? 제가 60년대 《사상계》 잡지에서 읽은 게 아직도 기억이 나요. 우리 육사생도들도 그 무렵 《사상계》를 많이 읽었어요. 김상협 교수가 거기에 쓴 논문들도 저는 다 읽었거든요. 그때 《사상계》 잡지가 정말 대단했지. 정신적 교과서였으니까."

"그게 뭔데요?"

내가 물었다.

"조선 말 경주 최부자가 고창의 김씨가가 갑부라는 소리를 듣고 한번 알아보려고 길을 나섰대요. 자기가 자랑하는 최고급 수입 스틱을 짚고 말이죠. 경주 최부자는 고창의 김씨가를 찾아가 대접 잘 받고 하룻밤을 잤다고 합디다. 다음 날 아침 사랑채에서 일어나 보니까 글쎄 고창 김씨가의 종놈이 자기 고급 스틱을 부지깽이로 써서 군불을 때더래요. 그 스틱이 어떤 건데 그렇게 하느냐고 난리가 났죠. 그렇지만 이미 부지깽이가 된 자기 지팡이를 어떻게 할 수 있겠어요. 속을 누르고 참았죠. 이윽고 경주 최부자는 고창 갑부 집에서 차려내는 아침을 잘 얻어먹고 떠날 준비를 했죠. 그때 고창 김갑부가 안내하는 한 방으로 들어갔더니 선반 위에 고급 스틱이 200여 개는 좍 놓여 있더랍니다. 그걸 보고 경주 최부자는 고창 갑부 김씨가에 완전히 꼬리를 내렸답니다. 이 얘기는 내가 1960년대 《사상계》에서 읽었던 기억이에요. 진실인지 아닌지는 모르지만 조선 말 경주 최부자와 고창 김갑부 얘기를 설화같이 만든 거죠. 김상협 총리는 바로 그 고창 김갑부의 손자 아닙니까?"

그가 싱긋 웃었다.

"김상협 총장이 어떻게 국무총리가 됐죠?"

내가 물었다. 미국 학자 에거트는 김상협 총장이 총리가 된 걸 근거로 권력에 유착하는 김씨가라고 단정하기도 했다.

"처음에는 김상협 총장이 다른 일로 민정수석인 내게 찾아오셨죠. 고려대 주변이 그린벨트로 묶여 있는데 그 때문에 의대나 병원도 설립하지 못하고 학교가 발전할 수 없다는 거예요. 그걸 풀어달라고 부탁하시러 왔죠. 그때는 절대 그린벨트를 풀어주지 않을 때였거든요. 내가 그 말을 듣고 전두환 대통령에게 보고를 했죠. 그런 인연으로 김상협 고려대 총장과 전두환 대통령이 만났어요. 전두환 대통령이 김상협 총장을 처음 봤는데 사람이 호인이고 좋은 거예요. 또 당시 김대중 때문에 호남의 반발이 만만치 않았어요. 전두환 대통령이 김상협 총장에게 인간적으로 반해서 국무총리를 맡아달라고 사정한 거죠. 당시는 정권의 강화가 중요한 때였는데 이철희·장영자 사건 같은 게 터져서 흔들리는 시국이었죠."

"김상협 총장은 어떤 사람이었나요? 옆에서 보셨을 때 권력의지가 있던 분인가요?"

"조선시대부터 갑부의 아들이라 그런지 몰라도 굉장히 소탈하고 담백한 분이었어요. 벼슬을 탐하는 그런 분이 아니었어요. 그러니까 오히려 우리 정권에서 더 악착같이 모셨죠. 욕은 우리 군 출신이 다 먹고 책임도 우리가 다 질 테니까 국무총리는 국민만 보고 경륜을 이루시고 선정을 베풀어 달라고 했죠. 전두환 대통령이 그런 식이에요. 나는 나쁜 놈 해도 너는 좋은 놈 해라 하는 식이었죠. 그래서 우리가 안보와 외교에는 함병춘 실장, 그리고 경제는 김재익 경제 수석 등 최고의 전문가들을 모아 국가를 발전시킨 거 아닙니까? 전두환 대통령은 그런 장점을 가진 분입니다. 나는 잘 모르니까 당신이 다 해라 하고 대폭 위임을 하는 스타일입니다. 총리가 되신 후 민정수석인 제게 전화를 거셔서 여러 가지를 담백하게 물으신 적도 많아요. 세상에서 말하는 체면이라든가 술수 같은 건 조금도 없는 분이었죠. 저에게 민주화를 위해서 취해야 할 여러 가지 얘기들을 해주셨어요. 우리 사회가 복지 쪽으로 나아가야 할 방향도 얘기하셨고 통일 문제에 대해서도 많이 가르쳐주셨죠. 운동권을 너무 누를 게 아니라 사상서적도 더 많이 풀어주는 게 좋겠다고 말씀하셔서 마르크스에 관한 책들이나 러시아 혁명에 관련된 해금된 서적들을 다 풀었죠. 저나 전두환 대통령이나 김상협 총장을 선생님이라고 부르면서 깍듯이 모셨는데 총리를 안 하시겠다고 사표를 세 번이나 내시더라고. 두 번까지는 사표를 거절했는데 아웅산 사태가 나고 세 번째는 정말 하기 싫으신 것 같더라고요. 그래서 사표가 수리된 겁니다. 그 후 다시 고려대학교로 가신다고 해서 그린벨트를 풀어서 고려대가 확장되게 노력해드렸죠."

♟ 국무총리 의전비서관

2015년 1월 30일 오후 3시. 영하 6도의 추운 날씨였다. 뉴스에서는 대한항공 땅콩 회항의 조현아 부사장 공판이 보도되고 있었다. 신라호텔 커피숍에서 김한경 전 외무차관을 만났다. 서울고등학교와 서울대 법대를 졸업한 그는 외무부 동남아시아과장 시절 총리실로 파견되어 남덕우 총리, 유창순 총리 그리고 김상협 총리까지 세 명의 총리의 의전비서관 노릇을 했다. 70대 중반 노인답지 않게 맑고 투명한 엘리트 기운이 온몸에서 풍겨 나오는 신사였다. 김상협 총리에 대해 물어볼 게 있다고 연락해서 힘들게 만난 자리였다.

"전두환 정권의 총리들은 어떻게 임명됐는지 배경을 설명해주시죠."

내가 질문했다.

"전두환 정권에서 처음에 남덕우 씨는 부정축재 대상자로 찍혔었죠. 그래서 남덕우 씨가 하와이에 피신해 있었어요. 그런데 주변에서 전두환 대통령에게 하는 말이 결자해지(結者解之)의 원칙으로 경제 문제를 주도한 남덕우 씨가 다시 총리가 되어 문제를 풀게 해야 한다고 말을 했죠. 남덕우 씨는 경제 문제를 궤도에 올려놓기 위해 총리로 기용된 겁니다. 그다음은 올림픽 문제였어요. 무역협회장을 하던 유창순 씨가 현대의 정주영 회장과 함께 올림픽을 유치하는 데 성공했죠. 그래서 총리가 됐습니다. 그러다 이철희·장영자 사건이 나고 대통령의 장인이 관련되었다는 풍문들이 돌고 시국이 아주 어수선했습니다. 특히 김대중 문제들로 호남이 부글부글 끓었습니다. 전두환 정권으로서는 명망 있는 호남 출신 인사로 국민여론을 순화시키는 데 김상협 총장 같은 인물이 절대적으로 필요했던 거죠. 김상협 총장이 처음에는 하지 않겠다고 사양하다가 총리직을 맡기로 하셨습니다. 당시 분위기는 군사정권에 김상협 총리가 들어가서는 안 된다는 얘기들이 많았습니다. 총리직을 수락하시는 날 비가 내리고 있었는데 제가 의전비서관으로 그 집에 모시러 갔었는데 벌써 기자들이 몰려와 있었습니다. 김상협 총리께서는 막힌 곳은 뚫고 비뚤어진 것은 바로잡겠다는 얘기를 하시고 그게 신문에 보도되더라고요. 군사독재정치의 옳지 않은 점을 용기 있게 지적할 만한 분이라고 생각들을 하는 것 같았습니다."

"총리 취임을 하실 때 모습이 어땠죠?"

"다른 역대 총리들을 보면 비서관도 자기 사람을 데리고 오시는 일이 많았습니다. 김상협 총리는 누구 한 사람도 데려오지 않겠다고 하시면서 총리실 직원들이 모두 다 그대로 있으면 좋겠다고 하셨습니다. 그래서 저도 외무부로 돌아가지 않고 김상협 총리를 계속 모시게 됐죠."

"총리로 와서 어땠습니까?"

"우리나라 같은 대통령제에서 사실 어느 누구 할 것 없이 총리가 할 일은 한계가 있습니다. 장관들이 국정문제를 총리에게 보고하지 않고 바로 대통령에게 얘기하고 결정되는 일이 많죠. 그리고 청와대에서 자체적으로 정책을 결정하기도 하고요. 그래서 대독총리니 의전총리니 하는 말이 어쩔 수 없이 나오는 겁니다. 그런데 전두환 대통령이나 그 측근의 실세들은 김상협 총리의 인격을 상당히 인정하는 것 같았습니다. 총리께서 이따금씩 대통령을 만나시고 돌아오면 달라지는 게 눈에 보였습니다. 당시 장관들은 대통령의 눈치를 보면서 골프가 금지되어 있었습니다. 경직되어 있는 분위기였죠. 그런데 총리가 대통령과 만나 한참 얘기를 하고 돌아오시더니 웃으시면서 앞으로 장관들 걱정하지 말고 골프를 치게 하라고 지시하시는 겁니다. 대통령을 만나 골프를 배운 지 이제 얼마 되지 않는데 운동을 해야겠다고 말했더니 대통령이 '당연히 하셔야지요'라고 허락을 하셨다는 겁니다. 김상협 총리께서는 장관들을 팀을 짜게 해서 골프를 치러 가시고 나중에는 대통령도 함께 운동을 하시게 됐죠. 작은 것부터 정부의 분위기를 부드럽게 하신 겁니다."

"일부 언론에서 대독총리, 의전총리라는 비아냥도 있었는데 어땠습니까?"

"말씀드린 대로 우리 헌법 체계상 총리의 역할에 한계는 있습니다. 그러나 김상협 총리는 그렇지 않았습니다. 개각 때 장관들의 인선문제에 대한 의견을 반드시 대통령께 하시고 대통령은 그 의견을 존중했습니다. 그 내막을 다 얘기할 수는 없지만 예를 하나만 들죠. 국무총리실 행정정책을 맡고 있던 손수익 씨를 장관으로 만드신 게 김상협 총리입니다. 그리고 그 외에 문교부 장관도 있었고, 개각 때 총리의 의견이 많이 반영된 걸로 압니다."

"김상협 국무총리에게 권력의지는 없었나요?"

"제가 판단하기로는 그 시절 전두환 대통령은 초기라 그런지 우선 정권을 유지하기에 급급한 입장이었고 민주화에 대한 생각은 솔직히 없는 것 같았습니다. 그 후에 6·29 선언이니 직선제니 하는 말들이 튀어나온 거죠. 김상협 총리가 계속 계셨으면 민주화에 대한 많은 의견을 대통령에게 말했을 것이고 김상협 총리의 정치철학이 정부에 반영되었을 겁니다. 그런데 김 총리는 대통령이 되고 싶다든가 그런 권력의지는 없던 분입니다. 다만 명성사건이 터질 무렵 가을 벼 베기를 하러 의정부 쪽으로 갔던 적이 있습니다. 벼를 베고 나서 논두렁에서 기자들과 막걸리를 마시던 중에 동아일보 기자가 총리가 바뀐다는 소리가 있다면서 질문을 했습니다. 그때 김 총리께서 기자 앞에서 '총리를 시켰으면 제대로 일을 하게 해야지' 하는 심기가 불편한 걸 처음 드러내셨습니다. 거의 없는 일이었는데 아마 총리를 그만두고 싶은 마음이 강했던 것 같았습니다."

"총리실이나 주변에 대해서 김상협 총리의 모습은 어땠습니까?"

"부잣집 출신이어서 그런지 몰라도 추석 때였습니다. 집에서 돈을 가지고 오셔서 봉투를 총리실 직원들에게 전부 돌리라고 하셨습니다. 전의 총리들한테서는 없던 일입니다. 월급보다 더 많은 돈이 봉투에 들어 있었습니다. 저희들은 삼양사 그룹에서 나온 돈으로 짐작을 했습니다. 자기 집에서 가져온 돈을 나누어 주시는 걸 보니까 아마 총리 월급을 받으신 것보다 더 많이 쓰셨을 겁니다. 그리고 김상협 총리께서는 제가 알기로 고려대 교수들한테는 삼해주를 주셨는데 총리실이나 기자들에게는 '이순신 꼬냑'을 대접했습니다."

"이순신 꼬냑이 뭡니까?"

"주전자에 소주에다 당시 박카스 비슷한 드링크제인 진생업과 소화제 맥시롱을 섞어 혼합한 술입니다. 노르스름한 술을 기자들이 모이면 돌리셨죠. 그런데 총리로 계실 때 다리가 아파 제대로 움직이시질 못했어요. 그래서 의전비서관인 저를 시켜 그 술을 사람들에게 따르게 했는데 짓궂은 기자들은 술을 받고 저에게 한잔씩을 주는 바람에 혼이 난 적도 있습니다."

♟ 큰사위 송상현 교수

2015년 3월 24일 오후 2시 30분, 나는 여의도에 있는 JB금융지주빌딩 12층 회의실에서 송상현 교수를 기다리고 있었다. 김상협 총장의 큰사위인 그는 미국의 코넬 대학에서 박사학위를 받고 귀국해서는 그의 모교인 서울대 법대의 교수로 부임하여 학장을 지내고 국제형사재판소의 소장을 역임했다. 내가 기다리던 방으로 훤칠한 키에 눈빛이 형형한 70대쯤의 노인이 들어서고 있었다. 송상현 교수였다. 내가 그를 교수라고 부르는 건 대학 시절 그의 강의를 들었기 때문이다. 일어서서 인사를 했다. 그는 지난 12년간 화란 헤이그에 있는 국제형사재판소의 상고심 재판장을 역임하고 그중 후반부 6년간은 재판소장으로서 세계평화와 정의를 위하여 노력하다가 이제 그 대임을 무사히 마치고 어제 막 귀국한 차였다.

"앉읍시다."

그가 인자한 미소를 지으며 앉으라고 했다.

"교수님에 대한 전설 같은 얘기들을 듣고 있습니다."

나 같은 사람은 도저히 따라갈 수 없는 높은 곳에 있는 존재 같은 느낌이었다.

"에이 무슨 그런 말씀을, 전 그렇지 않아요. 과장되게 전해진 부분도 있고 말이죠. 공부와 학문적 성취 또는 인품에 관하여 진짜 보통사람이 따라갈 수 없는 대단한 인물은 장인이신 김상협 총장이죠. 다만 장인인 김상협 총장은 겉으로 보기에는 굼뜨고 둔해 보여 전혀 출중한 티가 나지 않으셨죠. 그렇지만 속으로는 엄청난 에너지와 지혜를 담고 있는 타고난 천재셨죠. 인품까지 갖춘 큰 산 같은 존재였어요."

장인에 대한 마음이 어떤지 대충 알 수 있었다.

"어떻게 인연이 되셨어요?"

두 분의 관계맺음이 궁금했다.

"제가 고등학교 1학년 시절 아버님 말씀이 '김상협 교수라는 분이 있는데 무슨 분야로 가든 가장 크게 될 사람 같다'고 하시면서 찾아가 뵙고 앞으로 사표로 삼으라고 하시는 거예요. 사업을 하던 아버님은 김상협 교수가 재벌가의 후계자 자리를 거절하고 학문의 길을 택한 걸 높이 보셨죠. 우리 집안은 인촌 김성수 선생 집안과 할아버지 때부터 세교가 있었어요 그래서 설에 김상협 교수님의 명륜동 댁에 세배를 갔었죠. 당시 김상협 교수님은 젊으신데도 그 집에 세배손님들이 바글바글했어요. 어린 시절이지만 김상협 교수한테서는 뭔가 표현하기는 어려운 대인의 풍모가 느껴졌죠. 당시 유명한 정치인 이철승 전 국회부의장은 김상협 교수와 세 살밖에 차이가 안 났는데도 제자라고 찾아와 꼼짝없이 세배를 하는 겁니다. 김상협 총장이 20대에 벌써 고려대에서 정치과 교수를 하셨으니까요. 김상협 교수도 자세를 낮추시고 겸손하게 그분을 대접하는 걸 봤습니다. 손님이 많은데도 김상협 교수님은 '너 이리와' 하고 나를 응접실로 따로 데리고 가서 몇 마디의 격려로 기를 살려주셨어요. 그렇게 다음 해에도 세배를 가고 대학입시를 앞둔 고3 때도 갔죠. 자연히 대화가 진학상담같이 됐어요. 김상협 교수님은 저보고 법대를 가라고 하셨어요. 나라가 제대로 서려면 법질서가 제대로 되어야 한다는 거죠. 지금은 혼란한 시대지만 앞으로는 법치주의의 시대가 올 거라고 하시는 거예요. 법대 가면 공부할 게 많고 3면이 바다인 우리나라는 앞으로 법 공부도 눈을 세계로 돌려야 한다면서, 예를 들자면 바다에 관한 국제법을 학문적으로 체계를 세워보라고 하시는 거예요."

눈을 열어주고 앞을 안내해주는 스승을 만난다는 건 최고의 행운이 틀림없을 것이다. 그의 얘기가 계속됐다.

"미국의 코넬 대학에 가서 공부하고 있을 때 김상협 총장님 내외가 큰딸과 함께 찾아오신 적이 있어요. 장녀도 유학을 와 있었죠. 김상협 총장님은 세계의 대학들을 찾아다니며 박사학위를 딴 한국인 유학생들을 만나고 다니셨죠. 발품을 팔면서 직접 인재를 찾아다니시는 겁니다. 그러다 이 사람이다 싶으면 교수로 스카우트하시는 거예요. 교수가 좋아야 학문적인 업적도 나고 좋은 학생들도 모여들고 결국 학교가 좋아진다는 거죠. 버클리 대학에서 한승주 교수를 찾았고 경제학과의 박영철 교수, 러시아어문과 이인호 교수도 다 그렇게 초빙한 보석 같은 학자였죠. 저를 평소에 마음에 두고 계셨는지 김상협 총장의 큰따님과 결혼 얘기가 오가게 됐죠. 맨해튼의 한 식당에서 약혼을 하고 이어서 귀국하자마자 결혼식을 올렸습니다. 귀국해서 앞으로 뭘 할까 생각하고 있을 때였죠. 검사나 판사로 갈 수 있었습니다. 행정 관료를 선택할 수도 있었죠. 미국의 로펌에서 일을 해봤기 때문에 돌아가면 대한민국 최초로 로펌을 차리자는 생각도 가지고 있었어요. 그래서 근무하던 미국 로펌의 매뉴얼이나 서식자료들을 다 챙겨가지고 돌아왔으니까요. 장인이 그때 또다시 저의 인생에 대한 안내자 역할을 하셨죠. 장인은 바로 '어떻게 해라' 하는 성품이 아니에요. 웃으시면서 이리저리 구슬리고 한참 뜸을 들이다가 '이것도 괜찮은데' 하는 스타일이죠. 저는 속으로 모택동 책을 쓰시더니 모택동을 닮았구나 하고 생각하기도 했어요. 하여튼 장인은 '넌 먹을 게 있으니 교수를 해도 괜찮다'고 했어요. 그래서 제가 고려대에서 강의를 하게 됐죠. 그 대신 내가 가지고 왔던 로펌을 만들기 위한 자료나 아이디어는 대부분 국내 최고 로펌으로 간 셈이죠."

"교수로서 옆에서 지켜본 김상협 총장은 어땠습니까?"

"장인의 학교에 대한 열정이 대단했어요. 한번은 독일에서 한국에 교육차관을 주기로 했는데 그 돈을 연세대학교에서 받기로 거의 내정이 된 상태였어요. 그때 장인은 주한 독일 대사를 혜화동의 집으로 초청해 장모님의 개성 조랑떡국과 정갈한 음식들로 잘 대접했죠. 저희 집에서 담근 술도 가지고 오라고 하셨고요. 장인이 뜬금없이 독일 대사에게 '독일이 이제 미국에 원조를 줍니까?'라고 한마디 하시는 거예요. 연세대는 미국인이 세운 학교라는 뜻이었습니다. 그 한마디에 독일이 제공하려는 교육차관이 고려대로 오게 됐습니다. 이런저런 국내외 지원들을 받아 장인은 고려대학교를 비약적으로 발전시키셨죠. 정부와 끈질기게 교섭해서 대학 뒷산의 규제를 풀고 의대와 병원을 확장하기도 했어요. 그 덕에 이대도 연대도 뒷산의 규제가 풀리게 됐죠. 정부의 규제를 푸는 여러 가지 일들을 제가 옆에서 도왔습니다."

"미래의 체제나 국가의 앞날에 대한 김상협 총장의 차원 높은 구상들은 어디서 온 겁니까?"

선거 전 몇 달간 급하게 각 분야의 개인과외를 받는 대통령 후보들과 김상협 총장은 본질적으로 실력이 달랐다.

"장인의 지혜는 기본적으로 어릴 때부터의 어마어마한 독서량에 있다고 봅니다. 돌아가실 때까지도 지적 호기심이 끝이 없으셨죠. 책 선물을 제일 좋아하셨어요. 책을 받으시면 그 책을 독파하실 때까지 식사도 안 하시고 몰입하시니까요. 몸이 불편해 누워서 보실 때도 한쪽 귀까지 막고 집중하시는 걸 봤어요. 한쪽 청력이 약하신데 괜찮은 다른 한쪽 귀를 바닥에 붙이고 책을 보시는 거예요. 그러면 밖에서 불러도 들리지 않는 거죠. 책을 읽어도 그냥 건성으로 보시는 법이 없어요. 중요한 표현을 전부 줄을 치고 메모하시는 거예요. 지금처럼 편하게 복사할 수 있는 시대가 아닌 그때 중요하다고 줄 친 부분 하나하나를 펜에 잉크를 묻혀 기록하시는 걸 봤죠. 깊은 사상을 담고 있는 책은 다 읽고 나서 내게 그 핵심을 요약해 말씀하셨어요. 그리고 그게 맞느냐고 내 의견을 물으셨죠. 장인의 독서는 재미가 아니라 피가 되고 살이 되는 그런 거였죠. 평생 그런 엄청난 공부에서 깊은 발상이 나오고 우리 사회의 앞날에 대한 청사진이 나온 거죠."

"보시기에 근본 성품은 어떠셨습니까?"

"제가 보기에 큰 산 같은 대인의 풍모와 인격은 타고난 게 아닌가 하는 생각이 들어요. 인품으로 사람을 감화, 감동시키는 스타일이죠. 저는 장인이 누구에게 화를 내시거나 남의 나쁜 말을 하시는 걸 보지 못했어요. 사람을 대해도 온화한 미소로 얘기를 들으면서 몇 분 안에 얼른 그 사람의 장점을 파악해서는 칭찬으로 기를 살려주시죠. 제자들을 격려하는 말도 절묘했어요. 부잣집 아들이라고 하지만 장인은 귀공자 스타일이 아니었어요. 일본이나 만주의 공장이나 염전에서 일하셨기 때문에 근로자들의 생리도 잘 알고 계셨죠. 경리에도 밝으셨어요. 어려운 사람들의 밑바닥 인심을 꿰뚫고 계신 분이었어요."

둘이 얘기를 하고 있는데 조용히 문이 열리더니, 김상협 총장의 외아들이자 송상현 교수의 처남인 김한 회장이 손에 낡은 흑백사진 한 장을 가지고 들어왔다. 그가 내게 사진을 건네며 말했다.

"어젯밤 집에서 아버지 사진을 뒤적이다 발견했어. 한번 봐."

혁명에 성공한 박정희 최고회의의장과 젊은 김상협 교수가 마주 앉아 대화를 하는 모습이었다. 번쩍거리는 별을 단 박정희 의장의 주변에는 부동자세를 한 장교들과 배석한 장군들의 모습이 보였다. 이후락 비서실장이 구석에서 두 사람을 조용히 지켜보고 있었다. 박정희 최고회의 의장은 실내인데도 검은 선글라스를 끼고 있었다. 그 앞에 서 있기만 해도 얼어붙어 버릴 것 같은 경직된 분위기였다. 그 맞은편에서 젊은 김상협 교수가 손에 담배를 든 채 위압적인 분위기를 개의치 않는 듯 웃으면서 자연스럽게 얘기를 하고 있었다. 한 장의 낡은 흑백사진에 박정희 대통령과 김상협 총장의 묘한 관계가 담겨 있는 것 같았다. 그걸 보면서 송상현 교수에게 물었다.

"자유당 시절부터 '남재 대망론'이라고 해서 세상은 김상협 교수를 대통령감으로 보고 있지 않았었나요?"

국가재건최고회의 의장 시절의 박정희 전 대통령과 대면하는 김상협.
오른편으로는 이후락 당시 공보실장의 얼굴도 보인다.

"그런 말을 덥석 받으면 고난이 오는 세상을 장인은 누구보다 잘 알고 있는 분이셨죠. 그렇지 않아도 장인은 행동에 제한을 받으셨죠. 장인이 대통령감이라는 말들이 있으니까 감시가 있는 거예요. 장인이 누구와 만났는지 어떤 말을 하는지의 일일 동향이 정보부를 통해 매일 청와대에 보고됐어요. 만나고 싶은 사람을 마음대로 만나지 못하시는 입장이었어요. 장인은 대신 은밀히 심부름을 시킬 사람이 필요하셨죠. 장인은 용의주도한 분이기 때문에 잘해주시면서도 먼저 내가 입이 무거운 인물인지 살피셨죠. 저는 할아버지가 치열하게 독립운동을 했기 때문에 그런 점에서는 어려서부터 철저히 훈련을 받은 입장이죠. 일제시대 고등계 형사들이 시도 때도 없이 집안에 들이닥치는 때가 많았죠. 그래서 집안에는 행동수칙이 있었어요. 들었던 어떤 말도 함부로 밖에 전하지 말라는 얘기를 아이 때부터 귀에 못이 박히게 들었어요. 혹시 잡혀갈 때는 더운 때라도 옷을 많이 껴입고 가라, 그리고 종이와 필기구를 항상 지참하는 게 좋다, 현찰을 챙겨라, 그런 요령이었어요. 그렇게 단련된 덕분에 제가 장인의 눈에 들었던 것 같아요. 장인은 비밀 심부름들을 저에게 여러 차례 시키셨죠. 또한 미국 하버드 대학의 라이샤워와 코헨 교수는 박 정권의 비민주성을 비판한 학자였어요. 그분들이 한국으로 오면 장인을 만나고 싶어 했죠. 정부 당국에서는 골치 아프니까 그들을 공항에서 바로 돌려보내려고 하고요. 외국인이 입국하면 공항에서부터 감시가 따라붙던 시절이었어요. 저는 그분들이 오면 첩보공작원같이 그분들을 조선호텔에서 만나 택시를 몇 번이나 갈아타면서 감시를 따돌리고 장인에게 안내하는 일을 하기도 했죠. 박정희 정권의 후반부에도 일간신문에서 드문드문 장인의 이름이 대통령 후보로 나왔어요. 정권이 불편해하고 감시가 더 심했죠. 장인은 그런 걸 알면서도 모르는 체하면서 의연하셨어요. 장인은 그 시절 직접 말을 하거나 글을 쓰면 쓸데없이 정부와의 문제가 생기니까 다른 방법을 많이 택하셨어요. 식사나 축사의 행간에 꼭 자신의 생각을 집어넣으셔서 발표했죠. 장인의 연설은 항상 시대상을 반영하고 거기에 깊은 의미가 담겨 있었죠."

그의 강의나 연설문들은 시대를 향한 외침이었다.

"그런 명연설문들이 어떻게 탄생했나요?" 작성 배경을 알고 싶었다.

"단어 하나 가지고 밤새도록 고민을 하시는 걸 봤어요. 직설적인 표현을 쓰면 우선 정보부에서 트집을 잡고 문제를 만드니까 절묘하게 비유법과 반복, 강조법을 많이 사용하셨죠. 장인의 독특한 글 쓰는 스타일이 그런 상황 속에서 작동한 겁니다. 매번 혼신의 힘을 들여 쓰신 원고를 내게 보이시면서 기탄없이 논평해보라고 하셨어요. 듣는 사람 입장에서 이해하기 어렵지는 않은지 그런 걸 저를 통해 확인하셨죠. 원고가 완성되면 내 앞에서 연습을 하셨어요. 그 노력에 감탄했었죠. 장인은 한편으로는 섬세하고 치밀한 성격이었어요."

"당시 정권에서 데모학생에 대한 강경조치를 지시했을 텐데 김상협 총장은 어떻게 하셨습니까?"

"대학에서 반정부 시위가 격렬했던 그 시절에는 대학 총장들을 손아귀에 넣기 위해 문교부가 가지고 있던 대학의 정원을 책정하는 권한을 대통령이 직접 가지고 처리했어요. 미운털이 박힌 데모 주동자를 제적시켜라 하고 대학 총장에게 직접 지시가 내려오던 때였어요. 장인은 그런 지시들을 대부분 듣지 않았어요. 장인은 오히려 학생들 편을 들었어요. 마침내 박정희 대통령은 고려대학교에만 긴급조치를 발동했어요. 장인도 대학에서 아예 나가라는 의미로 받아들이셨죠. 장인은 좌절하고 허탈해하시는 것 같았어요. 그렇지만 겉으로는 내색하지 않고 의연하셨어요. 긴급조치가 선포되자 전두환 대령이 군인들을 데리고 고려대에 진주해 들어왔어요. 장세동씨가 그 밑에 있었던가 했죠. 그때 총장직을 그만두시고 칩거에 들어가셨죠."

김상협 총장의 전두환과의 첫 인연이었다.

"전두환 정권에서는 어땠습니까?"

"대통령이 국무총리로 지명한다는 소리가 들리고 함병춘 비서실장이 찾아오곤 했어요. 사실 그다음 날 외국 여행을 하시기로 되어 있었으나 거절하기 힘든 상황이었습니다. 결국 총리로 취임하시고 나서 처음 결제한 안건이 검찰총장이 상신한 야당 한영수 의원의 구속이었습니다. 마음이 아프셨는지 총리가 되신 첫날 장인은 나를 조용히 부르셨어요. 그리고 하시는 말씀이 '내가 억지로 징발되어 왔는데 과제를 하나 주마. 내가 어떻게 빨리 명예롭게 이 자리에서 나갈 수 있는지 연구해보아라'는 거였죠. 그분

IV • 순결한 생애

은 이런 의미로 그 당시 'graceful exit'이라는 표현을 쓰셨어요. 총리 자리를 주면 대부분의 사람이 좋아하고 납작 엎드리는 현실에서 장인은 그 반대였어요. 그러다가 아웅산 테러사건이 터지자 그 기회에 물러나신 거죠."

"아웅산 사건 때 장인 옆에 함께 계셨나요?"

"맞아요. 그때 전두환 대통령이 버마로 순방을 가자 장인이 오랜만에 가족이 모여 지축 농장에서 고기나 구워 먹자고 하셨어요. 농장에 전화가 없었는데 그날 처음으로 전화가 개통된 날이기도 했죠. 농장에서 숯불을 피우고 있는데 전화가 오는 겁니다. 장인은 잠시 정원을 산책하고 계셨어요. 전화할 사람이 없는데 이상하다고 생각하면서 제가 전화를 받았죠. 안기부장이었는데 급한 목소리로 총리 계시냐고 하면서 바꿔달라고 하는 겁니다. 그날부터 장인은 정부종합청사로 가서 여러 날 밤을 새우시면서 뒷수습을 했죠. 함병춘 비서실장이나 이범석 장관 등 모두 잘 아는 사람들이라 정말 마음아파하셨죠. 장례위원장이 되어 일을 하시면서 버마 현지 문제를 처리하기 위해 장인은 동경대 후배인 이원경 장관을 보냈던 걸로 기억합니다. 장례절차를 마치자 장인은 단호하게 국무총리직 사의를 표명하셨죠. 이학봉 민정수석이 우리가 정권을 잡았지만 민심이 아직 쫓아오지를 않는데 국민에게 좋은 이미지를 가지고 계신 총리께서 사임하시면 안 된다고 강력하게 만류했습니다. 장인은 민정수석에게 이런 미증유의 불상사는 동양사회에서는 누군가 책임을 져야 한다면서, 총리가 그대로 있으면 당신들이 더 정치적으로 곤란해진다시며 정권을 편하게 해주려고 나가는 거라고 설득을 하셨죠. 그렇게 총리를 그만두신 후에도 아웅산 사태로 돌아가신 분들의 부인들을 일일이 찾아다니며 위로해주셨어요. 국립묘지에 가서서 비석들을 만드는 것도 직접 만져보시기도 하고요."

"정권에서 다른 제의는 없었습니까?"

"당시에는 전두환 대통령이 국회의원 공천권까지 다 가지고 국회의원을 공천하거나 지명도 했죠. 대통령은 장인에게 비례대표 1번을 줘서 국회로 끌어들여 국회의장을 만들려고 했어요. 장인이 그 사실을 아시고 저에게 가서 이름을 빼달라고 교섭하라고 하셨어요. 제가 장인의 심부름으로 청와대를 드나들었죠. 청와대에 가면 불가피하게, 때마침 방문하는 여러 사회명사들을 조우하는 경우가 생깁니다. 그 사람들은 벼슬 한 자리를 얻기 위해 청와대에 드나드는 경우가 대부분이죠. 저는 그 반대로 장인에게 오는 벼슬을 막기 위해 청와대를 출입한 겁니다. 만나는 사람들은 제가 한 자리를 얻기 위해 청와대를 부지런히 다니는 걸로 생각하는 것 같더라고요. 아이러니죠."

"김상협 총장님의 노년 모습은 어땠나요?"

"나이가 70이 되시자 가지고 있던 모든 직책을 다 정리하셨어요. 심지어 1년에 한 번 정도 참석해서 덕담을 하시고 식사를 하는 이사 자리조차 그만두셨죠. 인간이라는 게 사실은 욕심이 끝이 없는 겁니다. 나이 70이 넘어도 어디 작은 거라도 한 자리 없나 쫓아다니는 게 인간들의 모습이에요. 멀리서 보면 자리에 욕심이 없는 게 별게 아닌 것 같아도 가까이서 보고 있으면 그게 아닙니다. 장인의 그런 무욕한 행동을 보고 저는 감동을 받았습니다. 박수칠 때 물러설 줄 알아야 한다는 걸 가르치셨죠. 저도 지난주에 국제형사재판소장의 임기를 마치고 귀국했습니다. 저 역시 이제 나이가 일흔세 살인데 장인한테서 배운 걸 명심하고 있습니다."

인생길을 앞뒤에서 함께 간 장인과 사위의 아름다운 모습이었다.

♟ 김상돈 회장

김상협 총리의 동생인 김상돈 회장이 살아 계실 때 변호사인 나는 소송 관계로 자주 만나 뵐 기회가 있었다. 그는 친구의 아버지이기도 했다. 함께 밥도 먹고 차도 마시고 집안에 대한 여러 가지 숨은 일화를 직접 들었다. 더러 부인이나 자식한테 하지 못한 얘기도 할 때가 있었다. 집안에서는 아들들도 조심하는 근엄한 아버지상이었지만 남에게는 따뜻하고 소탈한 분이었다. 김상돈 회장 역시 나이가 90에 가까운 노인임에도 기억력이 비상했다. 그는 중학교 때부터 아버지 김연수 회장의 돈 심부름을 했던 김씨가의 살아 있는 역사였다. 김상돈 회장과 만나 나누었던 얘기 중 형인 김상협 총리와 형제들이 함께 자라면서 있었던 발표해도 될 간단한 얘기를 여기에 적어두려고 한다.

2008년 초여름이 다가오는 어느 날 나는 광화문에 있는 삼양염업사의 사무실을 찾아갔다. 시간이 정지된 듯한 사무실이었다. 벽에는 오래된 철제 캐비닛이 붙어 있고 직원들은 수십 년 전의 나무책상과 서류철들을 그대로 사용하고 있었다. 구석에 놓인 대형 금고도 모서리에 금박을 한 국화 모양의 부조가 붙어 있었다. 일제시대 김연수 회장 시절부터 내려오는 금고였다. 김상돈 회장은 부모에게서 물려받은 걸 귀중하게 여기는 성격 같았다. 김상돈 회장의 방으로 들어갔다. 검소함을 넘어서서 나의 눈으로는 오히려 초라해 보이기까지 하는 방이었다. 방 가운데 놓인 소파는 찢어진 곳을 스카치테이프로 때운 흔적이 그대로 보였다. 그날따라 김상돈 회장이 양복을 단정하게 입고 있었다. 그의 검소함을 알아보기 위해 물었다.

"입고 계신 양복은 햇수가 얼마나 된 겁니까?"

"15년 전에 산 건데 아직 멀쩡해."

김상돈 회장의 대답이었다. 김씨가의 특별한 검소함을 나만이 직접 보고 느끼는 경우가 더러 있었다. 소파 옆 탁자 위에 낡은 놋쇠 재떨이가 눈에 들어왔다. 어린 시절 동네 할아버지들이 쓰던 평범한 재떨이였다.

"오랜만에 보는 옛날 재떨인데 이게 뭡니까?"

내가 물었다.

"그거 우리 할아버지가 쓰시던 거예요. 내가 지금까지 보관하고 있지."

조선 갑부 지산 김경중의 유품이었다.

"할아버지인 지산 김경중 선생에 대한 기억이 있으면 말씀해주시죠."

김상돈 회장의 한 마디 한 마디는 다시는 밝히기 힘든 귀한 명문가의 역사였다. 물론 그 자신은 그런 사실을 자각하지 못하는 것 같았다. 김상돈 회장이 생각하는 듯 잠시 침묵했다. 노인은 신중했다. 정확한 기억이나 증거가 없으면 말을 하지 않는 꼼꼼한 성격이었다.

"우리 할아버지는 돈을 아끼시느라고 몇만 석 지주가 될 때까지도 고기를 드시지 않았어요. 줄포에 살 때 거기가 바닷가니까 언제나 생선 반찬이 제일 흔하고 값이 쌌죠. 지금이야 조기가 고급 반찬으로 취급되지만 당시 줄포에서는 흔한 게 소금 같은 굴비였어요. 할아버지는 싼 그것만 드시면서 살았지. 그러다가 아들이 사업을 한다고 해서 서울로 올라오셨어. 할아버지는 그래도 갑부라고 소문이 나서 가회동이나 삼청동에 있는 문벌 집안들과 교류를 하셨어요. 민비 쪽의 집안 그리고 윤씨 가문이었지. 하루는 그런 서울의 문벌 집에 가서 신선로를 처음 들어보시고는 집에 와서 그게 그렇게 맛이 있더라고 하셨지. 당시 대단한 부자인데도 할아버지는 그렇게 살았어요."

김상돈 옹이 탁자 위에 놓인 물을 한 모금 마신 후 말을 계속했다.

"우리 집안은 부자면서도 참 검약한 집이었어요. 어려서부터 할아버지,

아버지에게 세배를 했어도 세뱃돈을 받아본 적이 없으니까. 인심은 오히려 할머니한테서 나왔지. 5원도 주시고 10원도 주셨지. 우리 아버지는 남들이 코가 커서 부자라고 하는데 할머니 코는 그 두 배였어. 내가 중학교에 들어갔을 때 선생이 나보고 조선 갑붓집 아들이라고 달리 보더라고. 난 부잣집 아들이라는 걸 전혀 실감하지 못했지. 집에서 어머니가 항상 바지하고 양말을 깁고 그게 떨어지면 또 기워서 입히고 그랬으니까. 내가 지금도 당시 쓰던 필통이 생각나요. 중학교 5학년 내내 에보나이트로 된 필통을 썼는데 나중에는 귀퉁이가 닳아버렸더라니까.”

얘기를 본론 쪽으로 돌려서 묻기 시작했다.

“어릴 적 김상협 형님의 모습은 어땠어요?”

“나도 상협 형님이 다닌 삼광유치원에 다녔어요. 이준 열사 집안에서 만든 유치원인데 그 유치원은 봉익동 우리 집에서 걸어서 5분도 걸리지 않았어요. 나는 형을 따라다니면서 같이 놀아달라고 했었지. 김상협 형은 어려서 겨울에는 콧물을 많이 흘렸어. 그때는 서울이 영하 24도 이하로 자주 내려갔으니까. 왜 그렇게 추웠는지 몰라. 나나 상협 형은 동네 아이들하고 똑같이, 콧물이 흐르면 옷깃으로 쓱 닦곤 했어. 형의 옷을 보면 콧물이 말라서 옷소매가 반들반들했던 게 기억 나. 상협 형님은 어려서부터 남과 어울려 노는 타입이 아니었어. 혼자 방에서 늦게까지 책을 보고 공부를 했지. 한번은 맏형이 둘째 상협 형을 군기를 잡느라고 때려서 코피가 난 적이 있어요. 옆에서 본 나는 겁을 먹었지. 상협 형은 그래도 덤벼드는 성격이 아니었어요. 참을성이 대단했어요. 그런 순한 상협 형을 할머니가 불쌍하다면서 어려서부터 끼고 돌았죠. 우리 할머니는 한학에 밝으셨죠. 상협 형이 어렸을 때 한자를 한 글자 한 글자 가르치셨어요. 그래서 상협 형은 어려서 이미 한문에 통달했어요. 할머니는 할아버지의 산삼을 슬쩍 빼내다가 상협 형에게 먹이기도 했고요. 우리 형제들은 대체로 성격이 내성적이었어요. 봉익동에 그 당시 개천이 있었는데 겨울에는 꽁꽁 얼어붙은 개천에서 형제들이 썰매를 타고 놀았어요. 당시 우리 동네를 보면 돈화문 앞에서 단성사 쪽까지 먼지가 풀풀 나는 비포장 도로였죠. 그 길은 종로 쪽으로 조금 구배가 나 있었어요. 우리는 그 길가에서 연날리기도 많이 했어요. 겨울에 눈이 오면 녹지 않고 그대로 있었는데 정월이 되면 연 줄에 아교를 묻히고 거기에 유리가루를 발라서 서로 연을 날리면서 줄 끊기 시합을 하기도 했어요. 그렇게 형제들이 컸죠."

노인은 기억이 생생했다.

"그 당시 봉익동 집이 어땠어요?"

"봉익동 집은 아흔아홉 칸 조선기와집인데 조선시대 궁중의 내시 중 높은 인물이 살았던 집이었어요. 역사가 깊고 좋은 집이었어요. 상협 형님이 나온 교동국민학교를 나도 다녔죠. 학생이 100명쯤 됐어요. 50명쯤은 최고 명문으로 알려진 경기중학교를 가고 40명 정도는 경복중학교로 진학을 했어요. 그 당시 우리 형제들을 남들이 조선 최고 부잣집 아들이라고 그랬는데 상협 형이나 나나 면으로 된 검은 교복을 입고 다녔어요. 양철로 만든 필통이 녹슬고 찌그러져도 중학교 내내 그대로 가지고 다녔어요. 김상협 형이 경복중학교에서 월반을 해서 일본의 최고 명문인 야마구치 고등학교에 들어갔을 때, 그리고 동경제국대학교 정치학부에 합격했을 때 장안의 뉴스가 됐지. 아버지가 정말 좋아하셨죠. 그때 동경대 정치학부는 법과보다도 훨씬 좋았어요. 졸업식장에는 일본 황족들이 와서 일본인 인재를 살피곤 했으니까요. 대개 그 출신들은 졸업하고 일본 상무성 엘리트 사무관으로 출발하죠. 그리고 죽 승진해서 사무차관까지 올라갔어요. 그 후에는 정계로 나가 의원이 되고 마지막에는 총리대신이 되곤 했죠. 일본인들도 부러워하는 학교였어요. 상협 형은 어려서부터 천재 기질이 있었어요. 성격도 대범했고요. 동경제국대학을 졸업한 형을 아버지가 오마치의 구례하 방적공장의 직원으로 들어가게 했어요. 형님은 아버지가 시키는 대로 했어요. 그때 공장에 가본 적이 있는데 왜 그런 일을 하느냐고 물으니까 아버지가 시킨 일인데 이왕 하려면 잘해야지 하더라고요. 아버지는 그다음 만주 봉천 소가둔에 설립한 남만방적을 상협 형에게 맡겼죠. 당시 남만방적은 영국제 기계를 도입해서 직물을 생산했는데 만주에서 최고였어요. 아버지는 상협 형에게 기업을 잇게 하려고 했는데 상협 형이 그 말을 듣지 않고 학자의 길로 간 거죠."

"일제시대 당시 집안에서 땅을 얼마나 가지고 계셨어요?"

내가 물었다. 조선 갑부 김경중의 재산목록을 알고 싶었다.

"그 당시 우리 집안의 문서상으로는 논이 900정보, 평수로 따지면 270만 평이고 밭이 380정보, 140만 평이었죠. 문서에 나와 있지 않은 것도 정확히 모르지만 그 외로 많아요. 만주의 농장은 별도고요. 아버지가 만주 농장 중 하나를 나에게 줬는데 그게 30만 석이었지 아마. 소작인들이 나를 학생지주영감이라고 불렀으니까. 아버지뿐 아니라 할아버지도 일찍부터 아들에게 분재했어요. 아버지가 대부분의 토지를 받았죠. 당시의 관습으로는 아들에게 전 재산을 주었으니까요. 큰아들인 인촌 김성수 선생은 양자로 보냈어요. 김성수 선생은 생부인 우리 할아버지한테서도 받기는 받았는데 그렇게 많지 않아요. 내 기억으로는 5000석쯤 될까?"

"세상 사람들은 인촌 김성수 선생을 전설 같은 조선의 큰 부자로 알고 있는데 어떻습니까?"

"엄밀히 말하면 그건 사실과 달라요. 갑부였던 할아버지 김경중은 아버지를 시켜 토지를 농장화하고 경성방직을 운영하게 했어요. 백부인 인촌 선생한테는 중앙학원과 동아일보를 경영하게 했죠. 동아일보만 해도 그래요. 매번 결손이 나서 아버지가 증자금을 전부 부담하셨죠. 해방 후 동아일보에서 아버지의 주식이 아마 90퍼센트가 훨씬 넘었을 거요. 그걸 조카들에게 넘긴 거요."

♟ 김 상 하 회 장

2008년 4월 어느 날 저녁 6시경이다. 나는 가회동 쪽 헌법재판소 앞에서 택시를 내려서 약속장소를 찾느라고 두리번거리고 있었다. 길 건너편에 예쁘게 만든 작고 동그란 이태리 음식을 파는 레스토랑의 간판이 보였다. 6시 30분에 삼양사 그룹의 김상하 회장을 만나기로 약속했었다. 이제 나이 90이 가까운 김상하 회장은 유일하게 남아 있는 김상협 총리의 막냇동생이었다. 레스토랑으로 들어섰다. 조용했다. 웨이터가 예약한 방으로 안내했다.

김상하 회장에 대해서는 떠오르는 기억이 있었다. 김영삼 정권 초였다. 김영삼 대통령은 전두환 노태우 전직 두 대통령을 군사반란죄와 뇌물수수죄로 감옥에 보내고 재판에 회부하게 했다. 전직 대통령에게 돈을 준 대한민국 재벌그룹 회장들이 거의 함께 법정에 끌려나왔었다. 삼성의 이건희 회장이나 대우의 김우중 회장 등 재벌 회장들은 기업이 권력에 돈을 바치는 게 우리의 관례였다고 하면서 억울해했다. 상공부 장관이 재벌그룹 회장들을 불러 돈을 요구하는데 그건 기업인에게는 버틸 수 없는 협박이라는 취지였다. 재판의 요점은 돈을 준 대신에 이권청탁이 있었느냐였다. 재벌 중 유일하게 삼양사 그룹 회장만 법정에 서지 않았다. 돈을 주고도 청탁은 하지 않았기 때문이었다. 나는 당시 전직 대통령의 변호사를 했기 때문에 기록을 가지고 있었다. 당시의 신문조서를 다시 꺼내어 읽었었다. 내용은 이랬다.

1995년 11월 14일 서울지방검찰청 1216호 검사실. 검사가 삼양사 그룹의 김상홍 회장을 불러 조사하고 있었다.

"삼양그룹의 계열사 규모 및 현황에 대해 말씀하시죠."

검사가 기본적인 사항을 물었다.

"삼양그룹은 삼양사, 삼양제넥스, 삼양중기, 삼양화성, 신한제분, 삼양메디케아, 삼남석유화학, 삼양종합금융 등이고 연간 매출액은 1조 4000억 원 정도 됩니다."

"경영은 어떻게 하고 계십니까?"

"친동생 김상하와 함께 동등한 자격으로 삼양그룹 계열사 업무를 총괄하고 있습니다. 우리 형제가 지난 47년간 삼양사를 끌어왔는데 회사 경영에 관한 업무상의 비밀은 없습니다."

"삼양그룹에서 1987년부터 1993년까지 시행한 국책사업이 어떤 게 있었죠?"

사업과 권력의 유착을 알기 위해서 하는 질문이었다.

"사실 저의 삼양사는 일제시대인 1924년부터 합자회사 삼양사로 출발해 현재에 이르고 있는데, 검사님이 말씀하시는 기간에 그룹이 확장된 건 전혀 없습니다. 그리고 정권에 따라 신규 사업에 참여한 것은 없습니다."

정권에 돈을 주고 사업을 키우지 않았다는 얘기였다.

"김 회장께서는 모 장관을 통해 대통령에게 돈을 준 사실이 있으시죠?"

"그런 사실이 있습니다. 그러니까 1992년 10월경 대통령 심부름을 하는 장관이 제 동생 김상하를 통해 사정이 어려우니 도와달라고 했습니다. 그래서 제 개인 돈 10억 원, 그리고 동생 김상하 회장의 개인 돈 10억 원, 합해서 20억 원을 하얏트 호텔에서 그 장관에게 준 적이 있습니다."

"돈을 주실 때 장관에게 어떤 부탁을 하셨습니까?"

"부탁을 한 사실이 없습니다."

"그럼 어떤 말을 하면서 주셨습니까?"

검사가 다시 물었다. 검사는 돈의 대가로 어떤 걸 요구했나를 파고드는 것 같았다.

"장관이 돈을 좀 내야겠다고 했습니다. 그 당시 분위기로는 장관이 대통령의 인척이기도 하기 때문에 거절할 수 없었습니다. 돈은 건네면서 아무 부탁도 하지 않았습니다."

"장관은 어떻게 아셨죠?"

"상공부 섬유국장 재직 시에 사업과 관련해서 알고 지냈지만 가깝게 지내는 사이는 아니었습니다."

"그런 거액을 잘 모르는 사람에게 주면서 어디 쓰는지 물어보지도 않았다는 말씀인가요?"

"어떤 큰 목적에 사용하는 것이라고 추측을 했지만 구체적인 용도를 물어보는 것은 실례라고 생각됐습니다."

"20억 원의 조성 경위는 어떻습니까?"

"그런 구체적인 것은 동생 김상하 회장이 알아서 처리했습니다."

"그런 돈 20억 원을 주는 것이 떳떳하지 못한 것 아닌가요?"

"회사가 밉보이지 않기 위해서는 돈을 낼 수밖에 없는 상황이었습니다."

"회장님은 처벌이 두려워서 그이상의 금원을 교부한 사실을 숨기시는 건 아닌가요?"

"그런 것은 아닙니다."

"마지막으로 하고 싶으신 말은?"

"이번의 사태가 잘 넘어가서 정경유착의 관행이 없어졌으면 합니다."

대통령을 조사한 수사기록에는 김상하 회장의 진술서도 있었다. 그 진술서의 내용은 이랬다.

'20억 원을 대통령에게 준 사실이 있다. 끝.'

손목시계가 정확히 6시 30분을 가리킬 때 김상하 회장이 방으로 들어섰다. 감색 재킷에 파란 와이셔츠를 받쳐 입고 은색계통의 넥타이를 맨 중후한 노인이었다. 내가 자리에서 일어나면서 인사했다. 김상하 회장이 손을 내밀어 악수를 청하면서 말했다.

"집안 송사로 수고가 많다고 얘기 들었어요. 오늘은 엄 변호사님과 조용히 대화를 하기로 했기 때문에 다른 사람들은 부르지 않았어요."

김상하 회장이 안쪽의 상석을 가리키며 정중하게 말했다.

"그래도 우리 집안 일을 해주시는 손님이신데 안으로 앉으시죠. 저는 여기 앉겠습니다."

형식이라고 하더라도 쉽지 않은 예의였다. 사양했다.

"그러면 우리 서로 편하기 위해 같이 재킷을 벗읍시다."

김 회장은 자유로운 분위기를 만들어주려고 세심하게 배려했다. 그가 재킷을 벗어 구석에 있는 옷걸이에 걸었다. 나도 뒤따라 그 옆에 옷을 걸었다. 그때 웨이터가 메뉴를 가지고 와서 조심스럽게 식탁의 접시 옆에 놓았다.

"이렇게 만나 뵀으니 와인 한잔해야죠?"

김상하 회장이 미소 지으면서 말했다. 그 말을 듣고 웨이터가 얼른 문쪽 탁자 옆에 꽂혀 있던 와인 목록을 가져다 공손하게 펼쳤다. 김 회장이 와인들을 훑어보며 불만스러운 어조로 내뱉었다.

"면세점에 가면 30불이면 좋은 와인을 살 수 있는데 그게 서울의 레스토랑으로 오면 17만 원이나 해. 도대체가 너무 비싸."

김씨가의 공통된 경제관념이었다. 변호사를 하면서 돈이 많은 사람들을 여럿 보았다. 과시를 하는 사람이 많았다. 왕궁 같은 특급호텔 전용 룸에서 과시하는 회장도 많았다. 고창 김씨가인 삼양사 그룹 집안은 한결같이 그 반대였다. 속도 마찬가지였다. 김상하 회장은 노부부만 단출하게 살고 있다고 했다. 주말에 가정부가 가면 노부부가 직접 식사를 해결한다고 했다. 김상하 회장은 길거리 샌드위치 집에서 빵과 커피로 한 끼를 때울 때도 많다고 들었다. 김상하 회장의 아들인 김원 사장은 더 철저한 성격이라고 했다. 와이셔츠 깃이 닳으면 수리점에 가서 깃과 소매만 갈아 달고 그렇게 끝없이 와이셔츠를 수리해 입는다고 했다. 김상돈 회장의 아들인 김병진 낫소 회장은 친구인 나와 점심을 먹다가 남긴 굴빗조각을 은박지에 싸서 가지고 갔다. 김상협 총리의 아들인 김한 은행장도 서소문의 허름한 김치찌개 집이 단골이었다. 함께 대중식당에서 냉면을 시켜 먹은 적이 있었다. 우연히 나의 냉면 그릇에 계란 반쪽이 남은 걸 보고 얼른 가져다 먹는 걸 보기도 했다. 내가 직접 경험한 고창 김씨가의 검소한 모습이었다. 국내 학자들은 논문에서 그런 성향을 한국 프로테스탄트 정신이라고 표현했다.

뒤늦게 김한 은행장이 레스토랑에 도착했다. 김상협 전 총리의 외아들인 김한 은행장은 김상하 회장의 조카였다.

"작은아버님, 오랜만에 뵈어요."

"어서 오쇼."

숙부와 조카가 그렇게 인사했다. 김상하 회장이 김한 은행장을 보면서 말했다.

"당신 아버지인 형님은 정말 천재야. 월반까지 해서 야마구치 고등학교에 합격했다는 방을 학교에서 봤을 때 내가 얼마나 부러웠는지 몰라. 동경제국대학교에 합격하셨을 때도 아버지가 참 좋아하셨는데. 형님에 비하면 난 정말 공부를 못했어."

"작은아버지가 서울대 정치과를 나오셨는데 공부를 못했다고 하면 세상이 웃죠."

김한 은행장의 말이었다. 몇 마디 덕담이 오고간 후 내가 김상하 회장에게 물었다.

"집안사람들이 정치로 진출하는 것에 대해 어떻게 생각하십니까? 형님인 김상협 총장께서 문교부 장관도 하시고 국무총리를 하시지 않았습니까? 대통령 소리도 있었고요."

그 말에 김상하 회장이 주저 없이 이렇게 말했다.

"우리 형님은 정치인으로는 맞지 않아요. 정치로 나가면 온갖 더러운 꼴을 보고 막 가야 하는데 우리 집안 남자들은 일본말로 속칭 '보짱 기질'이에요. 그런 보짱은 맞지가 않는 거죠."

보짱이란 도련님을 의미했다.

"그동안 김씨가에 관련된 자료들을 읽었습니다. 남아 계신 집안의 어른이고 증인이신데 직접 말씀해주시면 좋겠습니다."

"나보고 얘기를 해달라고 하시는데 일제시대 때 얘기에 대해 더러더러 단편적인 부분은 떠올라도 이제는 거의 다 잊어버렸어요."

김 회장은 말을 하다가 식탁 위에 놓인 벨을 눌렀다. 나비넥타이를 한 웨이터가 조심스러운 태도로 들어왔다.

"여기 백지 한 장만 가져다 줘요."

김 회장이 웨이터에게 부탁했다. 웨이터가 나갔다가 잠시 후 A4용지를 들고 들어왔다. 김 회장은 일어나 옷걸이에 걸렸던 재킷에서 볼펜을 꺼내 들고 자리로 돌아가 백지 위에 널찍하게 김씨가 살던 집의 평면도를 그리고 난후 말을 시작했다.

"나는 손자 중에서 제일 막내였고, 할아버지는 항상 사랑채 방에서 묵으셨지."

할아버지란 고창 갑부 지산 김경중 선생을 말했다.

"우리 집 구조가 어떻게 되느냐 하면 여기 한쪽 끝에 할아버지 방이 있고 그 뒤에 다락이 있었지. 거기에 꿀이랑 맛있는 것들이 들어 있어서 어려서 내가 항상 노리던 장소요. 할아버지 방 앞은 넓은 대청이고 그 건너편은 하인들이 묵는 방이었어요. 그리고 사랑채 앞에 있는 툇마루를 통해서 방들이 연결이 되어 있었지."

그는 볼펜으로 평면도에 다락, 본방, 대청, 하인방이라고 구분을 지으면서 설명했다.

"어린 시절 할아버지한테 곶감이라도 하나 얻어먹을까 해서 사랑채 주변을 내가 자주 기웃거렸지. 거기서 이상한 사람들을 봤던 기억이 지금도 또렷해요. 대청 위에 양쪽으로 한복 두루마기를 단정하게 입은 사람들이 네다섯 명씩 마주 앉아 작고 가는 붓으로 하루 종일 뭔가 쓰는 거야. 옆에서 하인들이 먹을 갈기도 하고 또 오후가 되면 그분들을 위해 국수도 끓이고 밥도 내오고 하는 걸 봤죠. 나중에 커서 그게 일제시대 『조선사』를 편찬하는 할아버지의 작업이라는 걸 알았어요. 남의 눈에 띄지 않게 소리 없이 작업을 하신 거지. 할아버지는 유명한 학자들에게 위촉하고 그분들이 연구해 보내온 걸 편찬하신 거요."

소중한 증언이었다.

"지산 선생은 손자의 눈에는 어떤 분이셨죠?"

내가 방향을 틀어서 물었다.

"우리 할아버지는 지독한 구두쇠였어요. 경성방직이 잘나갈 때 아버지는 '비꾸'라고 부르던 차를 수입해서 탔어요. 지금으로 말하면 미제 뷰익인데 그 당시 우리들은 '비꾸, 비꾸'라고 불렀지. 아들이 뷰익을 타는데도 할아버지는 고무신을 신고 걸어 다니셨어요. 더러 전차를 타도 절대로 자리에 앉지 않으셨지. 왜 그런지 짐작하겠어요?"

김 회장이 싱긋 웃으면서 내게 되물었다.

"모르겠습니다. 무슨 특별한 뜻이라고 있습니까?"

"아니에요. 할아버지는 두루마기를 입고 다니셨는데 자리에 앉으면 그게 구겨지잖아요? 그걸 당시 숯불을 사용하는 다리미로 구김을 없애야 하는데 아깝다는 거지. 그만큼 지독한 양반이었다니까요. 우리 할아버지는 자식이 비싼 걸 사드리려고 해도 응하지를 않는 분이었죠. 일제시대 한번은 아버지가 생신에 할아버지를 양식집으로 모셨어. 그 당시 서울에는 양식을 하는 집이 한 군데 있었는데 종로 3가와 을지로 3가 사이에 있는 미장그릴이었지. 스테이크를 맛 본 할아버지는 맘에 드셨는지 아버지의 비서에게 스테이크 값이 얼마냐고 물었어요. 할아버지의 성격을 뻔히 아는 비서가 줄여서 말했지. 2원짜리를 반으로 줄여서 1원이라고 했다는 거야. 할아버지는 그 가격이면 괜찮은데 하시곤 나중에 친구들을 그 집에 데리고 가셨어요. 그때 계산을 하면서 아버지 비서의 거짓말이 들통 난 거지. 그런 할아버지였지만 또 다른 면도 있었어요. 잠시 얘기의 방향을 돌려 재미있는 걸 얘기합시다. 여자 얘기를 빠뜨려서는 안 되겠지. 내가 어릴 때 보면 할아버지의 취미는 가끔씩 창을 하는 사람들을 불러서 듣기를 좋아했어요. 당시 남도창의 최고 명창은 박녹주라는 여자였는데, 내가 보기에는 인물도 박색이고 목소리도 허스키였지. 그런 박녹주를 할아버지는 좋아했어요. 어린 시절 할아버지를 더러 찾아오던 키가 작고 단발머리를 한 30대의 여자가 있었어. 해방 후에 보니까 그 여자가 김활란이더라고."

나는 질문의 방향을 바꾸어서 물었다.

"14년 전쯤 전두환, 노태우 두 전직 대통령이 비자금 사건으로 구속됐을 때 대한민국 재벌 회장 대부분이 법정에 섰는데 왜 삼양사 그룹만 회장님은 피고인으로 서지 않았죠?"

내가 물었다.

"일제시대 때부터 우리 집안은 절대 정경유착은 안 해요. 사업을 하기 위해 돈은 어쩔 수 없이 줄 때도 있지만 부탁을 하지 않으니까 걸릴 게 없는 거지."

이번에는 내가 김한 은행장에게 물었다.

"돈 줬으면 부탁을 해야지, 왜 안 하지?"

"부탁을 하게 되면 다시 그 사람과 이리저리 얽히게 되는 거야. 그런 걸 아예 하지 말아야 해."

"그래도 기업을 하려면 변칙회계처리를 해서라도 비자금을 마련해야 했던 게 한국 사회 아닙니까?"

내가 김한 은행장에게 다시 물었다.

"엄 변호사가 과거에서 현재까지 삼양사 그룹을 살펴보면 알겠지만 정말 우린 비자금이라는 건 만들지 않아요. 그런 의미에서 회장이나 사장은 월급 이외에는 없으니까 공장장보다도 못할지도 몰라. 사료나 곡물부터 온갖 제품을 다루니까 공장장들은 어떤 물품을 써달라고 외부에서 청탁도 많이 올 거야. 그렇지만 오너라고 하는 우리 김씨가 사람들은 일체 회사의 자금이나 이런 데는 손을 댄 적이 없어. 그게 운영방침이야. 돈을 내도 개인 돈으로 낸 거지."

♟ 아들의 항변

2008년 여름경이다. 김씨가에 다시 폭풍이 일었다. 일부 좌파 역사학자들에 의해 노무현 정권에서 친일반민족행위 재산환수위원회가 만들어졌다. 박정희 대통령, 동아일보나 조선일보의 사주, 신현확 국무총리, 이광수, 최남선 등 저세상으로 간 많은 사람들에게 친일의 혐의가 다시 제기됐다. 고인이 된 김연수 회장도 다시 위원회에서 친일 재판에 걸렸다. 심판을 하는 그들은 법관도 아니고 그렇다고 학자도 아니었다. 그렇다고 공무원도 아니었다. 그들은 철저히 신분을 숨겼다. 나는 김씨가의 종손인 김병휘 교수 그리고 김상협 총리의 아들인 김한 은행장과 함께 위원회에 소환되어 간 적이 있다. 그날의 일을 마지막으로 증언을 해야 할 것 같다.

2008년 5월경 어느 날 나는 김병휘 교수와 김한 은행장과 함께 동아일보 옆에 있는 청계 11빌딩 5층에 있는 위원회 안으로 들어갔다. 20명쯤 되는 조사관들이 보안장치가 된 사무실 안에서 일을 하고 있었다. 그 구석에 만들어진 임시 조사실로 들어갔다. 위원회의 조사관들은 자신들의 신분을 철저히 비밀에 부쳤다. 위원회에서 온 통지서에도 위원들의 성명 등 신원사항은 보안상 밝히지 않겠다고 적혀 있었다. 김병휘 교수가 분노한 목소리로 말했다.

"이건 말도 안 되지. 국가기관자격으로 조사한다는 사람들이 왜 자신들이 누구인지 당당히 밝히지 못하는 거야?"

우리는 기다란 탁자 앞에 나란히 앉아 조사관들을 기다렸다.

잠시 후 회색 남방셔츠를 입은 50대 중반쯤의 남자가 방으로 들어섰다. 한쪽 다리를 절고 있었다. 역사학자라고만 했다. 그 뒤를 따라 커다란 노트를 손에 들은 30대 중반쯤의 여자가 들어왔다. 까무잡잡하고 무표정한 얼굴이었다. 그들이 우리 앞에서 녹음기를 틀고 진술을 하라고 했다. 김상협 총리의 아들인 김한 은행장이 긴장한 표정으로 말을 시작했다.

"위원회에서는 우리 할아버지에게 친일파의 혐의를 두어도 저희 자손들은 전혀 양심의 가책을 느끼지 않습니다. 오히려 할아버지가 당시의 상황에서 잘하셨다고 생각합니다. 제가 이 자리에 온 건 구차한 변명을 하기 위해서가 아닙니다. 우리 할아버지인 김연수 회장은 일제라는 시대적 상황에서 그들이 임명한 원하지 않는 직책들을 가졌던 건 사실입니다. 또 돈도 어쩔 수 없이 헌납한 건 사실입니다. 그렇지만 우리 할아버지 김연수 회장은 그 험난한 시대에 바른 마음을 가지고 옳게 살려고 애를 쓴 기업가로 자부합니다. 편한 시기에 사업을 경영한 손자인 저보다 훨씬 더 잘하셨던 것 같아요."

그가 잠시 말을 끊었다. 듣고 있는 조사관들은 감정을 숨긴 차디찬 눈길로 그를 쏘아보고 있었다. 말이 계속됐다.

"저희 자손들도 대한민국의 3공화국 시절과 5공화국 시절과 그리고 지금까지 대기업을 경영하고 있습니다. 우리 삼양사 그룹은 전라도의 대표 기업입니다. 정권에서 경상도 사람을 의무적으로 20퍼센트 채용하라고 압력을 가한 적이 있습니다. 그러면서도 전라도 사람은 단지 전라도라는 이유만으로 이 사회에서 취직이 사실상 거부되는 상황이었습니다. 우리 손자들은 그런 정권의 압력에 굴복해서 시키는 대로 했습니다. 그런데 우리보다 훨씬 힘들었던 일제시대 기업을 운영했던 우리 할아버지는 달랐습니다. 할아버지는 총독부에서 뭐라고 압력을 넣던 조선인만을 채용했습니다. 태극 상표를 써서 제품을 내보냈습니다. 저희는 진정한 민족기업인이라고 생각합니다. 저는 다시 생각해봅니다. 우리의 3공화국과 5공화국 시절 정권의 압력에 그렇게 저항할 수 있는 기업이 있을까? 그런 저항을 할아버지는 일제시대에 하셨다고 생각합니다."

침묵하며 듣던 있던 김병휘 교수가 나서서 덧붙였다.

"인도의 간디가 일제시대 우리나라에 살았더라면 어땠을까?라고 저는 생각합니다. 간디는 인도 청년에게 전쟁에서 영국을 도와줘야 한다고 외쳤습니다. 그래야 인도가 자치권을 획득한다고 했습니다. 간디의 말을 듣고 많은 인도 청년들이 전쟁에 나가서 희생됐습니다. 간디는 인도가 사는 방법은 무력투쟁이 아니라고 주장했습니다. 전쟁이 끝난 후 영국의 탄압은 더 심해졌습니다. 그래도 간디는 오늘날까지 인도의 존경받는 영웅입니다. 간디는 무력보다는 자력갱생을 택하는 쪽이 더 인도를 살리는 길이라고 생각했습니다. 우리 할아버지 형제는 일제시대 내내 뜻이 같으셨습니다. 큰할아버지인 인촌 김성수 선생은 교육과 언론을 통해서, 그리고 할아버지 김연수 회장은 산업을 통해 민족의 힘을 키우자는 것이었습니다. 그리고 평생 흔들리지 않고 그렇게 실행하셨습니다. 지금 위원회에서는 우리 집안을 지주이자 자본가 출신이라는 이유로 돌아가신 할아버지를 무덤에서 파헤치고 집안의 명예를 훼손시키고 있습니다. 우리 후손들은 집안의 명예가 중요하다고 생각합니다. 제가 대학 시절 3년간 할아버지와 함께 살았던 적이 있었습니다. 할아버지는 일평생 아들이나 손자들보다 훨씬 못 먹고 못 입고 사셨습니다. 할머니는 평생 집에서 양말을 꿰매는 게 일이었어요. 반찬도 가짓수나 분량이 조금만 넘쳐도 할아버지는 불호령을 내리셨어요. 그러면서도 항상 사원들을 더 생각하시던 할아버지였습니다. 당신들이 과연 우리 할아버지를 얼마나 알고 심판하는지 의문입니다."

김한 은행장이 다시 나섰다.

"저희 아버님이 이 나라의 총리를 하셨던 김상협입니다. 5·16 혁명이 나고 대통령이 문교부 장관을 하라고 했습니다. 그때 할아버지는 아버지가 장관을 하는 걸 반대하셨습니다. 우리 할아버지는 권력 가까이 가는 걸 싫어하셨습니다. 아버지는 집안의 가업을 유지하기 위해 몇 개월 마지못해 관직에 계시다가 사정사정을 해서 장관직을 그만둔 분입니다. 총리도 원하신 자리가 아니었습니다. 우리 집안에는 가풍같이 내려오는 할아버지의 가르침이 있습니다. 앞에 나서지 말고 사람들에게 항상 겸손하고 인간관계를 잘 맺고 그걸 끝까지 가져가라는 겁니다. 그게 우리 집안에 내려오는 가훈입니다. 지금의 삼양사 그룹만 해도 그렇습니다. 정경유착을 싫어합니다. 그래서 최고의 기업군이 되지 못하는 원인이 되고 있습니다. 그런 사실을 아십니까?"

김씨가를 위한 후손대표들의 국가에 대한 당당한 항변이었다.

에필로그

2015년 2월 23일 오후 1시. 나는 여의도 중심에 자리 잡은 JB금융지주의 회장실에 앉아 있었다. 김한 전북은행장이 광주은행을 인수하고 금융지주회사의 회장이 되어 있었다. 과묵했던 아버지 김상협 총리의 마음을 외아들인 그가 제일 잘 알고 있을 게 틀림없었다. 세상이 본 김상협이란 인물과 달리 아들이 본 아버지의 또 다른 모습을 알고 싶었다. 아들 역시 이제 60대를 훌쩍 넘은 백발의 모습이었다. 아버지에 대해 어느 정도 이해할 수 있는 나이다.

"많은 사람들이 아버지를 대통령감으로 봤는데 아들의 입장에서 아버지의 권력의지는 어떻다고 봐요?" 내가 물었다.

"아버지는 본질적으로 권력에 대한 욕망이 없는 것 같았어. 문교부 장관도 총리도 원하지 않으셨지. 아웅산 사건이 터졌을 때 처음 국내에 들어온 보고는 전두환 대통령 서거였지. 그 보고를 받으셨을 때 주변에서는 아버지를 대통령서리로 간주했어. 만약 아버지가 권력 지향적이었더라면 바로 비상지시를 내리고 국무회의라도 소집했을 거야. 그런데 그런 게 없었어.

젊은 교수 시절 전국구 1번으로 정계에서 유혹해도 안 가셨어. 아버지가 김동길 교수, 김옥길 교수 남매하고 아주 친하셨는데 정주영의 국민당이 창당됐을 때 김동길 교수가 아버지에게 당수를 해달라고 했는데도 아버지는 '노'라고 하셨어. 아버지는 사람들을 조직하고 끌어가는 능력은 탁월하셨지. 그렇지만 리더가 되려고는 하시지 않았어."

"권력을 탐하지 않는 아버지의 내면이라고 할까 정체성은 뭐라고 생각해요?"

"아버지는 손자들이 어렸을 때 학교에서 1등을 했다고 자랑하면 머리를 쓰다듬으면서 '1등보다는 2등을 하는 게 좋단다. 1등을 하면 사람이 교만해지고 그것보다 더 잘할 수 있는 목표가 없어지니 2등을 해라'라고 하셨어. 아버지는 나보고도 한 군데 치우치지 말라며 중용을 많이 말씀하셨지. 그리고 항상 내려올 때나 물러날 때를 더 조심하라고 했어."

"아버지가 세상을 보는 시각은 어땠다고 생각해요?"

"내가 아버지한테 배운 거는 크게 보는 걸 배웠어. 전체 맥락으로 보는 거지. 아버지는 비관론자가 아니야. 모든 걸 긍정적으로 봤어. 그리고 권력뿐 아니라 이익에도 무관심했어. 옳으냐 아니냐가 더 중요한 분이었지. 아버지는 절대 화를 내지 않았어. 제일 화가 나셨을 때 하시는 말씀이 '이그' 하면 그만이셨지. 좋다 싫다 내색도 하지 않았어. 그게 오히려 어머니의 불만이었지. 그렇다고 아버지가 뭘 몰라서 그런 건 아니야. 일에는 철저한 분이야. 삼양염업사에서 결산서류를 가져왔을 때 보면 혼자 숫자를 꼼꼼히 따지는 걸 봤어. 그게 틀려도 뭐라고 하시지는 않아. 그렇지만 속으로는 모든 걸 알고 계시는 거지. 얘기는 하지 않으면서도 본인은 다 알고 있는 스타일이야."

"아버님과 대화할 때 얘기하는 분야가 뭐죠?"

"저녁식사 때마다 많은 이야기를 나누곤 했지. 대부분의 화제는 책 이야기나 정치, 사회, 경제에 대한 것이었어. 아버지의 스승이던 일본 난바라 교수를 존경하고 모택동 얘기를 많이 하셨고 주을래를 좋아하셨지. 아데나워나 서독의 브란트도 얘기해주셨어. 아버님의 학문에 대한 열정은 그 무엇보다 우선이었지. 그래서인지 어느 직에 계시든지 책을 멀리하신 적은 없었어. 대화 속에도 항상 책에 대한 것이 많았지. 그런데 놀라운 건 아버지가 읽은 그 많은 책들을 보면 좋은 글귀나 인상 깊은 내용에 세심하게 줄들이 쳐 있는 거야. 내가 읽고 감동과 영향을 받은 책들은 거의 아버지가 추천해준 책들이었지. 아버님은 아들인 나와 대화하는 걸 좋아하셨고 항상 나의 의견을 젊은 세대의 의견으로서 경청해주셨어."

"아버지가 일하시는 스타일은 어때요?"

"강의문, 연설문, 결혼 주례사까지도 직접 쓰시고 행사 전에 꼭 낭독 연습을 하실 만큼 철저하셨지. 나도 부탁이 많이 들어오지만 아버지같이 못하겠어. 아버지는 어떤 일을 맡으면 철저했어. 한국적십자사의 혈액원에도 아버지의 땀이 배어 있지. 아버지의 하루는 항상 서재에서 책과 더불어 시작되고 책과 더불어 하루를 마감하던 학자셨지."

"아버지가 김씨가라는 집안 문제에 대해서는 어떤 생각을 가지고 계셨죠?"

"돌아가시기 며칠 전 아버지가 큰 할아버지 인촌 김성수 선생 기념행사에 참석하신 후에 우리 집에 들러 점심을 드셨어. 그 자리에서 아버지는 큰할아버지 인촌 선생을 존경해야 되는 이유는 그분이 인격적으로 훌륭하다는 것도 있지만 그것보다도 많은 독립투사가 비교적 자유롭게 해외에서 독립운동을 한 반면 큰 할아버지는 한국에 남아 온갖 어려움을 겪으면서도 민족혼을 살리기 위해 언론 및 교육에 종사하셨다는 것이라고 하시며, 그것이 비록 국제적으로 멋있게 보이는 독립운동은 아니었지만 일제의 핍

박 속에서 고난 받는 우리 민족을 위한 진정한 독립운동이었다고 하셨지. 그리고 인촌 선생의 민족운동에는 우리 할아버지의 절대적 재정적 지원이 있었다고 하셨어."

"아버지는 여러 번 역사신의 섭리를 말씀하셨는데, 그 본체는 뭐라고 생각해요?"

"김동길 교수가 아버지에게 성경을 가져다 준 적이 있지. 아버지는 그 성경뿐 아니라 영어성경과 여러 종류의 성경을 구해서 읽으셨어. 그리고 내게 기독교는 모든 사람이 평등하다는 것을 역사적으로 증명한 정말 무서운 종교라고 하셨지. 결국 아버지는 인간의 평등, 사회의 연대, 대등한 참여로 모든 개개인이 마음껏 자기실현을 할 수 있는 복지사회가 되어야 한다고 하셨어. 개인적으로는 출세하는 것보다 중요하고 더 힘든 것은 물러날 때를 아는 것이라고 하셨지. 사회인이 되어 보니 그걸 절감해."

아버지의 철학이 아들에게 입력이 되어 있었다. 아들은 스승 김상협의 최고의 제자이기도 했다.

이제 글을 마칠 때가 됐다. 김상협, 그는 누구인가. 나는 그의 일생을 추적하면서 순결한 생애에서 그의 위대성을 발견했다.

그는 역대 대통령들이 가지지 못했던 진주같이 귀중한 것을 소유하고 있었다. 대한민국을 어떤 유토피아로 만들 것인가에 대한 높은 철학과 구체적 청사진이었다. 그걸 상품으로 만들어 권력을 잡으려는 욕심도 없었다. 스스로를 낮추고 낮추어 조역과 단역을 자청해서 맡았다. 물질욕, 명예욕도 초월했다. 그에게서는 속세의 사람들과 편안히 어울리면서 초월한 성인의 향기가 났다. 그만하면 대한민국의 영원한 스승이자 지도자라고 해도 무리가 아닐 것 같았다.

남재 김상협 연보

1920. 4. 20.		전북 부안군 줄포면(茁浦面) 줄포리에서 부 김연수와 모 박하진의 2남으로 태어나다.
1924. 연초		다섯 살까지 줄포에 떨어져 할머니 고씨와 지내다가 종로구 봉익동 141번지에 저택이 마련됨에 따라 비로소 상경, 서울의 가족들과 합류.
1926. 연초		봉익동 소재 삼광(三光)유치원에 입학.
1927. 4. 1.		종로 경운동(慶雲洞) 소재 경성교동공립보통학교에 입학.
1929.		경기도 고양군 숭인면(崇仁面) 성북리(城北里) 41번지로 이사.
1932. 3. 26.		백부 김성수, 경영난에 빠진 보성전문(普成專門)학교 인수.
1933. 3. 20.		경성교동공립보통학교 전 학년 우등으로 졸업(13세).
4. 5.		종로구 청운동(淸雲洞) 소재 경성제2고등보통학교에 입학.
1937. 3. 1.		동 경성제2고보 제4학년 수료(17세·월반).
4.		일본 야마구치현(山口縣) 소재 구제(舊制) 야마구치고등학교 문과 입학.
1938. 6. 8.		조모 고씨, 향년 77세로 별세.
1940. 3.		동 야마구치고교 졸업(20세).
4.		일본 동경제국대학 법학부 정치학과 입학.
1942. 9.		동 동경제대 졸업(22세).
10.		일본 나가노현(長野縣) 기타아즈미군(北安曇郡) 오마치(大町) 소재 구레하(吳羽) 방적 입사, 오마치 공장 근무.

1944. 4.	태평양전쟁 가열에 따라 1년 6개월간의 구례하방적 근무를 청산하고 귀국 (24세).
	귀국 직후 만주 봉천(奉天) 근교 소가둔(蘇家屯) 소재 남만방적(南滿紡績: 부친 수당이 건설) 경리주임 근무.
4. 27.	조부 지산(芝山) 김경중(金暻中), 향년 83세로 별세.
1945. 8. 15.	조국의 광복을 맞이하여, 소련군 - 국민당군 - 중공군 등이 차례로 만주에 진주·퇴각하는 과정에서, 남재는 본사 연락차 16일 소가둔 출발 → 19일 서울 도착. 모든 시설 포기, 전원철수 지침을 시달받고 20일 다시 북행. 천 신만고 끝에 소가둔공장에 도착하여 철수방침 전달, 3단계 철수작업 보좌, 3차 철수조와 함께 10월 10일 서울 귀환.
10. 5.	보전(普專) 개교.
1946. 8. 15.	보전, 대학 승격. 교명을 고려대학교로 개칭.
9. 2.	고려대학교 개교. 정법·경상·문과대학 등 3개 대학에 정치, 법률, 경제, 상학, 국문, 영문, 철학, 사학과 등 8개 학과로 출발.
	9월 1일자로 정법대학 정치학과 조교수로 정식 발령을 받다(26세).
1947. 5. 12.	1946년 가을부터 친구 소개로 사귀게 된 김인숙(1944년 일본여대 가정학 부 졸업 후, 개성고녀교사 재직)과 개성에서 한국 전통예식으로 결혼.
12. 23.	생애 첫 논설「오펜하이머의 자유경쟁론」,《고대신문》(제2호)에 발표.
1948. 3. 6.	첫딸 명신(明信)이 태어나다.
9.	정법대 정치학과 부교수 승진.
11. 30.	두 번째 논설「민주정치는 가능하냐」,《고대신문》(제8호)에 발표.
1950. 봄	남재 내외 분가.
4. 22.	둘째딸 영신(榮信)이 태어나다.
6. 26.	6·25 동란 발발하여 피난.
6. 27.	아침 화물열차 편으로 부산 도착, 중앙동 소재 삼양사 출장소를 임시 피난 본거지로 삼고, 수송동에 임시숙사 마련.
10.중순	부친 수당의 명으로 상경, 수복지 서울을 선발대로 돌아보다. 총장 현상윤 납북소식 듣다. 이어 수당 일행도 상경했으나, 중공군 참전 등 불투명한 전 황을 고려, 전원 부산 귀환.
1951. 3.하순	부친 수당의 명에 따라 삼양사 해리(海里)지점(전북 고창군) 주재이사로 근무. 이 무렵 해리지점은 접전경계지대로서 낮과 밤의 주권이 바뀌는 극 히 위험한 상황하에서 자경(自警) - 자위(自衛)의 무장 방어망을 구축하고

		염전 축조, 증축을 통한 제염 증산에 전력을 기울이다.
	가을	공비출몰지역인 해리지점에 솔가하여 정착.
		흉년에 절량농가가 속출하자 비축미 풀어 기아농민 구휼.
		두 차례 공비 피습의 화를 면하다.
1952.	5. 29.	인촌 김성수, 이승만의 반민주적 독재정치에 항의, 부통령직 사임.
1953.	8. 16.	휴전 성립 후 1951년 9월 대구 원대동(院垈洞)에서 피난개교 중이던 고려대 환도.
	12.	경성방직 이사 - 감사 등으로 1960년까지 동 사 경영 참가.
1954.	2. 17.	한(翰) - 양순(良洵)이 태어나다.
	8.	3년 6개월간의 고창 해리면 삼양사지점 근무를 청산, 상경.
	10.	고려대 부교수로 복귀(34세).
1955.	2. 18.	인촌 김성수, 숙환으로 자택에서 영면.
	3.	정경학부장에 취임.
	10. 10.	「민주주의의 배신자 월터 리프만의 사상」, 《고대신문》에 발표.
1956.	2.	초대 사무처장에 취임.
	11.	「양당정치론」, 《사상계》(11월호)에 발표.
1957.	10.	정치외교학과 정교수로 승진.
	12.	「한국의 정치적 낙후성」, 《신태양》(12월호)에 발표.
1958.	4.	좌담 〈우리사회와 문화의 기본문제를 해부한다〉 《사상계》(4월호) 참석.
		이달부터 《사상계》 편집위원에 피촉, 기획 전반에 참여.
	5.	「독일사회민주당의 불운」, 《사상계》(5월호)에 발표.
	7.	「공산당의 연립전술」, 《사상계》(7월호)에 발표.
	9. 20.	「내가 본 자유중국」, 《고대신문》에 발표.
	11.	「반민주적 민주주의시대」, 《사상계》(11월호)에 발표.
1959.	1.	「공산주의는 아시아의 신화인가」, 《사상계》(1월호)에 발표.
	5.	좌담 〈국제정치의 난류와 한류〉 《사상계》(5월호) 참석.
	11.	「쏘비에트사회의 지도자론」, 《사상계》(11월호)에 발표.
		본격적인 학술논문 「민주주의의 새로운 위기」, 《한국정치학회보》(창간호)에 발표.
1960.	2.	「타락한 전향자의 고민」, 《사상계》(2월호)에 발표.
		「콜론보고서에 대한 의견」, 《새벽》(2월호)에 발표.
	4. 18.	고려대생 4·18 의거, 4·19 혁명 도화.

4.	25.	대한민국학술원 인문과학부 제5분과(정치·사회·행정학) 정회원으로 피선.
6.		「한국의 신보수주의」, 《사상계》(6월호)에 발표.
7.		좌담 〈카오스의 미래를 향하여〉《사상계》(7월호) 참석.
		좌담 〈보수냐 혁신이냐〉《새벽》(7월호) 참석.
9.		최초의 번역서 E. 바아커의 『현대정치론』출판.
9.		좌담 〈7·29 총선을 이렇게 본다〉《사상계》(9월호) 참석.
10.		제15차 유엔총회 한국대표 6인 중 학계대표로 임명되어 1961년 4월까지 6개월간 대표직 수행.
12.	24.	《고대신문》 송년특집 좌담 〈1961년의 이정(里程)과 방향은 설정되었는가〉 참석, 4·19 이후 4월혁명에 대한 자신의 첫 견해 발표.
		4·19 이후 한동안 장준하(사상계 사장)가 주도하는 「국토개발사업」에 함석헌, 성창환, 양호민 등과 참여.

1961.	4. 10.	뉴욕의 유엔본부 제15차 총회 제1분과위원회(정치위원회) 개회 참가, 동위원회 회의진행상황 참관 - 취재.
	5. 1.	국무성 초청으로 30일간 미국 내 지방순회일정에 들어가다.
	16.	텍사스 주 댈러스에서 5·16 군사정변 소식을 듣고 급거 뉴욕 귀환.
	8. 14.	이후 미국 내 여행을 대충 끝내고 내친 김에 유럽으로 건너가 런던 - 베를린 등 제 도시를 방문, 1960년대 유럽 제국의 정치상황 전반을 시찰하고 이 날 귀국.
		귀국 후 군사정부로부터 입각교섭을 받았으나 불응.

| 1962. | 1. 9. | 국가재건최고회의 의장 박정희를 수반으로 하는 군사정부 문교부 장관에 임명되다. |
| | | 과도한 대학정비를 재정비하는 데 주력하다. |

1963.	3.	좌담 〈정당정치 - 정쟁의 도가니: 한국정당정치의 오늘과 내일〉《사상계》(3월호) 참석.
	4.	〈영국의 보수주의〉 《사상계》(4월호)에 발표.
		첫 저서 『기독교민주주의 사회민주주의 교도민주주의』출판(43세).

1964.	1. 1.	대담 〈제3공화국의 향방은 어디냐〉《조선일보》에 참석.
	4.	두 번째 저서 『모택동 사상』 출판. 이 해에 종로구 혜화동 15-139 소재 한옥의 수리가 끝나 이사하다.
	12.	좌담 〈변천하는 공산주의: 후수상실각과 중공의 핵실험이 뜻하는 것〉《사상계》(12월호) 참석.

1965. 1. 1.	「신악과 구악의 혼류」, 《동아일보》에 발표.
1966. 5.	경희대학교로부터 20년간 고대 교수로서 탁월한 학문적 업적과 후진양성, 대학발전에 기여한 공로로 명예법학박사학위를 받다.
1967. 5.	『모택동 사상』 개정초판 발행.
1968. 1. 1.	정담 〈68년의 시점에서 70년대를 내다본다〉 《조선일보》 참석.
7.	대담 〈아프터 베트남의 세계정국〉 《월간중앙》(7월호) 참석.
9.	대담 〈체코사태를 어떻게 볼 것인가〉 《신동아》(9월호) 참석.
11. 8.	「닉슨에 바란다」, 《동아일보》에 발표.
1969. 10. 16.	「두 갈래 드라마의 혼선: 70년대 문턱에서」, 《주간조선》에 발표.
1970. 3. 11.	일 - 미 - 구주 - 동남아 제국 순방 6개월간의 장도에 오르다.
9. 16.	학교법인 고려중앙학원 이사회, 정외과 김상협 교수를 동교 제6대 총장으로 임명의결.
23.	정오, 모친 박씨(夏珍) 숙환으로 방학동 자택에서 별세, 향년 77세.
10. 2.	고려대학교 김상협 박사 제6대 총장취임식 거행.

취임사에서 새 시대의 새로운 지도적 인간상으로 '치밀한 지성과 아울러 대담한 야성을 한 몸에 지니면서도 능히 그 조화를 이루어낼 수 있는 높은 차원의 전인적 인간'을 제시하다.

4·18세대가 마련한 총장취임축하모임에 참석, 4·18의 역사적 의미를 '결정적 시기에, 결정적인 행동으로, 결정적인 국민의 호응을 얻어, 결정적인 승리를 기약한 결정적인 의거'로 규정하다.

| 1971. 2. 22. | 연세대학교, 졸업식 전에서 '이 나라 고등교육의 육성과 학술발전에 기여한 다대한 공로를 높이 평가하여…' 명예법학박사 학위를 수여하다. |
| 4. | 3월 하순부터 시작된 교련 반대 시위는 4·19 주간까지 계속되어 6·3 사태의 재현이 우려되는 위기가 고조되는 가운데 학생들의 성토장에 나아가 '학원수호'를 호소, 시위사태를 진정시키다. |

이 해 2월과 3월에 행한 졸업식사와 입학식사가 교내외에 큰 반향을 일으켰고, 특히 졸업식사는 이후 매년 주요 일간지에 보도되어 '경세의 울림'으로 온 나라의 주목을 받다.

| 9. 17. | 총학생회주최 〈추계학술대강연회〉에 참가, 「수정주의 시대」라는 제하로 국제정세를 살펴보고 민족의 통일을 전망하는 감동적인 강연을 행하다. |

이 강연의 '통일론'이 시발이 되어 이후 민간 레벨의 통일연구열이 확산됨.

| 10. 5. | 새벽 1시 반경, 수도경비사령부소속 무장군인 30여 명이 고려대에 난입, |

학생회관에서 잠자던 학생 5명 구타·연행.

8. 5일의 심야 학생연행사태에 자극된 고려대생을 비롯한 전 대학가의 대정부 성토 → 시위사태가 이날부터 11일까지 계속되었고, 12일은 학내집회, 13~14일은 수업거부, 15일은 정상수업으로 이어짐.

15. 12시 48분, APC 장갑차를 앞세우고, 수십 대의 군 트럭에 분승한 일단의 무장군이 고려대에 진격, 교정 구석구석을 뒤져 학생들을 구타하며 1500여 학생들을 무차별 연행.
대통령의 위수령발동, 고대 등 시내 주요대학에 무기휴업령.

30. 「학원질서 회복에 즈음한 대통령 담화」 발표에 이어 일부 대학에 내려진 휴업령 해제.

11. 4. 맏딸 명신 결혼. 송상현(宋相現)을 첫째 사위로 맞다.

11. 오전 10시, 대강당에 나아가 강당 주변까지 운집한 3000여 학생들에게 역사적인 개강담화 "봄은 반드시 오고야 만다", "우리에게는 오늘만이 있는 것이 아니라 내일도 있고 또 그 내일도 있다"는 요지의 격려를 보내며, 고려대학교 전도의 순탄을 빌기 위하여 필요하다면 기꺼이 그 희생의 제물이 되겠다는 비장한 각오를 토로하여 잊을 수 없는 감동을 주다.
특히 이 개강담화에서 최초로 '역사의 신'을 말하다. 그는 역사가 흘러가는 종착점을 '역사의 의지'로 보았고, 그 전개방향은 바로 고려대학교의 교시인 자유·정의·진리의 실현과 일치하는 것으로 확신하였다. 따라서 역사의 신이란 곧 '세계사의 의지'요, '희망의 신', '용기의 신', '낙관의 신'인 동시에 '자기확신'의 객관화였던 것이다.

11. 27. 학교법인 고려중앙학원, 학교법인 우석학원을 흡수, 의과대학 설립의 기초를 확립하다.

1972. 3. 『모택동 사상』 개정판 중판 발행.

9. 29. 총학생회 주최 「1972년 추계학술대강연회」에서 〈공존시대와 평화통일의 전망〉이란 제하로 강연. 이 강연에서 '7·4 성명'의 이중성을 지적, 그것은 이제 겨우 대화의 시작을 의미할 뿐 민족의 자주적 통일접근과는 거리가 먼 것이라고 설파하다.

12. 6. 《고대신문》과의 인터뷰에서 대학이 계엄하에서 45일 동안 아무런 이유 없이 문을 닫아야 했던 그 답답한 정치상황을 하나의 '엄존하는 현실'로 인정하고 그것을 있는 그대로 받아들이는 것도 '큰 용기'임을 강조하면서 교수-학생 모두가 '저 밑도 끝도 모를 학외의 정글로부터 학내의 캠퍼스로 돌아

와 학문연구와 지식습득에 전념하는 것이 이 시점에서의 대학의 갈 길'임을 역설하며 '컴 홈 유니버시티(Come Home University)'를 호소하여 교내외 큰 반향을 불러일으키다.

1973. 9. 28.　총학생회 주최 〈1973년 추계학술대강연회〉에서 「이상변화의 시대」라는 연제로 강연.

11. 13.　15일까지 3일간 구속학생석방을 요구하는 대규모 고려대생 시위 발생. 이 기간 법무부 장관, 문교부 장관, 서울형사지방법원장 등을 차례로 방문, 구속학생에 대해 관대한 처분 요망.

12. 초순　총장 명의로 문교부에 구속학생석방청원서를 제출하고 검찰총장을 방문, 선처 요망.

1974. 1.　새해 벽두부터 개헌논의를 금지하는 긴급조치 1호와 함께 긴급조치 2호로써 비상군법회의 설치. 이달, 개교 70주년 기념사업의 일환으로 중앙도서관 신관을 건립키로 하고 그 추진위원회구성.

5. 25.　이날부터 7월 5일까지 40일간 구미 - 일 순방. 6월 5일 중앙도서관 신관 기공식이 거행되다.

9. 20.　총학생회 주최 〈1974년 추계학술대강연회〉에서 「혼돈의 시대 - 그 상수와 변수」의 제하로 강연.

10. 10.　유신철폐를 요구하는 대학가 반정부시위 격화. 고대, 구속학생석방요구 등 시위선도. 이로 인해 휴강 → 개강을 반복하며 11월 내내 학원정상화를 찾지 못하고 조기방학에 들어가다.

11. 18.　떳떳지 못한 조기방학에 들어가면서 교수회의를 소집, 대학당국자로서는 최초로 학원사태를 '소수 아닌 다수의 소요이며 일면 이유 있는 동요'라고 그 성격을 규정하고, '무한 이슈의 전면공해 속에서 대학의 하늘에만 맑은 공기가 솟아오르기를 기대함은 무리'라고 직언하다.

19.　《고대신문》, 뉴스면 머리기사로 발언내용 전문 보도.

20.　《동아일보》사회면과 일부 방송에 《고대신문》을 인용한 '소수 아닌 다수의 일면 이유 있는 동요'라는 남재의 항변이 보도되어 온 사회에 비상한 관심을 불러일으키다.

12. 16.　엄동 속에서 모자라는 법정수업일수를 채우기 위해 개강.

1975. 4. 8.　고려대학교에 학내시위를 엄금하는 대통령의 긴급조치 7호가 선포됨에 따라 휴교조치와 함께 군이 대학 캠퍼스를 또다시 점거. 위반자는 3년 상 10년 이하 징역.

10.	긴급조치 7호 사태의 책임을 지고 재단에 사표제출.
15.	학교법인고려중앙학원 이사회 사표수리.
5. 13.	고려대학교에 대한 긴급조치 7호 해제.
5. 20.	고교 이상의 모든 학교에 학도호국단 조직, 군사교육 대폭 강화.
10.	『모택동 사상』 개정증보판 발행.
11. 19.	미 국무성 초청으로 이날부터 이듬해 1월 3일까지 55일간 미국 학계시찰 여행 장도에 오르다.
1976. 7. 6.	둘째딸 영신 결혼, 정성진(鄭聖進)을 둘째 사위로 맞다.
1977. 8. 18.	학교법인고려중앙학원 이사회, 1975년 4월, 고대에 내려진 '긴급조치 7호 사태'의 책임을 지고 사퇴했던 김상협 전 총장을 제8대 총장으로 재선임.
9. 1.	5000여 학생, 교직원, 내빈들의 축하와 환호 속에서 '고려대학교 김상협 박사 제8대 총장취임식' 거행.
5.	《동아일보》와의 인터뷰에서 "나는 재수생…"이라고 '총장복귀의 변'을 토로하다.
12. 13.	이날부터 27일까지 2주 동안 대만 → 홍콩 → 일본 3개국 순방.
1978. 1. 1.	《동아일보》 신년호에 연세대 명예총장 백낙준과 대한민국 건국 30주년의 발자취와 그 의미를 살피는 대담을 갖다.
1. 7.	《경향신문》에 소설가 최인호와 인터뷰, 젊은 세대에게 '세계인'이 되어달라고 당부하다.
	새해 벽두부터 문교부 장관, 중앙정보부장 등을 만나 제적학생 구제를 부탁하였고, 이 같은 노력은 4월까지 계속되었으나 5~6월 들어 대학가에 또 다시 반정부 움직임이 표면화되어 무위로 돌아가다.
2.	이달부터 분교 설립의 타당성을 검토하고, 대전 유성지구 대덕단지를 그 1차 후보지로 선정, 3월 초부터 유관부처의 장 또는 정부유력인사들과 접촉, 본격적인 추진 작업에 들어가다.
3. 2.	《고대신문》과의 인터뷰에서 고려대가 당면한 중점과제의 으뜸으로 '재단의 쇄신'을 거론하다.
15.	중앙도서관 신관 개관식 거행. 자신의 발의로 착수하여 비록 예정보다 2년 가까이 지연되기는 했지만, 자신의 손으로 직접 준공을 보게 되니 자못 감개가 무량하다고 기록하다.
5. 5.	기숙사 신축 기공식 거행.
	이달부터 고대체육진흥기금 모금운동을 시작하여 연말까지 소기의 성과

를 거두다.

6. 23.   셋째딸 양순 결혼, 이양팔(李亮八)을 셋째 사위로 맞다.

10. 6.   문교부, 고대에 대덕단지 내 분교설립불가 통보.

9월에 있었던 고대생들의 기습적 반정부시위의 여파로 학과 증설 및 학생 정원 조정에서 완전 제외되는 불이익을 받다.

11. 16.   아들 한(翰) 결혼, 김영란(金英蘭)을 자부(子婦)로 맞다.

12.   대덕단지 분교 설립 실패에 좌절하지 않고 방향을 돌려 조치원분교 설립에 나서다.

1979. 1.   연초부터 조치원분교의 설립과 함께, △혜화동 의대 캠퍼스 및 부속병원의 안암동 본교권역으로의 이전, △수도권 지역에 부속병원 분원의 복수건설, △외자도입을 통한 재원조달 등 의과대학 장기종합발전계획의 본격 추진에 착수.

30.   이날부터 2월 11일까지 12일간의 일정으로 사우디 → 이집트 → 바레인 → 방콕 등을 순방.

7. 12.   아산복지재단 창립 2주년기념 〈복지사회의 이념과 방향〉 심포지엄에 참가, 기조연설 「복지사회건설의 길」을 제시함으로써 '남재사상'의 뼈대를 세우다.

9. 19.   학생 정원 400명 규모의 조치원분교 설립이 인가되어, 영문·독문·중문·물리·화학·경제·무역·경영학과 등 8개 학과 설치.

10. 27.   제주지역을 제외한 전국에 비상계엄 선포, 계엄포고령으로 전국 대학 휴교조치, 국무총리 최규하, 대통령 권한대행 취임.

11. 19.   대학휴교령 해제.

12. 4.   새벽 3시 16분, 부친 수당 김연수, 1978년 4월 득병으로부터 1년 8개월간의 투병 끝에 향년 84세를 일기로 영면.

6.   수당 영결식 거행.

1980. 1. 1.   고대 신년하례식에 나아가 정부는 국민에게 자제가 아닌 협력을 구해야 할 것이라고 경고하면서, 새 헌법 제정 → 대선 → 총선 실시 → 조속한 정부이양 완수를 강조하는 새해 첫 시국견해 표명.

YS의 고대 방문을 받고 현하 정국에 관한 의견교환.

26.   샌프란시스코 → 시카고 → 디트로이트 → 워싱턴 → 뉴욕 → 피츠버그 → LA로 이어지는 24일간의 미국 내 순방일정에 들어가다. 여행 중 미국관리를 비롯한 교민들의 한국사태에 대한 의견을 광범하게 듣다.

3. 14.	부산교우회를 시발로 대구(21일), 청주(28일), 광주(4월 3일), 전주(4월 23일), 대전(5월 9일) 순서로 지역 고대교우회 총회에 참석, 시국견해 피력. 헌법개정심의위원회 부위원장으로 참여.
4. 20.	회갑 맞이 설악산 1박 2일 관광, 귀로에 강원 - 경상도 일대를 돌아보다.
28.	연설문집 『지성과 야성』 출판기념회, 고대 교우를 비롯한 1000여 명의 하객이 참석한 가운데 고대교우회 주최로 세종문화회관에서 대성황리에 개최되다.
5. 7.	DJ의 요청으로 외교구락부에서 만찬회동, 시국에 관하여 광범하게 의견교환.
17.	비상계엄 전국 확대 선포와 더불어 휴교령이 내려지고 군이 대학에 진주하다.
6. 6.	《동아일보》 기획에 응하여 유진오와 시국대담을 나누었으나 계엄검열에 걸려 전문 삭제 - 사장(死藏)되다.
7. 30.	조기준 · 김용준 · 이문영 · 강만길 · 이상신 · 조용범 등 교수 6명 해직과 학생 86명 징계.
9. 1.	대학휴교령 해제.
10.	116일 만에 고려대 개강.
10. 14.	손자 철(澈) 출생.
17.	전두환 정권 출범 후 최초의 반정부 데모 고려대에서 발생, 고려대에 휴교령.
30.	문교부, 고려대에 휴교령 해제를 위해 교수 - 학생 - 재단의 「다짐문」과 교우회의 「진정서」에 연명서명을 받아 제출케 하고, 총장이 정부의 안보담당관계자를 찾아가 사과하라고 지시. 소수학생소요를 구실로 휴교령을 발동, 폐문을 위협하며 연좌의 수모를 가함으로써 전체 고대인의 자존심을 유린하는 대학사상 초유의 보복조치로 해석되었으나, 조속한 학원정상화를 위해 도리 없이 교수 312명 전원, 학생 2400여 명, 재단임원일동 및 교우회회장단이 연명서명한 「다짐문」과 「진정서」 제출. 이후 타 대학에서도 반정부소요가 있었으나 고려대와 같은 가혹한 보복조치는 없었다.
11. 6.	휴교령이 풀려 20일 만에 개강.
12. 26.	《동아일보》 기획에 응하여 연세대 명예총장 백낙준과 〈신춘대담〉을 갖다.
1981. 1. 29.	이날부터 24일 일정으로 호주 - 뉴질랜드 등 태평양제국 순방길에 오르다.
4.	애기능 이공대 캠퍼스에 과학도서관 건립 추진.

11.	2.	자택 현관 앞 돌계단을 내려서다 실족, 아킬레스건(腱)에 큰 손상을 입다. 이후 상당 기간 단장에 의존하여 보행.
	9.	고려대 1년생 일부, 문무대 집체훈련 입소과정에서 소요를 일으키다.
12.	19.	문교부 요구대로 문무대 소요학생 116명에 대한 징계를 내리면서 조기퇴임을 결심하다.
1982.	1.	정초부터 입시파동(정원미달사태 및 체육특기생 선발시비 파동 등)에 시달리다.
	3.하순	계속되는 학내사태 수습에 골몰하다 실기(失機)하여 만기(滿期)퇴임으로 방침을 바꾸고 중임(重任)불원 의사를 재단에 통고.
	4. 12.	과학도서관 기공식을 애기능 캠퍼스에서 갖다.
	6. 22.	오후 대통령 전두환과 궁정동 안가에서 대좌.
	24.	새 국무총리에 고대 총장 김상협 임명소식 방송보도.
		이날 기자회견에서 "이 나라는 남의 나라가 아닌 우리나라…", "막힌 곳은 뚫겠다"는 등의 매우 상징적이면서도 국민 심중을 꿰뚫는 임명소감을 밝히다.
	25.	청와대 임명장 수여 → 중앙청 이취임식 → 의장대 사열.
7.	3.	금융실명제 실시 전격 발표. 이 혁명적 금융정책 결책과정에서 국무총리 소외되다.
	하순	일본 교과서 역사왜곡 사실이 알려져 온 나라에 비상한 충격을 주다. 이후 대일 항의 - 규탄 여론 고조.
8.	3.	우리 정부의 강경한 시정요구를 주한일본대사에 전달.
	23.	일본 정부, 시정각서 주일한국대사관에 전달, 우리 정부 이를 긍정적으로 수용, 한일 교과서분쟁 일단락.
10.	13.	정기국회 본회의 여야 대정부질문에 대한 정부 측 답변 마치고 총리 첫 학기 'C 학점' 자평.
	20.	일본 와세다 대학, 명예법학박사학위 수여.
	29.	금융실명제 유보, '실명제파동' 일단락.
12.	3.	3주 일정으로 중남미 4개국(콜롬비아 - 페루 - 칠레 - 멕시코) 순방 장도에 오르다.
1983.	7. 4.	KBS 이산가족찾아주기운동 전개, KBS 방문 관계자 노고 치하 - 격려.
	9.	정부 차원 이산가족찾아주기운동 종합추진계획 발표.
	9. 7.	서울운동장 KAL기 합동위령제 참석, 비명에 숨진 원혼(怨魂)의 명복을 빌

고, 소련의 만행을 규탄하는 조사를 행하다.

12. 청주를 시발로 30일까지 19일 동안 12개 도시를 순회하며 1983년도 안보 정세보고회 개최.

10. 9. 미얀마 아웅산 폭발 테러 사태 발발, 각료급 수행원 10여 명 참사.

13. 장의위원장으로서 여의도광장에서 순국외교사절에 대한 합동국민장 거행.

14. 10시, 국회 본회의에 출석, 아웅산 폭발 테러에 관한 정부보고를 행하다.

15. 정부종합청사 국무총리 이취임식. "만기제대 - 적기졸업"이라고 자평하고 "타다 남은 숯으로 돌아왔다"고 퇴임소감을 기록하다.

23. 고대 명예총장으로 돌아와 첫 출근을 하다.

12. 9. 40일 예정의 미국여행 일정에 올라 미국에서 송구영신(送舊迎新) 후 이듬 해 1월 17일 귀국.

1984. 5. 20. 손녀 정은(廷恩)이 미국에서 출생하다.

23. 1주일간 대만을 방문하다.

6. 15. 월남(月南) 이상재(李商在) 선생 동상건립발기준비위원회에 참석, 동 발 기준비위원장에 추대되다.

50일간의 유럽 3국 및 이집트 - 태국 등 순방길에 오르다.

12. 13. 월남동상건립발기인대회 YMCA 강당에서 개최, 정식으로 동상건립위원 회 회장에 취임.

1985. 3. 23. 2주 동안 일본 여행.

8. 5. 보사부장관(李海元) 혜화동 자택 방문, 대한적십자사 총재취임 요청.

12. '월남동상' 기공식 종로3가 종묘 앞 시민공원에서 거행.

이날 대한적십자사 대강당에서 제16대 총재로 취임.

8. 22. 남북적십자실무대표회담(판문점), 고향방문단과 예술공연단, 보도진 및 지원인원 각 50명씩 150명 규모로 9월 20일부터 23일까지 서울과 평양 동 시 교환방문키로 합의.

26. 제9차 남북적십자평양회담 개막, 29일 대표단 2박 3일간의 회담일정 마치 고 귀환.

9. 18 해외동포모국방문후원회 회장에 피선(1991년까지 6년간 재임).

20. 대한적십자사 총재로서 고향방문단-예술공연단 및 지원-보도진을 이끌고 인솔자로서 마침내 평양땅을 밟다.

23. 평양 방문 일정을 마치고 이날 정오 판문점을 통해 귀환.

10. 19. 제네바국제적십자연맹(IFRC) 총회에 참석, 6일간의 회의 전 일정 빠짐없

이 참석 후 27일 귀국.

이후 남재는 한적 총재 2기 6년 동안 총 네 차례 IFRC 총회에 참석하였고, 21개국 적십자사 또는 적신월사를 방문하였다.

1986. 7. 23. 적십자 서울병원 시설현대화추진의 일환으로 본관신축기공식 거행.

11. 28. 혜천 김인숙의 〈여행기〉 첫 권 『세계를 돌아보고』가 10월에 출판되어 이 날 하오 3시 시내 종근당빌딩에서 출판기념회 성황리 개최.

1987. 7. 1. 적십자서울병원 본관 준공.

26. 태풍 셀마호의 내습으로 충남지역 집중호우, 금강유역 범람으로 수재민 발생, 수재현장 시찰, 적십자봉사대원 격려.

28. 서울 - 경기지방에도 폭우피해 극심, 수재지역 찾아 봉사대원들의 구호활동 독려.

8. 12. 이날부터 1개월에 걸쳐 고창군 해리면 - 심원면 소재 삼양염업사 간척농지 임차경작인들의 농지양도요구 집단난동사태 발생, 9월 11일 임차경작인들의 사과문 지상발표 등을 내용으로 하는 합의서 교환으로 사태 일단락.

9. 1. 현민 유진오 숙환 별세를 계기로 세칭 현민빈소사건, 고려대에서 발생.

12. 10. 안암동 고대캠퍼스 소재 인촌묘소, 경기도 남양주군 화도면 금남리로 천묘.

1988. 1. 19. 한적 총재 명의로 국제적십자사연맹(IFRC) 및 국제적십자위원회(ICRC)에 북한의 비인도적-반인륜적 KAL기 폭파테러를 규탄하는 전문 발송.

8. 2. 한적중앙위원회에서 차기 총재로 선임.

12. 제17대 한적 총재 취임식 거행.

1989. 3. 5개년계획으로 매혈추방 및 2백만헌혈달성운동 전개.

4. 20. 적십자 부녀봉사특별자문위원회 개막을 겸하여 설악산(뉴설악호텔)에서 '칠순'을 맞다.

1990. 4. 20. 「남재김상협선생고희기념논문집」 간행위원회위원장(김원기) · 고대총장(김진웅) · 고대교우회회장(김일두) 공동주최로 고희기념 논문집 『복지사회의 앞날』 헌정식이 전-현직 국무총리, 국회의장 등 정-관계 인사를 비롯하여 고대교우 - 교수 등 각계인사 1000여 명이 참석한 가운데 호텔신라에서 성대히 거행.

5. 3. 오후 5시 반부터 개최된 주한독일대사관 통일축하행사에 참석, 독일민족의 위대한 통일성취를 진심으로 축하하다.

1991. 5. 19. 국제적십자연맹(IFRC)회의 참석 후, 소련적십자사 방문, 모스크바 - 레닌그라드 등 여행.

7.	충북 음성군에 대한적십자사 혈액연구소 설치.
7. 16.	보사부장관(安弼濬)으로부터 임기만료에 따른 후임내정사실을 통고받다.
8. 12.	신·구 총재 이취임식, 적십자기를 신임 총재 강영훈에게 인계하면서 지난 6년간 국내외적으로 혼란이 소용돌이치던 어려운 시기에 총재 임무수행에 크게 협조해준 모든 적십자인들에게 감사를 표하다.
9. 5.	『논어』와 『성서』 등 동서양의 고전읽기에 들어가다.
10. 21.	대한적십자사, 총재 재임 중 업적을 기려 '적십자태극장'을 수여하다.
1992. 7. 13.	11일간 캐나다 벤쿠버 등 제 도시와 4일간 뉴욕에 체재하는 등 15일간의 북미 여행을 마치고 돌아오다.
10. 17.	안암정치학회 월례조찬회에 나가 역대 대통령의 치적을 평가하다. 이날 이후 총 11차례의 특강을 가져 언론의 주목을 받고 장안의 화제를 모았다.
1993. 7. 13.	서부 LA로부터 동부 뉴욕 등 미국 내 제도시를 28일 일정으로 여행.
1994. 1. 26.	고대 재단이사장 김상만(金相万) 숙환으로 별세.
5. 12.	혜천 김인숙의 〈여행기〉 둘째 권 『세계를 돌아보고 2』가 4월에 출판되어, 이날 혜천의 고희축하를 겸한 출판기념회가 시내 신라호텔에서 200여 하객이 참석한 가운데 개최.
5. 17.	24일간의 일정으로 독일 - 이태리 - 프랑스 등 유럽 3개국 방문 후 6월 9일 귀국.
7. 9.	김일성 사망 보도. 사망소식을 접하고 『논어』의 일절 '자불어괴력난신(子不語怪力亂神)'을 인용, 그 소감을 기록하다.
9. 17.	인도네시아 - 싱가포르 6일 일정으로 방문.
1995. 2. 21.	부인 김인숙 부재중(이집트 여행) 오전 7시 반경, 자택에서 쓰러져 고대의 대병원에서 응급 가료중 11시 5분 영면.
26.	고 남재 김상협 명예총장 영결식, 고대 본관 앞 교정에서 고려대학교장으로 엄수. 대전 유성구 국립묘지에 안장되다.
1996. 2. 21	고대 인촌기념관에서 1주기 추모식 거행 후, 이날 정오 국립묘지 고인의 유택 앞에서 묘비제막식 거행.
4. 20.	76회 탄신일에 제자들 혜화동 자택에 모여 기념사업회 발의 - 결성.
1998. 4. 20.	기념사업회, 78회 탄신일을 기하여 시내 호텔신라에서 500여 추모객이 참집한 가운데 추모문집 『당산나무의 큰 그늘이여』 봉헌식 거행.

지은이_ **엄 상 익**

6·25 전쟁이 끝날 무렵 피난지인 평택 서정리역 부근의 초가집에서 태어났다. 경기중·고교를 졸업하고 1973년 김상협 총장의 고려대학교 법과대학에 입학했다. 긴급조치 등으로 휴교 기간이 길던 시절 깊은 산골의 사찰과 강가 등을 방랑하며 독서와 사색으로 생활했다. 1978년 육군 장교로 입대해서 휴전선 지역의 부대에 근무하다가 부대를 방문한 김상협 총장과 여러 이야기를 나누기도 했다. 장교로 근무하던 1982년 사법시험에 합격해 변호사 자격을 취득했다.

1986년 작은 법률사무소를 차리고 변호사 겸 작가의 길을 걷기 시작했다. 대도 조세형과 탈주범 신창원의 변호를 맡아 범죄 이면에 있는 인권유린과 또 다른 진실을 칼럼이나 논픽션 형태로 세상에 알렸다. 변호사 저널리즘을 표방하며 성역이었던 교도소 내부나 법원 검찰 내부에 감추어진 사실을 세상에 알렸다. 청송교도소 내의 의문사를 월간 《신동아》에 발표, 의문사진상규명위원회 1호의 인물을 탄생시켰다. 은폐된 모 준재벌 회장 부인의 살인 청부의 진실을 발표하기도 했다. 2007년 소설가 정을병 씨의 추천으로 소설집을 발간하여 늦깎이 소설가로 등단했다. 이어서 소설 『검은 허수아비』, 『환상살인』, 『바보변호사』 등을 발표하고 그 외 『거짓예언자』 등 10여 권의 논픽션 및 수필집을 냈다.

문인협회 이사, 소설가협회 운영위원, 추리작가협회 이사와 대한변협 상임이사를 지냈으며 20여 년간 《국민일보》, 《한국일보》, 《동아일보》, 《조선일보》 등에 메인 칼럼을 써오고 있다.

큰 스승 김상협
남재 선생의 순결한 생애

ⓒ 엄상익, 2015

지은이 ∣ 엄상익
펴낸이 ∣ 김종수
펴낸곳 ∣ 도서출판 한울

책임편집 ∣ 박준규

초판 1쇄 인쇄 ∣ 2015년 4월 8일
초판 1쇄 발행 ∣ 2015년 4월 20일

주소 ∣ 413-120 경기도 파주시 광인사길 153 한울시소빌딩 3층
전화 ∣ 031-955-0655
팩스 ∣ 031-955-0656
홈페이지 ∣ www.hanulbooks.co.kr
등록번호 ∣ 제406-2003-000051호

ISBN 978-89-460-4990-1 03990(양장)
      978-89-460-4991-8 03990(반양장)

* 책값은 겉표지에 있습니다.